AF172725

Führung mit Sinn

Petra Künkel

Führung mit Sinn

Wie Manager verantwortlich Zukunft gestalten

2., aktualisierte Auflage

 Springer Gabler

Petra Künkel
Collective Leadership
Potsdam, Deutschland

ISBN 978-3-658-30845-2   ISBN 978-3-658-30846-9 (eBook)
https://doi.org/10.1007/978-3-658-30846-9

Die Deutsche Nationalbibliothek verzeichnet diese Publikation in der Deutschen Nationalbibliografie; detaillierte bibliografische Daten sind im Internet über http://dnb.d-nb.de abrufbar.

Springer Gabler
© Springer Fachmedien Wiesbaden GmbH, ein Teil von Springer Nature 2016, 2020
Das Werk einschließlich aller seiner Teile ist urheberrechtlich geschützt. Jede Verwertung, die nicht ausdrücklich vom Urheberrechtsgesetz zugelassen ist, bedarf der vorherigen Zustimmung des Verlags. Das gilt insbesondere für Vervielfältigungen, Bearbeitungen, Übersetzungen, Mikroverfilmungen und die Einspeicherung und Verarbeitung in elektronischen Systemen.
Die Wiedergabe von allgemein beschreibenden Bezeichnungen, Marken, Unternehmensnamen etc. in diesem Werk bedeutet nicht, dass diese frei durch jedermann benutzt werden dürfen. Die Berechtigung zur Benutzung unterliegt, auch ohne gesonderten Hinweis hierzu, den Regeln des Markenrechts. Die Rechte des jeweiligen Zeicheninhabers sind zu beachten.
Der Verlag, die Autoren und die Herausgeber gehen davon aus, dass die Angaben und Informationen in diesem Werk zum Zeitpunkt der Veröffentlichung vollständig und korrekt sind. Weder der Verlag, noch die Autoren oder die Herausgeber übernehmen, ausdrücklich oder implizit, Gewähr für den Inhalt des Werkes, etwaige Fehler oder Äußerungen. Der Verlag bleibt im Hinblick auf geografische Zuordnungen und Gebietsbezeichnungen in veröffentlichten Karten und Institutionsadressen neutral.

Springer Gabler ist ein Imprint der eingetragenen Gesellschaft Springer Fachmedien Wiesbaden GmbH und ist ein Teil von Springer Nature.
Die Anschrift der Gesellschaft ist: Abraham-Lincoln-Str. 46, 65189 Wiesbaden, Germany

Vorwort

Mit Fokus auf Sinn zu führen, bedeutet immer auch, die Frage danach zu stellen, in welcher Zukunft wir leben wollen – als Menschheit auf diesem Planeten, als Bürger*innen in unserem Land und vor allem, als Manager oder Managerin in Unternehmen und Institutionen. Die Auswirkungen des menschengemachten Klimawandels sind nicht erst seit der medialen Präsenz der schwedischen Schülerin Greta Thunberg und der von ihr in Gang gesetzten Bewegung Fridays For Future bekannt, aber seit diesen weltweiten Demonstrationen von jungen Menschen – und den zu heißen Sommern – hat das Thema für die Zukunft von Unternehmen und ganzen Staaten an Bedeutung gewonnen. Die Runde der jungen Klimaaktivist*innen hat es im Januar 2020 auf die Bühne des renommierten World Economic Forum gebracht und viele Entscheidungsträger nachdenklich gemacht. Auch die Politik ist entscheidende Schritte vorwärts gegangen, die sich in den nächsten Jahrzehnten massiv darauf auswirken werden, welche Formen des Wirtschaftens als akzeptabel gelten. Noch zu Ende des Jahres 2019 hat die Europäische Kommission den „Green New Deal" verabschiedet, der nicht nur Klimaneutralität in Europe bis 2050 anstrebt und die Artenvielfalt regenerieren soll, sondern auch Wirtschaftsakteure in die Umsetzung einer zukünftigen Kreislaufwirtschaft pro-aktiv einbindet. Dazu gehört auch, dass nun auf Europa-Ebene definiert ist, was ökologisch nachhaltiges Wirtschaften bedeutet, wie es gemessen werden kann und wie Unternehmen danach berichten. Mitten in den Auswirkungen der Corona-Pandemie, die für viele Akteure in unserer Gesellschaft massive Herausforderungen bedeuten, werden die Stimmen derjenigen lauter, die darauf hinweisen, dass konjunkturelle Maßnahmenpakete die Kriterien einer nachhaltigen Zukunft in den Vordergrund stellen müssen. Damit ist jenseits aller politischen Dissensen und heftigen Diskussionen eine klare Grundströmung entstanden, die unsere Verantwortung für das Leben auf unserem Planeten in den Vordergrund jeglicher gesellschaftlichen und wirtschaftlichen Tätigkeit stellt. Aber was bedeutet das für uns, für unser tägliches Handeln, für unseren Beitrag zu einer solchen lebenswerten Zukunft, die gerne auch enkeltauglich genannt wird? Und was bedeutet es für die Aufgabe von Manager*innen in Unternehmen und Institutionen? Reicht uns die graduelle Umstellung auf nachhaltige Produkte und grüne Mobilität? Müssen wir uns nicht fragen, wie sich unsere Führungsaufgabe verändert, wenn wir andere Zukunftskriterien anlegen?

Vor etlichen Jahren leitete ich ein internationales Programm zur Entwicklung von Führungskräften für multinationale Unternehmen, das speziell auf Potenzialträger*innen ausgerichtet war – sie sollten auf den ersten drei Ebenen einiger großer internationaler Unternehmen Zukunft gestalten. Was mich Jahre später irritierte, war die Wirkung des
Programms: nach ca. 5 Jahren hatte etwa die Hälfte der Teilnehmer*innen ihr Unternehmen verlassen. Warum? Hatten wir im Rahmen des Programmes Wünsche geweckt, die zu
neuen Karrierewegen führten? Hatten sie begonnen, Fragen nach dem Sinn ihrer Führungsaufgabe zu stellen? Hatte das Programm sie von der damals vorherrschenden Unternehmenskultur entfremdet?

Diese unbeantworteten Fragen haben mich lange begleitet. Jahre später sprach ich mit
einer Reihe von Teilnehmer*innen und stellte fest, dass tatsächlich ein Zusammenhang
zwischen ihrer Karriere und dem Führungskräfteentwicklungsprogramm bestand. Das
Training arbeitete mit einer Mischung aus dialogischem Ansatz, Reflexionstechniken und
persönlichen Entwicklungsmethoden sowie Methoden des systemische Veränderungsmanagements – alles zweifellos erforderliche Kompetenzen in den großen Unternehmen, in
denen die Teilnehmer*innen arbeiteten. Sie alle sagten, sie hätten von dem einjährigen
Programm sehr profitiert für ihre tägliche Arbeit, aber es brachte sie auch dazu, wichtige
Fragen neu zu formulieren, wie zum Beispiel: Was ist wichtig? Warum bin ich hier? Warum mache ich das? Es öffnete sie für ein andere Denkrichtungen und neue Möglichkeiten.
Vor allem: es regte sie an, sich über ihre Rolle im Unternehmen in Bezug auf ihre Verantwortung in der Welt Gedanken zu machen. Insofern hatte das Programm einen großen
Erfolg. Aber nicht die Wirkung, die beabsichtigt war, denn die Unternehmen zahlten ja
dafür, weil sie hofften, dass genau diese Menschen blieben.

Mir wurde klar, dass damals entscheidende Elemente in dem Programm fehlten. Als
Durchführer und Programmdesigner haben wir Bedeutungsfragen aufgeworfen, ohne die
Kontexte aufzuzeigen, in denen die Möglichkeiten bestehen, solche Fragen zu beantworten. Vor allem, für die Unternehmen, die Teilnehmer*innen für das Programm nominier-
ten, insbesondere also die Personalabteilungen, waren Fragen zu Nachhaltigkeit und globaler Verantwortung von Unternehmen nicht relevant. Erst seit einigen Jahren rückt das
Thema einer nachhaltigen Zukunft auf die Agenda eines grünen HR-Management. Heute,
viele Jahre später und mit enormen Fortschritten in der globalen Nachhaltigkeitsdiskus-
sion, gibt es Antworten auf die Fragen von damals: Wenn Sie lernen möchten, besser zu
führen, stellen Sie Ihre Führung in den Kontext der Nachhaltigkeit. Denn Nachhaltigkeit
ist eine Führungsaufgabe. Es schafft Sinn. Es schafft eine bessere Welt. Es entwickelt
bessere Unternehmen, weil sie sich nicht nur ihrer Verantwortung stellen, sondern sie ein
wichtiger Teil einer Zukunft sind, in dem es unserem Planeten gut geht und das Leben für
alle Menschen lebenswert ist. Sogar die Wirtschaftswoche hat konstatiert, dass Unternehmen, die nachhaltig sind und über die Quartalszahlen hinausdenken, erfolgreicher sind.
Heute stellt sich die Frage umso dringender: Können wir es uns leisten, die Entwicklung
von Führungskräften und das unternehmerische Engagement für eine nachhaltige Zukunft
noch zu trennen? Ich meine, nein. Jedes Erlernen des „Wie" von Führung darf nicht mehr

ausschließlich Quartalsergebnisse und die Zufriedenheit der Mitarbeiter*innen im Blick haben. Das „Wofür" und „Wohin" – das heißt die Zukunft des Unternehmens im Kontext globaler Verantwortung gehört dazu. Zukunftsorientierte Personalabteilungen stellen Nachhaltigkeit in den Mittelpunkt der Führungskräfteentwicklung.

Wer sich die Mühe gemacht hat, in den letzten Jahren jährliche Geschäftsstrategieberichte von großen Unternehmen zu lesen, findet neben Nachhaltigkeitsthemen auch eine Sammlung der folgenden Themen: Konnektivität und Vernetzung, Agilität in volatilen Märkten, verbesserte Zusammenarbeit, Innovation in komplexen Geschäftsumfeldern, Vielfalt in der Belegschaft, Verständnis für kulturelle Kontexte, globales Denken, Lösungen für lokale Herausforderungen, sowie schnelle Lernfähigkeit. Sind diese geschäftlichen Herausforderungen nicht mit Nachhaltigkeitsherausforderungen vergleichbar? Denn die Themen der Nachhaltigkeit, sind so komplex wie die Herausforderungen von Unternehmen heute. Die logische Schlussfolgerung ist, dass wir das integrieren, was zusammen gehört – Führungskräfteentwicklung und Nachhaltigkeitsthemen. Es würde den Planeten in die richtige Richtung bewegen und Menschen an ihren Arbeitsplätzen halten, die in ihren Unternehmen nach Sinn suchen. Es würde auch mehr Führungskräfte ermutigen, die Arbeit zu erledigen, die ohnehin erledigt werden muss – das Unternehmen oder die Institution in Richtung nachhaltiges Handeln zu ändern.

Und dennoch: Nachhaltigkeit fängt immer bei den Einzelnen an. Sie ist zentraler Motor für die Erfahrung von Sinn. Denn Nachhaltigkeit ist nur in begrenztem Maße etwas Technisches, das wir mit Energieeffizienz, CO_2-Minderung und grünen Investitionen verwirklichen können. Im Zentrum von Nachhaltigkeit steht Menschlichkeit – als die Frage, wie wir alleine und gemeinsam sowohl unsere Lebensgrundlagen als auch unsere Beziehungen zukunftsfähig erhalten können. Nachhaltigkeit ist nie nur eine Geschäftsmöglichkeit, sondern ein emotionaler Anker für Sinn. Zugleich braucht sie Abenteurergeist, denn es geht darum, zu neuen Ufern vorzustoßen und über die eigene Komfortzone hinauszugehen. Dabei nützen Fähigkeiten für Reflexion und Dialog, denn kollektive Intelligenz ist schneller bei komplexen Problemen, ebenso wie Erfindungsreichtum und iteratives Lernen. Und dies wird bleiben: Komplexität ist die neue Normalität. Wie man erfolgreich damit jongliert, anstatt sie zu bekämpfen oder zu reduzieren, wird auch in Zukunft Erfolgsvoraussetzung für gutes Management sein. Führungskräfte, die sich von Sinn leiten lassen und deren Selbstreflexion ausgeprägt ist, nehmen Veränderungen als unvermeidlich an und sind immer auf der Suche nach Möglichkeiten, wie aus Krisen Gelegenheiten entstehen können. Anstelle von Wettbewerb führt dabei gegenseitige Unterstützung zu einer besseren Leistung, zu mehr Wirkung, zum Fortkommen des Unternehmens.

Wer Führung in Sinn verankert, weiß, dass das persönliche – geistige und körperliche – Gleichgewicht Teil von Nachhaltigkeit ist. Wer die eigene Suche, die eigene Geschichte kennt, wer Stärken nutzen kann und Schwächen als Potenziale sieht, wird menschlicher – als Führungskraft wirkt er oder sie inspirierender. Die Zukunft der Menschheit und dieses Planeten auf die Tagesordnung zu setzen und dort zu halten, ist eine bereichernde Aufgabe, die immer bei einem selbst anfängt. *Führung mit Sinn* zeigt die Möglichkeiten auf, die Führungsaufgabe in der eigenen Suche nach Sinn zu verankern und zugleich wirksamer im Hinblick auf eine nachhaltige Zukunft zu werden.

Petra Künkel

Anmerkung: In diesem Fachbuch wird einfachheitshalber nur die männliche oder weibliche Form der Inhalte und Begriffe genannt. Ich möchte aber explizit darauf hinweisen, dass in jedem Fall **alle denkbaren Geschlechtertypen** gemeint sind.

Vorwort der 1. Auflage

Fritz Lietsch, FORUM Nachhaltig Wirtschaften

Wenn wir unsere Zukunft nachhaltig gestalten wollen, brauchen wir Ideen, Impulse und die visionäre Kraft – von Manager und Managerinnen, die sich aktiv für eine Zukunft einsetzen, die Sinn macht!

Petra Künkels *Führung mit Sinn* baut dafür nicht nur Mut auf, sondern zeigt auf sehr praktische Weise, dass wir keine Idealmenschen sein müssen, wenn wir eine bessere Zukunft für alle gestalten wollen. Wir müssen uns nur auf den Weg machen. Die eine oder andere Hürde überwinden – und uns zusammentun mit denen, die sich ebenfalls dafür einsetzen, dass Sinn und Führung wieder zusammengehören. Darin liegt ein wesentlicher Kern: wer als Führungskraft in Unternehmen oder anderen Institutionen führt ohne zu fragen, *wofür?* und *wohin?*, mag zwar nach den Kriterien unserer bestehenden Wirtschaftsmagazine und gemessen in unternehmerischen Jahresumsätzen erfolgreich sein, aber ist dies wirklich Erfolg?

Ist es nicht an der Zeit, das wieder zusammenzuführen, was eigentlich zusammengehört – Produkte, Führung, und Erfolg mit Sinn? Wirtschaftlicher Erfolg macht nur dann Sinn, wenn er die Gesellschaft und die Menschen weiterbringt und unseren Planeten nicht nur nicht gefährdet, sondern fördert. Diesen Weg können wir alle einschlagen, indem wir täglich entscheiden, wie wir führen, was wir konsumieren und wofür wir uns engagieren.

Es ist Zeit, den Sinn im beruflichen Engagement ganz oben auf die Agenda von Führungskräften zu setzen. Denn wer sich bei Personalvermittlern in Deutschland umhört, weiß, dass immer mehr Manager aus der Wirtschaft auf der Suche nach einer beruflichen Zukunft außerhalb von Unternehmen sind. Das ist spannend und aufbauend, weil es zeigt, wie sich Werte und Wichtigkeiten verschieben. Zugleich deutet es auch auf eine Herausforderung hin: es ist an der Zeit, dass wir Unternehmen so verändern, dass sich Menschen mit ihrem Bedürfnis nach mehr Sinn dort an der richtigen Stelle sehen, denn wir brauchen gerade die Wirtschaft, um den globalen Umbau in eine nachhaltige Entwicklung zu bewältigen.

In Sinnfragen schlummert somit ein Potenzial ungeheuren Ausmaßes, denn es sind ja immer Menschen, die Zukunft machen und die Welt verändern. Wenn auch Sie sich auf die

Suche machen nach Führung mit Sinn, steigt die Chance, dass wir den Weg in eine Form des Wirtschaftens finden, die uns Menschen ebenso nützt wie unserem Planeten.

Für viele Menschen bedeutet dies, dass sie zunächst einen Weg nach innen einschlagen. Vielleicht tauchen Fragen auf, die man sich zuvor nicht gestellt hat oder man begegnet Ereignissen, die nicht mehr ins gewohnte Weltbild passen. Für jede Person ist der Anlass anders und der Weg ein anderer. *Führung mit Sinn* lädt die Leser ein, in diese Unterschiedlichkeit einzutauchen und sich anregen zu lassen, den eigenen roten Faden auf der Suche nach mehr Sinn zu finden.

Aber: Sinn ist nicht nur etwas, das wir für uns selbst definieren müssen, um unserer Leben so zu gestalten, dass wir es in der Retrospektive mit Begeisterung noch einmal leben würden. Sinn, in einer globalen Gemeinschaft ist vernetzt. Immer mehr Menschen fangen deshalb an, in globalen Kontexten zu denken und ihr lokales Handeln genau in diesen Bezug zu setzen. Verantwortung ist nicht mehr etwas, das nur den eigenen Lebensbereich oder das eigene Unternehmen umfasst. Mit der Auseinandersetzung zu sinnvollem Handeln beginnt auch eine Reise: vom Ich zum Wir, von Konkurrenz zu Kooperation, vom Krieg zum Frieden. Es gilt, gemeinsam Zukunft zu gestalten und gemeinsam mit einer neuen Qualität zu führen. Zukunftsgestaltung braucht Unterschiedlichkeit – in Erfahrung, Weltsicht, Expertise und Meinung. Es ist die produktive Auseinandersetzung mit sich selbst und anderen, nicht die Harmonie Gleichgesinnter, die uns in eine Welt hilft, in der es sich für alle lohnt zu leben. *Führung mit Sinn* zeigt den Weg auf, der die eigenen Werte aufspürt, sie in Verbindung zu einer sinnvolleren Zukunft setzt und damit das Tor öffnet, mit anderen gemeinsam zu tun, was getan werden muss, damit zukünftige Generationen uns in Erinnerung behalten als diejenigen, die sich entschieden haben, den Lauf der Welt positiv zu beeinflussen.

Längst sind es nicht mehr nur einzelne Manager und Managerinnen aus der Wirtschaft, die mit Entschiedenheit eine verantwortliche Zukunft voranbringen. Mehr und mehr Menschen denken um, engagieren sich in Projekten, die die Welt verändern – oder bauen schrittweise ihr Unternehmen um zu einer Form des nachhaltigen Wirtschaftens. Alles ist möglich, wenn Menschen anfangen, anders zu denken und anders zu handeln.

Führung mit Sinn ist ein wertvoller Wegbegleiter in die Zukunft.

Einleitung

Immer mehr Menschen in Führungspositionen vor allem in der Privatwirtschaft fragen sich, wie weit das, was sie im Auftrag ihres Unternehmens tun, mit ihren wirklichen Werten übereinstimmt. Ist es das, was eine lebenswerte Zukunft für alle auf diesem Planeten braucht? Manche verlassen die Wirtschaft, um in anderen Kontexten das zu tun, was ihren Werten bezogen auf die eigene Persönlichkeitsentwicklung oder auf verantwortliches und zukunftsfähiges Handeln eher entspricht. Andere engagieren sich in ihren Unternehmen für mehr gesellschaftliche und ökologische Verantwortung oder eine andere Form des Umgangs miteinander. Führungskräfte, die an lokaler und globaler Unternehmensverantwortung interessiert sind, tun dies oft aus einem inneren Bedürfnis nach sinnstiftendem Engagement. Sie wollen Teil einer Zukunft sein, in der es sich für ihre eigenen Kinder oder die von anderen zu leben lohnt.

Im Windschatten der Herausforderungen von Klimawandel, Erderwärmung, Artensterben und sozialen Konflikten haben viele begonnen, ihre Rolle im Unternehmen zu hinterfragen und ihren Beitrag als Führungskraft neu zu definieren. In meiner Arbeit als Führungskräftecoach und Beraterin in verschiedenen Ländern der Welt habe ich kaum jemals Menschen getroffen, die nicht im Grunde etwas dafür tun wollten, dass diese Welt ein angenehmerer Ort wird. Was ich aber auch gefunden habe, war eine weitverbreitete Unfähigkeit, genau dieses Bedürfnis offen auszudrücken und in Handeln umzusetzen: Oft, weil der Druck des täglichen Managements es nicht zuließ, manchmal, weil Führungskräfte in einem Gefühl der Machtlosigkeit gegenüber den Entwicklungen in der Welt (oder in ihrem eigenen Unternehmen) gefangen waren.

Führung mit Sinn will Mut machen, sich den Herausforderungen der Zukunft zu stellen. Es begleitet Sie als Leser oder Leserin in die innere Welt des Führens, die wir so häufig negieren: die intuitive Einsicht, dass die Essenz unseres Gestaltens als Führungskraft ein Beitrag zur Weiterentwicklung der Welt ist. Häufig begleitet uns diese Erkenntnis seit unserer Jugend als eine tiefe innere Absicht – irgendwie haben wir alle einmal vorgehabt, etwas zu tun, das der Welt weiterhilft. Was wäre, wenn wir dieses intuitive Wissen so einsetzten, dass unser Handeln der Menschheit und diesem Planeten besser nützt und damit eine Quelle nährt, die uns gemeinsam und als Ganzes stärkt?

Bei allen meinen Gesprächen mit Führungskräften, die sich auf die Suche nach Sinn gemacht haben, habe ich Anfänge für diese Suche gefunden, die weit in die Kindheit oder die Jugend zurückreichten. Immer war es eine innere Erfahrung, ein Traum, eine Idee oder eine Erkenntnis, manchmal eine schwer zu benennende Sehnsucht. Etwas, das Verbindung aufnahm mit der Möglichkeit, dass die Welt ein anderer Platz sein könnte. Eine Sehnsucht nach Menschlichkeit, ein Gefühl, für Gerechtigkeit kämpfen zu müssen, eine Bewunderung für Menschen, die das Unmögliche wagten, um zu helfen. Die Geschichten, die sich um diese ersten Anfänge einer großen Suche ranken, sind faszinierend und zugleich so verschieden wie die Menschen, die ich getroffen habe.

Dies ist meine Geschichte:

Ich bin Anfang der sechziger Jahre des letzten Jahrhunderts in einem der wenigen im geteilten Berlin noch existierenden Dörfer, in Kladow, aufgewachsen, wenige Hundert Meter entfernt von der Havel, die träge und einladend durch die Geschichte des geteilten Deutschlands floss, ohne die Ereignisse zu kommentieren. Manchmal, wenn ich bei einer Freundin im Sacrower Weg zu Besuch war, der jäh an der Mauer des geteilten Deutschlands endete, konnte ich Schüsse hören, die, wie meine Eltern mir auf Nachfrage erklärten, auf Menschen gerichtet waren, die versuchten, aus der DDR zu flüchten. Für mich war diese Grenze gegeben – eine unveränderliche Tatsache. Innerlich kämpfte ich jedoch mit dieser Realität, besonders in den Momenten, in denen mein Vater mich und meine Schwester morgens in die Schule nach Charlottenburg brachte. Um den zu starken Verkehr zu umgehen, fuhr er über die Potsdamer Chaussee, die damals direkt am Grenzstreifen, genauer am Todesstreifen entlangführte. In meiner Erinnerung hielt ich immer die Luft an, bis wir endlich die Heerstraße erreicht hatten und in das lebendige Berlin eintauchten, das mich die Gegenwart der Wachttürme, den Stacheldraht und die Volkspolizei mit ihren Gewehren wieder vergessen ließ. Ich war, was man eine Tagträumerin nennt. Die kleine Welt zwischen unserem Reihenhaus in der Finnenhaussiedlung in Kladow und der Dampferanlagestelle an der Havel war voller Magie. Für mich und meine beste Freundin hatte jeder Baum einen Namen, es gab sichere und unsichere Verstecke in den Büschen, ein Tal, einen Berg, ein Feld und eine geheime Insel – die Imchen-Insel, die wir im Winter ohne Wissen unserer Eltern auf Eisschollen erreichten und wo wir uns fühlten, als wären wir Christoph Kolumbus, der eine neue Welt entdeckte. Unsere Welt war so heil, wie wir sie in unseren Kinderfantasien machten. Wir spielten stundenlang das gleiche Spiel, in dem wir mit Unterstützung von Walen und Delfinen, auf denen wir ritten (es waren alte Baumstämme), in die Welt zogen und für das Gute kämpften. Aber die Erfahrung einer unerbittlichen Grenze war tief in meinem Geist verankert. Ich erinnere mich an einen Tagtraum, den ich immer wieder hatte: Darin sah ich, wie alle Ostdeutschen und Westdeutschen sich an die Hand nahmen und über die Grenze gingen. Ich sah, dass nichts Schreckliches passierte, alles war friedlich. Es wurde gefeiert und ich hielt Reden für den Frieden in der Welt. Das träumte ich 1964, nur wenige Jahre nach dem Bau der Mauer, 25 Jahre vor dem Fall der Mauer und der deutschen Wiedervereinigung. 1989 wurde mein Tagtraum Wirklichkeit, weil es eine große Anzahl von anderen Menschen gab, die sich zusammengetan hatten und hartnäckig gewagt hatten, das Unmögliche voranzutreiben – nämlich die Veränderung des gesellschaftlichen Systems DDR, die schließlich zur Öffnung der Grenze führte. Es waren Menschen, die Zukunft wagten, sich gegenseitig dabei inspirierten und einen Diskurs in Gang setzten, der vom veränderten Denken zum veränderten Handeln führte. Es waren Menschen mit dem Mut, die Wirklichkeit neu zu gestalten.

Jahre später erst erinnerte ich mich an meine Tagträume und begann mich zu fragen, was es für andere Führungskräfte war, das diesen inneren Drang ausdrückte, aus der Welt einen besseren Platz zu machen. Für andere Kinder, Jugendliche und junge Erwachsene mag es etwas ganz anderes sein, aber ich stellte fest, dass es bei vielen eine Erinnerung gab an etwas, das sie mit den unendlichen Möglichkeiten verband, Zukunft so zu gestalten, dass es den Einzelnen und dem Gesamten nützlich ist.

Vor einigen Monaten, es war im Juni 2015, sprach ich mit meinem Friseur, der in Potsdam, in der alten DDR aufgewachsen war, also gar nicht weit von meinem Geburtsort, aber auf der anderen Seite der Grenze. Als kleiner Junge versuchte er seinen Vater davon zu überzeugen, dass man doch mit einem großen Seil auf einen Baum klettern könnte, um sich in hohem Bogen von der DDR aus in den Glienicker See zu schwingen und in den Westen zu schwimmen, da die Grenze zwischen Ost und West mitten durch den See verlief. Sein Vater, ein zurückgezogen lebender Kritiker des politischen Systems der DDR, erklärte ihm nachdrücklich, wenn er das tun würde, würde er im Stacheldraht landen und die Volkspolizei würde das, was von ihm noch blieb, erschießen. Er ließ die Sache mit dem Seil, aber die tiefe Absicht, dafür zu sorgen, dass diese Trennung der Menschen verschwindet, hat ihn immer begleitet. Heute betreibt er zwei Friseurläden – eines im alten Osten und eines im alten Westen.

Ich nenne diese menschliche Fähigkeit, Verbindung mit einer besseren Zukunft für alle aufzunehmen, eine intuitive Intentionalität, die schon in jungen Jahren wirksam wird. Sie schlummert in Träumen, wird inspiriert von Büchern, die wir lesen, oder Menschen, denen wir begegnen, in der Realität oder im Film. Sie ist wie der Zugang zu einer tieferen Einsicht, zu einer Menschlichkeit, die uns manchmal im Denken und ein anderes Mal im Fühlen erreicht, die Erkenntnis, dass die Welt, wenn sie ein besserer Platz für alle sein soll, von uns gestaltet werden muss. Sie ist wie eine unbewusste Reaktion auf ein Rufen, das viel tiefer liegt als die rationale Realität, in der wie täglich agieren. Ein Wissen, das von einem zeitlosen Ort zu kommen scheint, einem Ort, der das Potenzial für den Teil unserer menschlichen Evolution beinhaltet, den wir noch nicht so umgesetzt haben, wie wir vielleicht könnten.

Als ich anfing, mit Führungskräften über ihre Suche nach Sinn, und darin ihre Träume, Sehnsüchte und Bewunderungen als Kinder, Jugendliche oder junge Erwachsene, zu sprechen, begann ich, mich an meine Tagträume zu erinnern. Ich erfuhr, dass es auch für andere diese tiefen, oft nicht rational zugänglichen Einsichten gab, die Welt verändern zu wollen. Erst dadurch wurde mir die immense Bedeutung dieser frühen intuitiven Intentionalität bewusst. Sie ist wie ein roter Faden, der sich durchs Leben zieht, vergessen und verworfen wird und sich doch immer wieder den Weg an die Oberfläche bahnt. Sie beeinflusst Lebenswege, Karrieren und Berufswahl.

Die Berliner Mauer fiel, nicht, weil ich es geträumt hatte, sondern weil eine große Anzahl von Menschen tat, was getan werden musste. Trotz aller Hürden, die die Wiedervereinigung nehmen musste, dies war einer der Momente in der Weltgeschichte, in denen ein friedliches gemeinsames Handeln die Welt verändert hat.

Zwischen meinem Tagtraum und dem Schreiben dieses Buches liegen Jahre, Reisen, Erfahrungen, Hoffnungen, Träume und Enttäuschungen. Aber mein Kernthema – die Überwindung von Grenzen – hat sich beharrlich in meinem Leben durchgesetzt als Aufruf zum Handeln.

Ich war mir nicht immer der Tatsache bewusst, dass das Thema meiner Suche wieder und wieder auftauchen würde – in meiner beruflichen Laufbahn, in meinen professionellen Ambitionen, in Krisen, Glück und ungelösten Fragen. Erst in meinen Gesprächen mit anderen Führungspersönlichkeiten, die sich aufgemacht hatten, etwas in der Welt zu bewegen, erkannte ich, dass ich nicht die Einzige war, deren Weg mäandernd war, doch wie magisch immer einem Sog folgte, dem mein Tagtraum aus der Kindheit Kraft verlieh.

So betrachtet ist unsere Entwicklung als Führungskraft ein Prozess, bei dem wir Schritt für Schritt unsere Menschlichkeit freilegen. Je bewusster wir unser Denken und Handeln in einen größeren Kontext setzen, desto mehr sehen wir, was in der Welt im Sinne des Gemeinwohls getan werden muss – im Kleinen und im Großen. Es ist gerade heute mehr denn je Zeit, diese Menschlichkeit zu befreien.

Aufbauend auf Gesprächen mit vielen Führungspersönlichkeiten aus ganz verschiedenen Ländern, die ihre Suche nach Sinn und ihre Intention, aus der Welt einen besseren Platz zu machen, in verändertes und verantwortliches Handeln umgesetzt haben, zeigt dieses Buch auf, wie wir wieder Verbindung mit dieser intuitiven Intentionalität aufnehmen können und unser eigenes Menschsein als Tor zu einem Bewusstsein für die Welt als Ganzes entwickeln können.

Führungskräfte verändern ihr Verhalten nicht so sehr als Folge von Methoden in der Führungskräfteentwicklung, sondern als Ergebnis von Erkenntnissen über sich selbst als Gestalter von Realität. Sie fangen an, ihre Art zu führen zu verändern, wenn sie beginnen, die Welt als ein integriertes Ganzes zu begreifen und sich gegenüber einem inneren Paradigmenwechsel öffnen – von einer mehr mechanistischen Weltsicht hin zur Wahrnehmung von Interdependenz und Verbundenheit. In diesem Prozess schlummert ein Potenzial – je mehr wir unsere eigene Menschlichkeit kultivieren, desto mehr berührt uns die Zukunft der Welt. In einer globalisierten und zugleich gefährdeten Weltgesellschaft, auf einem Planeten, dessen Lebendigkeit eine Voraussetzung für unser Dasein ist, sind die Einsicht des Einzelnen und die Veränderung der Welt untrennbar miteinander verbunden.

Menschen, die sich auf die Suche nach Sinn und einem sinnstiftenden Führungsbeitrag begeben, sind sich nicht immer über den Zusammenhang von innerer und äußerer Entwicklung im Klaren. Sie suchen oft nach einem veränderten Handeln in der Welt, ohne den inneren Prozess anzuerkennen, der notwendig dafür ist, dass der neue Führungsbeitrag auch von einer inneren Qualität getragen ist. Hier setzt dieses Buch an. *Führung mit Sinn* zeigt, wie wir als Führungskraft unser eigenes Leben und unsere Führungserfahrung transzendieren können und als Folge daraus einen Weg beschreiten, der unserem Beitrag für die

Welt mehr Sinn gibt. Das Buch unterstützt Führungskräfte darin, sich auf den Weg zu einer zukunftsfähigen Führung zu machen. Dazu gehört es auch, unbequeme Fragen zu stellen und den eigenen Führungsbeitrag Schritt für Schritt neu zu definieren, ohne moralischen Zeigefinger, ideologische Verbrämung oder unrealistische Anforderungen. Es lädt dazu ein, den Reichtum der eigenen Lebenserfahrungen zu respektieren und mehr Vertrauen dahingehend aufzubauen, dass alle Erfahrungen, die positiven wie die negativen, den eigenen Weg zu Sinn voranbringen. Es ermutigt dazu, die eigene Suche nach Sinn mit der Verantwortung zu verbinden, die in unserer heutigen Welt wichtig ist, um dem Gemeinwohl wieder die Bedeutung zu geben, die es verdient.

Warum habe ich die Aufmerksamkeit auf Menschen gerichtet, die in Führungspositionen oder als wichtige soziale Gestalter agieren? Menschen in einflussreichen Positionen gestalten Wirklichkeit mit mehr Macht als andere. Sie sind wie die Knoten in einem Resonanznetzwerk, die – bewusst oder unbewusst – Emotionen und Informationen lenken, weil sie von anderen anders betrachtet und beachtet werden. Sie sind sichtbarer und zugleich angreifbarer. Damit haben sie eine größere Verantwortung, eine besondere Verpflichtung, sich der Wirkung ihres Denkens und ihres Handelns bewusst zu sein und zu verstehen, was sie treibt und was sie bewusst, aber auch unbewusst voranbringen.

Führung mit Sinn lädt Sie daher ein auf eine Reise in eine Welt von Führung, in der im Mittelpunkt unseres Führungsunterfangens der Beitrag zur Zukunftsfähigkeit unserer Welt steht. In dieser Welt spielt es eine Rolle, was wir tun, wofür wir uns einsetzen und wie wir denken. Das Buch begleitet Sie auf diesem Weg zu mehr Sinn mit Geschichten, Gedanken und Erkenntniswegen von anderen Führungskräften, die sich auch auf den Weg gemacht haben – als Anregung, Ermutigung oder Teilhabe.

„Kapitel 1: Entfaltung – die Anfänge unserer Selbstwirksamkeit wiederentdecken" regt Sie dazu an, wieder Verbindung aufzunehmen mit dem roten Faden, der sich – ob bewusst oder unbewusst – durch Ihr Leben zieht und Sie mit Ihren tiefsten Werten und Intentionen verbindet. Dabei geht es darum, das freizulegen, was uns an Selbstwirksamkeit hilft, um uns auf dem Weg in eine Re-definition unseres Führungsbeitrages zu machen.

„Kapitel 2: Teilhabe – sich selbst in einem größeren Kontext wahrnehmen" stellt unser Führungshandeln und unsere Wirksamkeit in einen breiteren Kontext und fragt danach, wie wir als Akteur an der Welt teilhaben und wie wir zur Entstehung von Wirklichkeit beitragen. Unsere Perspektive auf uns selbst erweitert sich, wenn wir unsere Aufmerksamkeit bewusster auf einen größeren Kontext ausrichten – den unseres Unternehmens, der Gesellschaft und der Welt.

„Kapitel 3: Kohärenz – Macht und Veränderung verstehen" widmet sich dem Blick auf unseren Umgang mit Veränderung, der für jeden Menschen anders ist. Unseren eigenen Rhythmus darin zu erkennen wird zum Motor dafür, *wie* wir unseren Führungsbeitrag neu definieren. Unsere Beziehung zu Macht und Einfluss zu verstehen ermöglicht es uns, Zukunft sinnvoll zu gestalten. Wenn wir unser eigenes Muster zwischen Stabilität und Instabilität ebenso erkannt haben wie zwischen Macht und Ohnmacht, ist es leichter, Erfahrungen in unsere sich kontinuierlich verändernde Identität zu integrieren.

„Kapitel 4: Achtsamkeit – Beobachtung und Erkenntnis kultivieren" zeigt auf, wie mehr Bewusstheit über uns selbst nicht selbstgefällige Innenschau bedeutet, sondern dabei hilft, unser Handeln in der Welt mit unseren Werten in Einklang zu bringen. Ein wichtiger Aspekt auf der Suche nach Führung mit Sinn ist unsere Fähigkeit, die eigene Geschichte als eine von vielen Geschichten zu sehen und dadurch mehr Empathie für uns selbst und andere zu erlangen. Unsere Ich-Zentriertheit tritt in den Hintergrund.

„Kapitel 5: Sinn – den eigenen Führungsbeitrag neu definieren" zeigt einen Weg auf, die eigenen Ziele und damit den eigenen Beitrag neu zu definieren. Mit gegenseitiger Unterstützung wird die Veränderung, die wir gemeinsam in Gang setzen, größer und wirksamer. Wir nehmen viel stärker wahr, wie viele Menschen davon getrieben sind, die Welt weiterzubringen. Damit wächst auch unsere Fähigkeit zu erkennen, wie dies konstruktiv und im Sinne des Gemeinwohls geschieht.

„Kapitel 6: Zukunftsfähigkeit – die Welt von morgen voranbringen" begleitet Sie dabei, den Wunsch, positiv zur Welt beizutragen, konkret umzusetzen. Wirklich wirksam können Sie aber nur gemeinsam mit anderen werden. Hierfür sind Netzwerke und Kooperationsprojekte wichtig, in denen unterschiedliche Akteure gemeinsam gesellschaftliche und globale Herausforderungen angehen. Sie werden beginnen, Führung als gemeinsamen Erfolg in zukunftsfähigen Veränderungsprozessen zu betrachten. Ein Kompass für kollektives Führen unterstützt Sie dabei, in einer immer komplexer werdenden Welt den roten Faden nicht zu verlieren und Ihre Wirkung zu erhöhen.

In jedem der Kapitel werden Sie Menschen begegnen, die sich auf die Suche gemacht haben und dabei ihre Gedanken und Erfahrungen in Gesprächen mit mir geteilt haben. Ihre Namen sind verändert, ebenso wie die Hinweise auf die Unternehmen oder Organisationen, denen sie angehören. Keiner von ihnen ist die perfekte Führungskraft, keiner kennt alle Antworten. Sie alle haben die Erfahrung gemacht, dass sie auf der Suche nach Führung mit Sinn sich mit ihren Begrenzungen ebenso versöhnen mussten, wie sie ihren wirklichen Potenzialen begegnet sind. Wie alle von uns stehen sie unter einem starken gesellschaftlichen Druck, agieren im Hamsterrad unserer schnelllebigen Zeit und versuchen, die Balance zwischen Werten und Leistungsdruck neu auszutarieren.

Tafari ist Präsident eines bedeutenden Industrieverbandes in Äthiopien und wuchs im ländlichen Äthiopien auf. Als junger Mann verbrachte er wegen seiner regierungskritischen politischen Aktivitäten mehrere Jahre im Gefängnis. Später studierte er Business Management in den USA und Kanada und baute in Äthiopien eine Management School auf, die nach anderen Prinzipien funktionieren sollte als dem Fokus auf profitorientiertes Management.

Elisabeth ist Leiterin einer Nichtregierungsorganisation in Südafrika. Sie wuchs nach dem Zweiten Weltkrieg auf dem Land in Süddeutschland auf in einer Gegend, die nicht nur von den Wirren der Nachkriegszeit geprägt war, sondern auch von den starren sozialen Normen, die ihrer Familie das Leben schwer mach-

ten. Nach einem Studium der Psychologie und Soziologie arbeitete sie als Sozialarbeiterin in sozial schwachen Wohngebieten von New York, bis sie sich für eine
Karriere in der Privatwirtschaft entschied und zu einer erfolgreichen Geschäftsfrau in den USA avancierte.

Lilly ist Top-Managerin in einem multinationalen Energiekonzern und das
Kind einer italienischen Mutter und eines britischen Vaters. Sie wuchs in den
siebziger Jahren des letzten Jahrhunderts in London auf. Nach einem erfolgreichen Jurastudium arbeitete sie zunächst in einer Kanzlei, entschied sich dann
aber für eine Karriere in einem Energiekonzern, wo sie für den Umweltbereich
zuständig ist.

Guy, ein aus einem internationalen Ölkonzern ausgestiegener Top-Manager,
wuchs in Frankreich nahe der Schweizer Grenze auf und liebte immer die Natur.
Dennoch drängten seine Eltern ihn, Ingenieurwissenschaften zu studieren, und das
brachte ihm eine äußerst erfolgreiche Karriere in einem Großkonzern ein, bis er sich
kurz nach einem weiteren Karriereschritt für eine Auszeit entschied.

Mandy ist eine hoch dotierte Unternehmensberaterin aus Großbritannien, die
etliche Top-Manager europäischer Unternehmen berät. Sie wuchs in den USA auf
und zog dann später nach Großbritannien. Nach einer steilen Karriere in einer britischen Bank entschloss sie sich, sich als Unternehmensberaterin selbstständig zu machen, weil sie damit einen breiteren Wirkungskreis erlangte, um Führungskulturen
in großen Unternehmen zu beeinflussen.

Paul, ein erfahrener Ingenieur und hoch dotierter Manager in einem großen amerikanischen Automobilkonzern, hatte nie eine geradlinige Karriere, weil er mehr als
einmal zwischen Familie und nächstem Karriereschritt wählen musste und sich für
seine Familie entschieden hatte. Dennoch brachte er es zu einer einflussreichen Position in seinem Unternehmen.

Philele hat einen Ministerialposten in der südafrikanischen Regierung inne.
Er wuchs in einer Gegend in Südafrika auf, in der der wirtschaftliche Gegensatz
zwischen weißer und schwarzer Bevölkerung offensichtlich war. Zunächst als
Sozialarbeiter, dann nach seinem Studium der Verwaltungswissenschaften in
Südafrika und den USA engagierte er sich in seinem Heimatland für eine Stär-
kung der wirtschaftlichen Möglichkeiten benachteiligter Bevölkerungsschichten.

Diane arbeitet im Personalbereich eines internationalen Unternehmens. Sie
wuchs in Großbritannien auf als Kind einer amerikanischen Mutter und eines spanischen Vaters. In ihrer Schulzeit und ihrem Studium stürzte sie sich auf alles, was sie
zur Anthropologie unterschiedlicher Kulturen finden konnte, weil sie fasziniert war
von kulturellen Identitäten. Sie wollte das Wesen der Unterschiede verstehen und
zugleich ging es ihr darum, das zutiefst Menschliche, die Gemeinsamkeiten aller
Kulturen zu finden und benennen zu können.

Andreas ist Top-Manager in einem global tätigen amerikanischen Energiekonzern. Er wuchs in Deutschland auf und weil er sich schon immer als Weltbürger gesehen hatte, entschied er sich schon früh für eine internationale Karriere, als er sein Betriebswirtschaftsstudium mit Doppelabschluss in Englisch und Französisch abschloss. Auf dem Höhepunkt seiner Karriere managte er eine Abteilung mit über 500 Mitarbeitern und war für ein Milliarden-Budget verantwortlich.

Anna ist Personalmanagerin bei einer großen schwedischen Gewerkschaft. Ihr Blick auf Führung – ebenso wie auf Macht und Einfluss – war geprägt von den starken Frauen aus ihrer Kindheit auf dem Land. Dort waren es die Frauen, die Zukunft bestimmten, Probleme lösten und sich gegenseitig darin unterstützten, für die Kinder das Beste zu erreichen. Als Führungskraft, und ganz besonders in ihrer Rolle als Personalmanagerin, sorgte sie immer dafür, dass der Gemeinschaftssinn nicht zu kurz kam.

Lucia ist eine sogenannte High Potenzial in einem europäischen Konzern, der sehr auf die Förderung von jungen Talenten bedacht ist. Dazu gehört auch, dass sie in schnellen Rhythmen Aufgaben und Positionen wechseln, damit sie in kurzer Zeit einen möglichst breiten Überblick über den Konzern gewinnen. Als Italienerin mit britischem Vater fühlte sie sich immer in der internationalen Atmosphäre des Konzerns zu Hause. Dennoch fragt sie sich, ob es genau diese rasante Geschäftswelt ist, die für sie Sinn macht.

Doris ist selbstständige Beraterin. Sie studierte in Großbritannien und Frankreich Betriebswirtschaft, arbeitete im Finanzbereich eines großen deutschen Automobilkonzerns in den USA und leitete später die Marketingabteilung des Konzerns in Deutschland. Sie war bekannt und geschätzt dafür, dass sie Verantwortung ernst nahm und selbst bei extremer zeitlicher Belastung nichts Wichtiges außer Acht ließ.

Martina ist Mitarbeiterin in der Nachhaltigkeitsabteilung eines großen deutschen Energiekonzerns.[1] Ihr Aufgabenbereich ist Kommunikation, aber sie ist zunehmend unzufrieden mit der Rolle, da der Ruf des Konzerns sich in den letzten Jahren verschlechtert hatte und dies ihrer Meinung nach nicht mit einer veränderten Kommunikationsstrategie, sondern nur mit einer Änderung der Gesamtstrategie des Konzerns zu ändern wäre.

Zwischen den einzelnen Kapiteln haben Sie die Gelegenheit, drei verschiedene Formen von Anregungen aufzunehmen.

- Ein Blick in die Praxis: Originalstimmen von ausgewählten Persönlichkeiten, die Denkprozesse und Entwicklungswege auf der Suche nach Führung mit Sinn veränderten, und nicht nur ihre Welterfahrung vertieften, sondern die Zukunftsfähigkeit unserer Welt in ihrem speziellen Bereich heute anders voranbringen.

---

[1] Name und Branche geändert.

- Ein Blick in die Theorie: Einen kurzen Ausflug in wichtige konzeptionelle und theoretische Aspekte als Einblick in aktuelles und zeitloses wissenschaftliches Denken, das Ihnen helfen kann, eine neue Perspektive auf den eigenen Werdegang zu entwickeln.
- Momente der Reflexion: Fragen zur Reflexion sowie Vorschläge zur Weiterarbeit mit den Inhalten des jeweiligen Kapitels.

Zudem finden Sie nach jedem Kapitel Hinweise auf weiterführende Literatur.

Die Wiederentdeckung unserer Verantwortung, die Welt positiv zu gestalten – mit all den Möglichkeiten, die wir dazu haben –, ist der rote Faden, der sich durch dieses Buch zieht. Wir alle wissen, dass die Herausforderungen der Menschheit groß sind. Der Klimawandel zwingt uns zu einschneidenden Verhaltensänderungen, die, sinnvoll umgesetzt, zu enormen Innovationen führen können. Der für den Planeten kritisch werdende Umgang mit natürlichen Ressourcen bringt uns dazu, unsere wirtschaftlichen Systeme nicht nur zu hinterfragen, sondern auch zu transformieren. Die Überwindung von Armut und die Stärkung sozialer Sicherungssysteme laden uns dazu ein, neu zu fragen, was Vertrauen in Gesellschaften erzeugt und welche Rolle dabei staatliche und nicht-staatliche Organisationen spielen. Positiv gesehen gibt es bereits eine globale Bewegung von Akteuren aus der Zivilgesellschaft, dem öffentlichen Sektor und der Wirtschaft, von Menschen, die den aufrichtigen Versuch unternehmen, die Zukunft der Menschheit und unseres Planeten auf die Tagesordnung zu setzen und dort zu halten. Viele dieser Aktivitäten sind fragmentiert, unzusammenhängend, manchmal in Konkurrenz zueinander und nicht immer wirksam. Aber der Ruf nach anderen, neuen Möglichkeiten wird unüberhörbar stärker.

Führung mit Sinn lädt Sie ein, sich dieser Bewegung anzuschließen und dafür das Beste zu tun, was eine Führungskraft tun kann – sich intensiv auf einen neuen Wirkungskreis vorzubereiten. Denn jede Veränderung in Organisationen, Institutionen und Unternehmen wird von Entscheidungsträgern in Gang gesetzt. Sie haben einen maßgeblichen Einfluss darauf, wie die Welt sich entwickelt. Führungskräfte, die ihren Weg neu denken, entdecken schnell, wie inspirierend es ist, sich als Gestalter in einer vernetzten globalen Realität wahrzunehmen. Sie können global denken und lokal handeln ebenso wie lokal denken und global handeln, weil sie neue Möglichkeiten entdecken, auf Wirklichkeit Einfluss zu nehmen.

Und dennoch beginnt der Weg im eigenen Geist, in der Reflexion, in der Art und Weise, neue, andere Fragen an sich selbst zu stellen. Es ist ein innerer Prozess, der uns in die Lage versetzt, auf ein schlummerndes Potenzial zugreifen zu können. Das vereinfacht den Weg in die Veränderung der eigenen Selbstwirksamkeit. Dieser Weg verläuft für jede Führungskraft anders. Es gibt keine Patentrezepte, aber es gibt nützliche Wegweiser, die darin unterstützen, das eigene Potenzial freizusetzen. Dieses Buch enthält viele davon.

Ich möchte Sie ermutigen, sich selbst zu vertrauen, dass Sie den roten Faden der positiven Einflussnahme auf die Welt in Ihrer Führungskarriere wiederfinden, dass Sie ihn kultivieren und ins Zentrum Ihres Handelns zurückbringen. Die Zukunftsfähigkeit unserer Welt wird von Menschen gemacht. Jeder einzelne zählt und es gibt keine Kompetenz, die nicht gebraucht wird.

Inhaltsverzeichnis

Über die Autorin

Petra Künkel ist Autorin, Gründerin des global tätigen Collective Leadership Instituts und Vorstandsmitglied des renommierten internationalen Club of Rome. Als Keynote-Speakerin und strategische Beraterin bringt sie internationale Kooperationsinitiativen zu Nachhaltigkeitsthemen voran. Ihre Publikationen wie z. B. *The Art of Leading Collectively* (Leerstelle löschen), *Mind and Heart, Stakeholder Dialoge erfolgreich gestalten* und *Stewarding Sustainability Transformations*, fokussieren auf die Fähigkeit von Managern, ihre unternehmerische Verantwortung mit der Gestaltung einer nachhaltigen Zukunft zu verbinden. Der von ihr entwickelte Kompass für kollektives Führen ist ein bahnbrechendes Modell, um wirtschaftlichen Erfolg mit Sinn und gesellschaftlichem Nutzen zu verbinden. Dazu leitet sie Managementfortbildungen, die den Zusammenhang von komplexen Prozessmanagement und verantwortlichem Zukunftshandeln in der praktischen Umsetzung aufzuzeigen. Von 2002 bis 2005 leitete sie in Boston Führungskräfteentwicklungsprogramme für Topmanager aus internationalen Unternehmen.

Über den Verfasser des Vorwortes zur 1. Auflage

Fritz Lietsch ist seit 1986 Herausgeber von ECO-World, dem alternativen Branchenbuch und seit 2007 zusätzlich Chefredakteur von FORUM Nachhaltig Wirtschaften, Moderator und Key Note Speaker auf zahlreichen Events im Bereich Nachhaltigkeit sowie Berater in Sachen unternehmerische Verantwortung (CSR).

Kapitel 1: Entfaltung – die Anfänge unserer Selbstwirksamkeit wiederentdecken

Zusammenfassung

Das erste Kapitel regt Sie dazu an, als Anstoß für Führung mit Sinn wieder Verbindung aufzunehmen mit dem roten Faden, der sich – ob bewusst oder unbewusst – durch Ihr Leben zieht und Sie mit Ihren tiefsten Werten und Intentionen verbindet.

Wenn wir Hinweise suchen, um unseren roten Faden wiederzufinden, hilft es, uns zu erinnern: an unsere noch junge Führungserfahrung, an unsere Träume als Jugendliche oder junge Erwachsene, an Begegnungen, Gedanken, Geheimnisse, Wendepunkte, plötzliche Erkenntnisse und daran, wen wir bewundert haben oder wer wir sein wollten. Dabei nehmen wir wieder Verbindung auf mit dem, was unserem Führungshandeln zugrunde liegt – unsere je eigene Menschlichkeit. Wir legen sozusagen nur frei, was wir ohnehin sind. Dies ist der erste Schritt dazu, unseren Führungsbeitrag noch einmal neu zu definieren und uns für eine Selbstwirksamkeit zu entscheiden, in der wir mehr Sinn sehen, weil sie Verantwortung für eine nachhaltige Zukunft in den Fokus nimmt. Wir alle neigen dazu, uns von Strukturen und Umständen führen zu lassen. Wenn wir innehalten, wissen wir, dass die Essenz unserer Führungsfähigkeit uns dazu auffordert, unserem Herzen zu folgen und unseren inneren roten Faden klarer zu benennen. Unsere Werte bewusster in unsere Art zu führen zu integrieren lohnt sich. Die Welt braucht genau diese Werte dringender denn je. Jeder Einzelne von uns zählt.

1.1 Die Reise ins Unbekannte beginnt mit Fragen

Selbst gestaltete Veränderungen beginnen fast immer mit Fragen, die wir uns stellen; meistens sind dies Fragen, auf die es keine schnellen Antworten gibt. Darauf hat vor Langem auch Rainer Maria Rilke hingewiesen in seinen Briefen an den jungen Poeten.

… und ich möchte Sie, so gut ich es kann, bitten
Geduld zu haben gegen alles Ungelöste
in Ihrem Herzen und zu versuchen,
die Fragen selbst lieb zu haben
wie verschlossene Stuben und wie Bücher, die in einer fremden Sprache geschrieben sind.
Forschen Sie jetzt nicht nach den Antworten,
die Ihnen nicht gegeben werden können,
weil Sie sie nicht leben könnten.
Und es handelt sich darum, alles zu leben.
Leben Sie jetzt die Fragen.
Vielleicht leben Sie dann allmählich, ohne es zu merken, eines fernen Tages in die Antwort hinein.
Rainer Maria Rilke, Briefe an einen jungen Poeten.

Genau hier fängt die Reise ins Unbekannte an. Als Führungskräfte sind wir nicht gewohnt, auf Fragen keine Antworten zu haben, das Gegenteil wird von uns erwartet. Aber die Suche nach mehr Sinn fängt fast immer mit einer Frage an, die keine vorschnelle Antwort duldet:

- *Was ist mir wirklich wichtig?*
- *Was zählt in meinem Leben am meisten?*
- *Worauf kommt es mir an?*
- *Wer bin ich?*

Sollte sich eine dieser Fragen bei Ihnen sachte in den Vordergrund drängen, dann liegt hierin eine große Chance, die Sie dazu einlädt, die Abwesenheit einer schnellen Antwort auszuhalten. Wo und wie sich solche Fragen auftun, ist so unterschiedlich wie das Leben und die Karrierewege von Führungskräften. Sie mögen vage sein oder hartnäckig, leise oder schmerzhaft und bedrohlich. Sie mögen Sie erfolgreich ignoriert haben oder ihr in stillen Reflexionen, vielleicht im Gespräch mit Nahestehenden, bereits Raum gegeben haben. Fast immer löst das Auftauchen einer solchen Frage Irritation aus. Etwas geht nicht so weiter wie bisher. Bei manchen sind solche Fragen begleitet von einem Gefühl der Einsamkeit, weil sie vermuten, sie seien der oder die Einzige, die so etwas beschäftigt. Bei anderen wiederum taucht die Frage gar nicht erst auf, was sich einstellt, ist nur ein Gefühl innerer Leere, ein Anflug von Nutzlosigkeit oder eine zunehmende innere Erschöpfung. Oder es ist eine handfeste Krise, eine unüberwindliche Barriere auf der Karriereleiter, ein nicht erreichtes Ziel, ein Scheitern, das man sich vor sich selbst oder anderen verbergen will, das dazu auffordert, eine solche Frage überhaupt erst zu formulieren.

Es gibt unzählige Möglichkeiten, wie der menschliche Geist uns darin erinnert, uns zu fragen, warum wir hier sind, warum wir tun, was wir tun, und was wir bewirken wollen. Unser Karriereweg ist zugleich auch unser Lebensweg, und der hat einen roten Faden. Wir suchen Selbstwirksamkeit und Gestaltungsmöglichkeiten, wir suchen nach Resonanz zwischen dem Leben im Außen und unserem Inneren. Wenn der rote Faden unsichtbar wird und verloren zu gehen scheint, koppelt sich unsere professionelle Entwicklung von unserem Bedürfnis nach Sinn ab. Das geschieht oft unbemerkt. Wir übersehen die Anzeichen einer Dissoziation oft nur zu gerne, verwerfen Zweifel, lassen uns treiben von der Eile der Zeit oder sind dem Sog eines nicht endenden Erfolgs erlegen. Wir verlernen zu beobachten. Genau das ist aber der erste Schritt auf der Suche nach Führung mit Sinn. Sobald sich die Fragen einmal in den Vordergrund geschoben haben, verändern sie unsere Art der Aufmerksamkeit, wir nehmen anders wahr, wir schärfen unsere Gabe zu beobachten, was passiert und welche gestalterische Rolle wir dabei bewusst oder unbewusst einnehmen. Wir sind nicht mehr nur Handelnde, sondern zugleich die Beobachter unseres eigenen Handelns. Unser Herz antwortet auf eine Sehnsucht, die tiefer liegt als die Erfolge oder Misserfolge, die uns treiben. Es erinnert uns daran, dass unserem Lebensweg – und unserem Karriereweg – ein innerer Drang zugrunde liegt, dessen Anliegen es ist, unseren Beitrag zu dieser Welt sinnvoll zu gestalten. Vielleicht wird es nie eine finale Antwort auf die ungelösten Fragen geben, aber je mehr wir sie zulassen und uns aktiv auf die Suche machen, desto größer ist die Hoffnung, dass wir mehr über die Welt, mehr über uns und mehr über die Menschheit als Ganzes verstehen. Mit etwas Glück werden wir uns mehr zuhause fühlen in dieser Welt.

1.2   Innere Anliegen lenken unseren Weg

Wenn Sie an einem Punkt sind, an dem Sie beginnen, Fragen wie die oben erwähnten zu stellen, lohnt es sich, einen Schritt weiter und in Ihrer Erinnerung an den Anfang Ihres Weges zu gehen, selbst wenn Ihnen dies zunächst schwerfällt oder wenn Sie meinen, sich an kein besonderes Anliegen in Ihrer Jugend erinnern zu können. Fast immer gibt es einen kleinen Mosaikstein, der sich mit etwas Geduld finden lässt. Ob es Tagträume sind, die Sie in Ihrer Jugend finden, Begegnungen, die einen tiefen Eindruck hinterlassen haben, oder die Erinnerung an Märchenhelden, die Sie bewunderten, auch wenn Sie sich später dafür selbst ausgelacht haben – jede noch so unbedeutend scheinende Kleinigkeit zählt auf der Suche nach den Anfängen Ihres roten Fadens. Keine zwei Geschichten sind gleich. Erwarten Sie nichts Großartiges, nichts Visionäres, nichts unbedingt Besonderes. Die Magie einer frühen *intuitiven Intentionalität* lässt sich nicht in Bedeutung messen. Nehmen Sie sich Zeit, gewöhnliche Details ans Licht zu bringen, im Vergessenen zu stöbern und Herzensangelegenheiten, die Ihnen später vielleicht unangenehm waren, mit einem Lächeln zu akzeptieren. Vielleicht werden Sie dann allmählich beginnen, die Melodie eines Liedes zu hören, das ganz und gar Ihr eigenes ist. Ein Lied, das unbedingt gefunden, manchmal wiedergefunden werden muss.

Da die eigene Erinnerung durch Erlebnisse oder Geschichten von anderen angeregt wird, lassen Sie uns eintauchen in die Jugendgeschichten unserer Protagonisten.

Tafari – heute der Präsident eines bedeutenden Industrieverbandes in Äthiopien – wuchs in den frühen fünfziger Jahren im ländlichen Äthiopien auf. Als er das Schulalter erreicht hatte, musste eine Entscheidung getroffen werden, wo er zur Schule gehen sollte. Sein Vater war ein einfacher Bauer, aber ein willensstarker Charakter, den Tafari schon als Kind für seine Standhaftigkeit bewunderte, vor allem aber dafür, dass er alle Menschen mit dem gleichen Respekt behandelte, egal welcher Herkunft sie waren oder welchen sozialen Stand sie hatten. Als ebenso willensstarker Siebenjähriger hatte er seinem Vater gegenüber kundgetan, er wolle nicht auf die zur Auswahl stehende moderne katholische Schule gehen, weil er befürchtete, er müsse dann katholisch werden, während er wie die ganze Familie der christlich-orthodoxen Glaubensrichtung angehörte. Sein Vater, streng gläubig, aber dennoch überzeugt, dass die katholische Schule die bessere sei für seinen Sohn, bestimmte die Angelegenheit nicht einfach, sondern lud seinen Sohn wie einen Erwachsenen zu einem Gespräch mit dem Leiter der katholischen Schule ein. Dort durfte er alle Fragen stellen, die ihm auf dem Herzen lagen, auch die, ob er seinen Glauben beibehalten könne. Es war dieses Erlebnis, das ihn Zeit seines Lebens beeindruckt hatte – dass zwei erfahrene alte Männer ihn, obwohl erst sieben Jahre alt, ganz und gar wie einen ebenbürtigen Erwachsenen behandelten. Diese Erfahrung, wie befreiend es ist, als ebenbürtig und gleichwertig behandelt zu werden, hat sich zu seinem Lebensmotiv entwickelt, das enormen Einfluss auf seine professionelle Entwicklung, seinen politischen Kampf und seine Berufswahl hatte – als Überzeugung, dass alle Menschen den gleichen Respekt verdienen und dass es sich lohnt, sich für eine Gesellschaftsform einzusetzen, in der diese Gleichberechtigung zählt.

Dies ist ein Beispiel dafür, wie sich eine frühe und tiefe Intentionalität formt und daraus ein Anliegen erwächst, das einen Lebensweg bestimmt oder zumindest stark beeinflusst. Für Kinder und Jugendliche gibt es zahlreiche Gelegenheiten, Verbindung zu tiefen menschlichen Werten aufzunehmen, und meist geschieht das nicht rational, sondern folgt einer Logik, die sich dem erwachsen gewordenen Geist nicht immer erschließt.

Elisabeth, eine sehr erfolgreiche Geschäftsfrau in den USA und heute Leiterin einer Nichtregierungsorganisation in Südafrika, wuchs nach dem Zweiten Weltkrieg auf dem Land in Süddeutschland auf in einer Gegend, die nicht nur von den Wirren der Nachkriegszeit geprägt war, sondern auch von den starren sozialen Normen, die ihrer Familie das Leben schwer machten. Ihre Mutter kam aus der Unterschicht, und wenn es nach ihren Großeltern gegangen wäre, hätte ihr Vater sie nicht heiraten dürfen. Aber da das Kind unterwegs war, ließ man die Eheschließung zu, nur um dann jede Gelegenheit zu nutzen, die Schwiegertochter und deren Tochter auf ihre „falsche" Herkunft hinzuweisen. Elisabeths Versuch, mit diesem Gefühl des „Nicht-Hineingehörens" umzugehen, bedeutete, sich in eine eigene Welt zu entziehen. Als Teenager liebte sie Musik von Beethoven und las alles, dessen sie von der französischen feministischen Schriftstellerin Simone de Beauvoir habhaft werden konnte. Jahrzehnte später fand sie ihre Tagebuchnotizen wieder, in denen sie niedergeschrieben hatte, dass nur Toleranz die Welt verändern könne und dass sie alles tun wolle, um das zu erreichen. Dies hatte sie geschrieben:

> Ich möchte wirklich verstehen, wie die Welt funktioniert. Ich möchte dafür sorgen, dass es mehr Toleranz gibt, dass Menschen in ihrer Würde respektiert werden, jeder einzelne, unabhängig von Geschlecht, Hautfarbe, Schicksal oder sozialer Herkunft.

Respekt und Toleranz wurden zu ihrem Anliegen, das sich wie ein roter Faden durch ihr Leben zog, auch wenn er nicht zu allen Zeiten sichtbar war.

Der Kern von dem, was ich als frühe intuitive Intentionalität bezeichne, ist fast immer ein Bruch in dem, was man als junger Mensch in der Welt wahrnimmt. Man merkt, dass etwas nicht stimmig ist. Zugleich kommt man zu der intuitiven Einsicht, dass die Realität oder das Verhalten von Menschen auch anders sein könnte – und eigentlich sein müsste. Man spürt eine Diskrepanz zwischen intuitiven Werten und dem, was man in der Welt als Realität erlebt. Aus dieser Dissonanz entwickelt sich ein inneres Anliegen, etwas zu ändern, selbst anders zu sein oder dafür zu sorgen, dass sich die Wirklichkeit ändert. Die intuitive Absicht ist also fast immer, etwas zu heilen, etwas beizutragen, etwas zum Besseren zu verändern. Oft ist dies schon als Kind eine einsame Erfahrung, die man geheim hält, in Tagträumen oder Tagebüchern versteckt und nicht mit den Erwachsenen bespricht. Manchmal führt diese Absicht schon früh zu beruflichen Entscheidungen.

Lilly ist Top-Managerin in einem multinationalen Energiekonzern und das Kind einer Italienischen Mutter und eines britischen Vaters. Sie wuchs in den siebziger Jahren des letzten Jahrhunderts in London auf. Nach einem erfolgreichen Jurastudium arbeitete sie zunächst in einer Kanzlei, entschied sich dann aber für eine Karriere in einem Energiekonzern, wo sie für den Umweltbereich zuständig ist. Als ich sie fragte, ob es etwas gebe, an das sie sich erinnern könne, etwas, das ihren Lebensweg beeinflusst habe, fiel ihr sofort eine Fernsehserie ein, die sie immer völlig gebannt und für ihre Eltern nicht ansprechbar angeschaut hatte. Ihre Heldin war „Wonder Women", die immer Menschen rettete, die in Schwierigkeiten waren. In ihren Träumen war dies keine Fernsehserie mehr, sondern Lilly war selbst „Wonder Woman" und rettete Menschen. Schon im Alter von elf Jahren erklärte sie ihren Eltern, dass sie Rechtsanwältin werden wollte. Mit diesem Beruf verband sie die Möglichkeiten, Menschen aus Schwierigkeiten zu helfen und denen eine Stimme zu geben, die sich nicht selbst helfen konnten oder die aus falschen Gründen angeklagt wurden.

Auch wenn vielleicht nicht immer so deutlich wie bei Lilly, ist diese frühe Intentionalität, die Verbindung mit tiefen menschlichen Werten, nicht nur entscheidend für den Lebensweg, den man wählt, sondern oft auch unbewusst ausschlaggebend für die Berufswahl. Für manche Menschen entsteht daraus schon früh eine klare Vision, was sie machen, wofür sie kämpfen wollen, bei anderen bleibt dieses Anliegen im Verborgenen, wird weggedrängt von den Zwängen der Realität oder den Einflüssen von Eltern oder Gesellschaft. Aber ein zugrunde liegender Rhythmus bleibt, etwas ist angestoßen in der Seele eines Menschen, das sich immer wieder Bahn brechen wird. Insgeheim lenkt dieser Rhythmus im Verborgenen die Wahl von Orten, Gemeinschaften, Aktivitäten und Zielen.

1.3   Die Wirklichkeit testet unser Anliegen

In den Wirren des Lebens und auf der Suche nach dem eigenen Platz in der Gesellschaft geht diese frühe Intentionalität scheinbar verloren oder sie wird begraben von Enttäuschungen. Wir merken, dass das, was wir so dringlich ändern wollen, sich nicht einfach so umsetzen lässt, wie wir es vorhaben. Die Welt scheint unserer inneren Absicht nicht wohlgesonnen zu sein. Während das tiefe Anliegen bewusst oder unbewusst zum Treiber unserer Art des Gestaltens von Wirklichkeit wird, dreht sich die Welt weiter, und zu unserem Erstaunen, oft nicht so, wie wir es erwarten.

Tafaris einschneidende Erfahrung, auch als Kind schon mit Respekt und Würde behandelt zu werden, verankerte sich im Laufe seiner Schulzeit und mit zunehmendem Wissen über die Welt in der Überzeugung, dass man etwas tun müsste dafür, dass Menschen in gegenseitiger Anerkennung und Freiheit leben konnten. Je mehr Wissen er sich in seiner Schulzeit aneignete, desto klarer wurde ihm, dass genau diese Werte überall in der Welt, vor allem aber in seinem Heimatland Äthiopien viel zu häufig mit Füßen getreten wurden. Als junger Erwachsener wollte er umso mehr wissen, wie die Welt funktionierte, und stürzte sich wissenshungrig auf alles, was er zu Philosophie, Soziologie und Politik finden konnte. Er schloss sich einer politischen Bewegung an, die die äthiopische Gesellschaft von Grund auf erneuern wollte und gegen das herrschende Regime Widerstand leistete. Er las alles, was er von Mao, Lenin und Marx finden konnte. Aber sein Traum von einer anderen Welt wurde jäh zerstört, als die Militärdiktatur in seinem Land gegen die Oppositionellen mit Gewalt vorging und Tafari wie viele seiner Mitstreiter im Gefängnis landete. Die Bewegung wurde brutal niedergeschlagen. Er verbrachte vier Jahre seines jungen Lebens hinter Gittern unter Bedingungen, die die meisten seiner Freunde und politischen Mitkämpfer nicht überlebten. Jahrzehnte später sagte er dazu:

> Wie jeder unerfahrene junge Mensch habe ich geglaubt, man könne die Welt einfach so verändern, bis ich gelernt habe, was Macht bedeutet und was sie anrichten kann. Ich musste lernen, dass gesellschaftlicher Wandel ein langsames und mühsames Unterfangen ist, das mehr erfordert als Wünsche und Sehnsüchte.

Der Wunsch, die Welt zu verändern, muss begleitet sein von unserer Bereitschaft, sie immer wieder neu zu verstehen und in ihr aktiv zu sein. Das, was als frühe Intentionalität in jungen Menschen entsteht, erzeugt nicht immer positive Resonanz, manchmal das Gegenteil. Die Welt beugt sich nicht unbedingt unseren Anliegen oder unseren Ansichten. Andere Menschen folgen nicht notwendigerweise unseren Träumen. Nicht jede Person, der wir helfen wollen, hält dies auch für sinnvoll. Selbst dann, wenn wir meinen, unsere Werte ganz und gar zu leben, stellen sich Hindernisse in den Weg, mit denen wir nicht rechnen.

Elisabeth verließ schon früh ihre engstirnige Landgemeinde, um sich auf den Weg in die Welt zu machen. Ihrem Wunsch treu geblieben, die Welt und die Menschen darin besser zu verstehen, studierte sie Psychologie in der Schweiz und strebte eine wissenschaftliche Kariere an, bis sie erkannte, dass die rigide akademische Welt mit ihren Normen sie zu sehr an die Enge ihrer Kindheit erinnerte. Sie ging spontan nach New York, um dort als Sozialarbeiterin in Harlem, einem Viertel mit hauptsächlich sozial schwachen Bewohnern zu arbeiten. Die folgenden glücklichen Jahre waren wie ein tiefes Eintauchen in ihren großen Traum, zu mehr Toleranz und Gleichberechtigung beizutragen. Zum ersten Mal fühlte auch sie sich als Person akzeptiert und wertgeschätzt – als Mensch, der der sozial schwachen und zum großen Teil schwarzen Bevölkerung das Maß an Respekt entgegenbrachte, das sie sich selbst immer gewünscht hatte. Zugleich konnte sie ihre strategischen Fähigkeiten einbringen und dafür sorgen, dass Sozialdienste neu und anders wirksam wurden. Aber auch diese Welt war nicht ideal. Nach Jahren ihres unermüdlichen Engagements wurde sie Opfer einer Intrige gegen sie, was sie dazu brachte, auch diese Welt zu verlassen, auf der Suche nach dem Ort, an dem sie ihre Fähigkeiten und ihre Anliegen sinnvoller einbringen konnte. Dies war der Einstieg in ihre Karriere als Unternehmerin in New York.

Meine Erfahrung ist, dass unsere Fähigkeit zu führen, getestet wird, lange bevor wir überhaupt eine offizielle Führungsposition einnehmen. Es ist die unseren roten Faden inspirierende Suche nach uns selbst und unseren Möglichkeiten, verbunden mit dem Anliegen, die Welt ein Stück zu verändern, die uns lehrt zu führen. Die darunterliegenden Werte sind wie die Nahrung, die unsere Suche versorgt. Wie wir sie umsetzen, ist so verschieden, wie die Lebenswege von Menschen sind, und abhängig von den Umständen, denen wir begegnen. Für manche entwickeln sich die Werte in moralische, politische oder soziale Überzeugungen. Bei anderen bleiben sie eher verborgen und zeigen sich in der Art, wie wir unseren beruflichen Weg umsetzen, oder darin, was wir erreichen wollen. Natürlich ist die frühe Intentionalität über die Zeit beeinflusst durch Schule, Eltern und Gesellschaft. Aber es ist fast so, als würde das, was wir einmal intuitiv wussten, nie verloren gehen. Es ist dieses tiefe Wissen, inspiriert durch Begegnungen mit Menschen, Natur, Büchern oder Filmen, das einmal unser Herz berührt hat und sich eingenistet hat in unsere Seele.

Lilly erfüllte sich ihren Traum und studierte Jura mit einem hervorragenden Abschluss. Über einen Bekannten fand sie eine Stelle als Referendarin in einer bekannten Rechtsanwaltskanzlei in Italien. Aber schon nach weniger als einem Jahr war ihr Traum verblasst. Die Stimmung in der Kanzlei erschien ihr grau und uninspiriert wie in einem Roman von Charles Dickens mit starren und formalen Strukturen, die keinerlei Kreativität zuließen. Für Ihren Wunsch, für Menschen einzutreten, wurde sie ausgelacht. Als der Leiter der Kanzlei, beeindruckt von ihren Leistungen, ihr anbot, dass sie in wenigen Jahren zum Partner werden konnte, sah Lilly nur einen grauen, depressiv machenden Lebensweg vor sich, für den sie ihre Ansprüche an ihr Leben begraben müsste. Sie verließ die Kanzlei und begab sich auf einen gänzlich anderen Weg, der sie schließlich in einen multinationalen Energiekonzern brachte.

1.4 Was wir außen ändern wollen, heilen wir auch innen

Wie alle drei Beispiele zeigen, hat die frühe Intentionalität, das Anliegen, das unseren Lebensweg vorantreibt, eine wichtige Funktion. Die intuitive Erfahrung, dass etwas nicht stimmt mit der Welt, dass etwas anders sein soll, beinhaltet oft zwei Aspekte. Der eine bezieht sich auf unsere Wahrnehmung der Welt, wir wollen etwas richten, was in unserem Gefühl unzureichend ist, oder etwas einbringen, was fehlt. Der andere bezieht sich auf uns selbst. Wir wollen – meist unbewusst – etwas heilen, das uns verletzt hat, wir wollen ganz werden. Beide Aspekte gehören eng zusammen, auch wenn wir uns dessen nicht immer bewusst sind. Sie befruchten sich gegenseitig. Indem wir etwas in der Welt bewirken, tragen wir auch zu unserer eigenen Vervollständigung bei. Wenn wir für Gerechtigkeit kämpfen, machen wir das Unrecht gut, das uns selbst angetan wurde. Wenn wir für Harmonie sorgen, stellen wir sie für uns selbst her. Wenn wir anderen helfen, ihre Anliegen voranzubringen, finden wir unser eigenes. In diesem Sinne sind jeder Lebensweg und jeder professionelle Karriereweg auch ein Weg der Integration und der Vervollständigung. Wir werden mehr, wie wir sein können, selbst dann, wenn uns in den Anforderungen der Welt an uns Bedeutung und Sinn verloren zu gehen scheinen. Wir integrieren uns in die Welt, indem wir unser Anliegen voranbringen – bewusst oder unbewusst. Unsere Suche nach Sinn ist vor allem auch geprägt von einem Bedürfnis nach Stimmigkeit – wir wollen, dass, was wir intuitiv vertreten, unsere tiefen Werte, unser Anliegen, mit der äußeren Welt in Einklang bringen. Die Sehnsucht nach dieser Stimmigkeit zwischen der Welt und uns ist ein treuer Begleiter, wie sehr wir ihn auch immer in den Hintergrund drängen. Es ist wie der Wunsch, endlich nach Hause zu kommen, der uns unsichtbar begleitet. Dafür werden wir aktiv, steigen auf, erklimmen Karriereleitern, wechseln Aufgaben oder Organisationen, engagieren uns für andere oder umgeben uns mit materiellem Reichtum. Wir stürzen uns ins soziale Leben oder ziehen uns aus der Welt zurück. Aber immer ist es die Sehnsucht danach anzukommen in einer Welt, in der wir uns wohlfühlen, in einer Beziehung zur Realität, die für uns stimmig ist.

1.5   Krisen sind Ratgeber

Nicht immer sind wir in der Art und Weise, wie wir unser Anliegen in die Welt bringen, erfolgreich. Manchmal sind wir enttäuscht von Menschen, Umständen, Organisationen, weil sie sich als anders herausstellen, als wir es erwartet haben, oder weil wie sich nicht so verändern lassen, wie wir es für richtig halten. Und immer dann meldet sich der rote Faden unseres Lebens. Wenn die Dissonanz zwischen unserer Intentionalität, unserer Suche nach Stimmigkeit und der Realität, in die wir uns begeben haben, zu groß wird, melden sich Brüche, Krisen, Verstimmungen, innere Leere oder handfeste Blockaden. Dann ist es Zeit, unbequeme Fragen zu stellen. Und zugleich bedeutet dies eine Aufforderung, Krisen anders zu betrachten, sie aus ihrem Gefängnis zu befreien, sie von der Angst zu scheitern zu lösen und als Ratgeber neu zu definieren.

Angenommen, jede Krise in Ihrem Leben wäre nichts anderes als ein nach zahlreichen leisen Versuchen laut gewordener Hinweis darauf, dass Sie, um sich selbst treu zu bleiben und Ihr Potenzial in die Welt zu bringen, einen anderen Weg einschlagen müssen?

So gesehen, sind Krisen ein Beitrag zu einem Resilienztraining. Wir müssen sie nicht absichtlich verursachen, aber sobald sie sich einstellen, ohne dass wir bewusst dazu beigetragen haben, müssen wie sie uns zunutze machen. Das ist mehr als ein positives Umdeuten, sondern von zentraler Bedeutung. Denn wenn wir auf der Suche nach Führung mit Sinn andere Lebenswege einschlagen und mit bester Absicht unsere Werte in die Welt bringen wollen, kann es sein, dass die Welt genauso reagiert wie damals, als wir es mehr unbewusst als junger Mensch getan haben. Die Welt wird den neuen Weg nicht nur mit offenen Armen empfangen. Wir werden auf Skepsis stoßen, Hürden nehmen und Krisen überwinden müssen. Deswegen lohnt es sich, schon zu Beginn unserer Suche nach mehr Sinn mit einem anderen Blick auf diejenigen Zeiten unserer Vergangenheit zu sehen, die nicht so verliefen, wie wir es uns gewünscht hätten.

Lillys Enttäuschung über die harte Welt der Anwaltskanzlei hat sie auf den Weg in ein multinationales Unternehmen gebracht. Elisabeths Verzweiflung über die Intrige gegen sie als Sozialarbeiterin in Harlem hat sie dazu gebracht, schließlich selbst ein erfolgreiches Unternehmen in der Telekommunikation zu leiten. Niemand würde Tafari eine so schreckliche Erfahrung wünschen, wie vier Jahre unter brutalsten Bedingungen im Gefängnis der äthiopischen Militärdiktatur zu verbringen, und dennoch ist es die Erfahrung der Machtlosigkeit, die Tafari überwunden hat und die seine Persönlichkeit letztendlich positiv geprägt hat. Er hat seinen Glauben an die Würde jedes Menschen nie verloren und sich nie einer Macht gebeugt. Heute, als Präsident eines großen Industrieverbandes, gestaltet er Zukunft mit seiner gereiften Persönlichkeit.

1.6   Der Wunsch nach Selbstwirksamkeit beginnt früh

Als Jugendlicher haben Sie wahrscheinlich selten darüber nachgedacht, ob Sie einmal eine Führungsrolle in einer einflussreichen Position innehaben wollen. Nur wenige erinnern sich daran, dass sie Präsident oder Kanzlerin werden wollten. Genauso wenig haben Sie darüber nachgedacht, wie lange, hindernisreich und umständlich Ihre Reise sein würde oder wie häufig sich Schwierigkeiten ergeben würden. Wahrscheinlich haben Sie, wie die meisten Menschen, immer daran geglaubt, dass hinter der nächsten Ecke das dauerhafte Glück lauert, dass das Leben harmonisch verläuft, wenn nur endlich das eine oder andere Ziel erreicht sei. Das ist gut so, denn es ist genau diese Hoffnung, die uns treibt und immer wieder neue Lebenswege entdecken lässt. Und es ist unsere Resilienz, die uns hilft, Krisen als Gelegenheiten wahrzunehmen oder unseren Lebensweg in neue Bahnen zu lenken.

Es mag sein, dass Sie Träume aufgegeben haben oder merkten, dass Sie mit Ihren Ambitionen zu hoch lagen, oder im Gegenteil – zu sehr unter Ihrem Potenzial agierten. Vielleicht haben Sie in vielen Fällen erreicht, was Sie sich vorgenommen hatten, und das mit Stolz und Anerkennung. Jedes Leben, selbst unter den schwierigsten Bedingungen, enthält einen Strauß von äußeren und inneren Möglichkeiten, Wirklichkeit zu gestalten. Dieses Bedürfnis, nicht passiv die Welt auf sich wirken zu lassen, sondern Realität aktiv zu gestalten, zu beeinflussen, ihr den eigenen Stil mitzugeben, die eigenen Werte und Anliegen voranzubringen, ist der Kern einer Bereitschaft, eine Führungsrolle zu übernehmen. Dabei geht es zunächst weniger darum, wie viele Menschen Ihnen als Führungskraft zugeordnet sind, sondern darum, was Sie voranbringen wollen. Das Bedürfnis nach Wirksamkeit, danach, einen bleibenden Einfluss auf diese Welt zu nehmen, ist ein zutiefst menschliches Verlangen, das sich in der Entwicklung der Menschheit immer wieder durchgesetzt hat.

Nur wenn sich dieses Verlangen, die Welt zu gestalten, loslöst von dem inneren roten Faden, von den tiefen Werten, die Menschen teilen, von einer Verbindung zur Menschlichkeit, entsteht viel von dem Unsinn, den wir in der Welt sehen. Nicht der Wunsch zu gestalten, ist verwerflich, noch nicht einmal das Streben nach Macht und Einfluss. Aber es braucht die Verbindung zu einem tieferen Sinn, der an innere Werte geknüpft ist, an den Dialog mit sich selbst und die Bereitschaft, auf sich selbst auch aus dem Blickwinkel von anderen zu sehen.

Verbindung aufzunehmen mit unseren frühen Erkenntnissen, mit dem, was ich als frühe Intentionalität bezeichne, ist ein entscheidender Schritt auf der Suche nach Führung mit Sinn. Niemand muss dafür seine oder ihre gesamte Jugendzeit oder Kindheit analysieren. Aber die Suche nach dem, was uns zum Menschen macht, nach den Erfahrungen des Herzens, nach den Erkenntnissen der Seele, ist der Schritt, der uns zurück zum roten Faden bringt – und damit zurück auf den Lebensweg, der originär der unsere ist. Wir hatten einmal etwas vor mit unserem Leben, so wenig bewusst artikuliert dies auch gewesen sein mag. Wir hatten Träume, Inspirationen, Ideen, plötzliche Einfälle, Sehnsüchte, ein Gefühl von Verbundenheit, Verletzlichkeiten – und einen starken Willen.

1.7   Karrierewege verlaufen in Mustern

Wenn Sie sich auf die Suche nach diesen ersten Zeichen Ihres Wunsches nach Selbstwirksamkeit machen, mag es sein, dass Sie keinen eindeutigen Anfang finden, nur eine lose Sammlung von Erlebnissen oder Gedanken. In jedem Fall liegen die Spuren Ihres Drangs danach, die Welt zu gestalten, wahrscheinlich viel weiter zurück als der Moment, in dem Sie mit einer Führungsrolle beauftragt wurden. Und genau in diesem Moment war Ihnen vielleicht nicht wirklich klar, wie viel mehr Verantwortung, nicht nur für Menschen, sondern für Ihr eigenes Handeln und Denken Sie übernahmen.

Die meisten Führungskräfte durchlaufen vorbereitende Trainings, die, wenn sie gut sind, die Reflexion der eigenen Persönlichkeit mit einschließen. Aber die wenigsten dieser Fortbildungen fragen nach dem Gestaltungswillen, danach, wie er entstanden ist, was ihn speist und wie wir ihn vorangetrieben haben. Selten wird nach dem roten Faden gesucht, manchmal werden innere Werte zumindest angesprochen. Die Frage, was wir bewirken wollen als Führungskraft (nicht unbedingt: was wir erreichen wollen), wird selten gestellt. Dabei wäre es genau diese Frage, die ein Wegweiser wäre zu den Wegkreuzungen, an denen wir in der Vergangenheit gewählt haben, zu den verborgenen Sehnsüchten und zu unserer Suche nach Sinn. Sie würde die Momente des Zweifels, die Anflüge von Unsicherheit, die unbeantworteten Fragen, die Erfahrungen, die wir mehr schlecht als recht verkraftet haben, oder die schleichende Unzufriedenheit in unserem Leben in Hinweise verwandeln, die uns zurückführen könnten zu unserem roten Faden, unserem Anliegen, die Welt zu gestalten.

Wie alle Menschen durchlaufen wir auch als Führungskräfte Zyklen des Lernens, die wir erst mit der Zeit in ihren Mustern und ihrer Regelmäßigkeit wiedererkennen. Geradlinige berufliche Wege sind selten, auch wenn sie in unserem offiziellen Lebenslauf so gestaltet sind. Lebenswege sind eher wie ein Fluss, der sich mäandernd dem Delta nähert und immer wieder neue Strecken und Seitenarme findet, um den Strom nicht ins Stocken zu bringen. Es gibt allerdings meistens einen Moment, eine Erfahrung, die die Qualität unserer Wahrnehmung verändert. An diesem Punkt beginnen wir, uns nicht mehr als von den Ereignissen des Lebens getrieben zu erleben, sondern wir fangen an, uns bewusster als Gestalter unseres Lebensweges zu sehen. Dieser Moment kann früher oder später in der beruflichen Entwicklung liegen, aber er beinhaltet immer eine markante Veränderung. Wir beginnen, anders auf die Welt zu sehen.

Als Lilly nach systematischer Suche und dem Ausloten ihrer Möglichkeiten als junge Juristin sich schließlich bei einem großen Energiekonzern bewarb, tat sie das nicht unbedingt, um dort schnell Karriere zu machen, sondern weil sie – trotz aller Kritik, die sie über den Konzern las – dort eine Chance sah zu gestalten. Sie hatte eine Zeit lang die Veränderung des Konzerns zu mehr gesellschaftlicher Verantwortung verfolgt, und selbst wenn diese noch nicht ihren Ansprüchen entsprach, war damit zumindest ein Minimalkriterium erfüllt. Zudem sah sie eine enge Verbindung zwischen dem Thema Zugang zu Energie sowie Energiegerechtigkeit und ihrer Grundidee, sich für Gerechtigkeit einzusetzen. Strategisch, wie sie agierte, beschloss sie, dass die Einflussmöglichkeiten eines Konzerns größer waren als die einer für Gerechtigkeit kämpfenden zivilgesellschaftlichen Organisation. Zudem reizte es sie, Macht und Einfluss zu haben. Sie erinnerte sich daran, dass ihr Großvater ihr einmal gesagt hatte: „Wenn Du als Rebellin ein System verändern willst, musst Du es von innen heraus tun." Sie ahnte, dass der Weg weit sein würde und es zu diesem Zeitpunkt unklar war, ob sie das System oder das System sie verändern würde. Aber sie beschloss, das Abenteuer zu wagen.

Drei Jahre später und drei verschiedene Karrierestufen weiter resümierte sie rational, dass sie nun einen realistischeren Blick darauf hätte, was man in einem solchen Konzern bewirken könne und was nicht. Man müsse lernen zu verstehen, nach welchen Regeln Einflussnahme geschieht, und erst, wenn man dies verstanden habe, hätte man wirklich Wahlmöglichkeiten. In dieser Zeit war ihr tiefer Wunsch, für andere Menschen und für mehr Gerechtigkeit einzutreten, nicht gänzlich verschwunden, aber er wurde immer weiter als unrealistisch in den Hintergrund gedrängt. Sie gab zu, dass sie der Sog der Karrieremöglichkeiten gefangen nahm, dass die Begegnung mit der Macht sie reizte.

Dies ist der Moment, den viele Führungskräfte kennen – aber meistens erst im Rückblick. Die hehren Ambitionen der Jugend weichen einem anderen Muster, das nun in erheblichem Maße bestimmt ist von den gesellschaftlichen oder organisationalen Strukturen und Denkweisen. Man taucht ein in eine Welt, die ihre eigene Dynamik hat und die auf unser Denken und Handeln Einfluss nimmt. Zeitgleich geht damit oft die Übernahme von Verantwortung für eine Familie einher, es ergeben sich finanzielle und soziale Zwänge, die man weder reflektiert noch wirklich als beengend erlebt. Auf einmal zählt die eigene Person mehr, man wird gefragt, man wird gebraucht. Immer schnellere, immer bedeutsamere Entscheidungen müssen getroffen werden, die weit jenseits der eigenen Person Auswirkungen haben. Verantwortung tragen ist nicht mehr ein theoretischer Begriff, sondern täglich gelebte Realität. Die Erwartungen anderer steigern sich exponentiell, die Gefahr, zu scheitern, ebenso. Wie bei Lilly geht das oft einher mit dem Reiz, Teil einer Organisation zu sein, deren Kurs man beeinflussen möchte. Erfolge nehmen wir dann als eine Bestätigung dafür wahr, dass wir auf dem richtigen Weg sind. Mit den Erfolgen wächst die Verantwortung weiter, ebenso wie der Reiz, den nächsten großen Karriereschritt zu wagen. Die Welt scheint zu rufen und wir antworten begeistert.

In diesen Jahren des Entdeckens, des Aufstiegs und der Teilnahme, die bei den Einzelnen unterschiedlich lang dauern, treten die Gedanken an das, was der Kern unserer frühen Intentionalität war, in den Hintergrund. Für Fragen bleibt in der Regel keine Zeit. Für Zweifel ebenso wenig. Niemand fragt nach dem, was wir einmal vorhatten – auch wir selbst nicht. In diesem Schmelztiegel zwischen innerem Wachstum an den Herausforderungen und äußerem Gestalten formt sich unsere Identität als Führungskraft. Wir meistern die Welt.

1.8   Dämonen sind verkleidete Engel

Dafür, dass unsere frühen Träume von einer etwas anderen Welt in dieser Zeit in den Hintergrund treten, gibt es viele rationale Gründe. Allen voran der, dass unser einst emotionales Anliegen in der Realität, in der wir unsere Karriere gestalten, unrealistisch erscheint. Wir beginnen zu vergessen, dass es einmal ein solches Anliegen gab. Der rote Faden verblasst, wir verlieren vielleicht sogar die Verbindung zu unseren inneren Werten, die häufig von dem Umfeld, in dem wir agieren, auch gar nicht nachgefragt werden.

Hätte man Guy, einen französischen Top-Manager aus einem internationalen Konzern in Auszeit, auf der Höhe seiner Karriere nach seinen frühen Träumen gefragt, wäre man ausgelacht worden. Geträumt wurde nicht, allein Fakten, genauer Erfolgszahlen zählten. Sein beruflicher Aufstieg erfolgte geradlinig und ohne Hürden. Er verstand die Sprache der Macht schnell und wusste, wie er sich selbst in Szene setzen und seine Strategien durchsetzen konnte. Allem voran wusste er, wie er mit Gegnern umgehen musste und welche wirtschaftlichen Erfolge mehr zählten. Sein Weg schien unaufhaltsam nach oben zu weisen, bis er in einer neuen, sehr einflussreichen Position auf einen Vorgesetzten stieß, den er für unerträglich und unmöglich hielt, und mit dem er keinen Weg fand zurechtzukommen. In seiner Erinnerung war es, als hätte er auf einmal eine Mauer erreicht, die nicht zu überwinden war – ein für ihn neues und unbekanntes Gefühl. Nach kurzer Zeit überlegte er, welche alternativen Positionen er erreichen konnte, und handelte gewohnt schnell. Er nahm eine entsprechende Position in einem anderen Unternehmen an. Aber etwas an der ungewohnten Erfahrung verließ ihn nicht mehr. Eine einfache Frage tauchte immer wieder auf und drängte sich unerwünscht in sein Bewusstsein: *Warum mache ich das alles?* Darauf keine Antwort zu haben, war für ihn fast unerträglich. Kaum ein Jahr später beschloss er, sich eine längere Auszeit zu nehmen, nachdem er bemerkt hatte, dass ihn weder der Aufstieg noch die Einflussmöglichkeiten seiner neuen Position reizten. Er hatte die Leidenschaft für seinen Beruf verloren und stellte im Rückblick fest, dass dies eine schleichende Entwicklung gewesen war, die schon lange zuvor eingesetzt hatte, auch lange bevor er dem unangenehmen Vorgesetzten begegnet war. Er hatte die Regeln der jeweiligen Unternehmen perfekt beherrscht, die Ergebnisse, die er erreichte, sprachen für sich und ebneten ihm seinen Weg nach oben, aber er hatte die Frage *Wofür?* nie offen gestellt. Als ich ihn am Anfang seiner Auszeit fragte, ob es etwas gebe, an das er sich aus seiner Jugend besonders erinnere, kam die Antwort, als wäre sie nie verloren gegangen:

> Ich habe immer die Schriften von Jacques Cousteau bewundert, er war schon als ich ein kleiner Junge war mein Vorbild, weil er so eingängig beschrieb, wie wichtig es sei, dass Menschen im Einklang mit der Natur lebten. Das andere war ein Gedicht von Rudyard Kipling, das mich jahrelang begleitet hat wie ein heimliches Versprechen. Darin fand ich ein Verständnis, das man als Jugendlicher manchmal nur in den Texten großer Schriftsteller entdeckt. Es war ein Gedicht darüber, was es ausmacht, ein Mann von gutem Charakter zu sein.

Guy tauchte in Erinnerungen ein, in denen er sich als Teil von einer Welt fühlte, deren inneren Zusammenhang er als Jugendlicher intuitiv erfasst hatte, einer Welt, in der nichts unbedeutend, nichts belanglos war, in der aber Menschen auch nur die Rollen spielten, die ihnen von der Natur zugeordnet waren. Dieses Gefühl tiefer Harmonie hatte seine Jugendjahre begleitet. In seiner Auszeit wollte er sich diesem Zustand wieder nähern. Im Blick zurück war er seinem unangenehmen Vorgesetzten plötzlich dankbar – ohne ihn wäre er nicht an die magische Mauer gestoßen, die ihn zur der einen Frage brachte, die seine Veränderung vorantrieb.

Unabhängig davon, welche Führungsposition wir innehaben: Immer, wenn wir die Verbindung zu unserem roten Faden, zu unserem tiefen Anliegen verlieren, entfernen wir uns von uns selbst. Wir mögen Erfolge in der harschen Realität einfahren, beruflich aufsteigen und mit Anerkennungen überhäuft werden. Aber fast vorhersehbar wird es einen Punkt geben, der uns zart oder heftig daran erinnert, dass da noch etwas anders war, dass es einmal eine Absicht gab, die aus unserem Herzen kam und die wiedergefunden werden will. Das bedeutet nicht, dass unsere Erfolge in der Welt unwichtig sind, im Gegenteil. Sie sind ein Teil unserer Fähigkeit, in der Welt zu bestehen, sie lehren uns nicht nur zu überleben, sondern aktiv auf den Lauf der Welt Einfluss zu nehmen. Sie sind wie ein Lehrbuch, dessen Seiten wir wissbegierig verschlingen, immer in der Hoffnung, dass wir die Prüfungen des Lebens bestehen werden. Sobald unsere Verbindung zu unserem roten Faden verloren zu gehen scheint, geraten wir leichter in die Fänge einer oberflächlichen Welt, die Ergebnisse ohne Herz misst und in der Menschlichkeit ein zu vernachlässigender Faktor wird. Ein klares Anzeichen dafür, dass unsere Verbindung zu uns selbst und unserem Anliegen verloren geht, ist, wie bei Guy, dass unsere Leidenschaft für das, was wir tun, abhandenkommt. Wir geraten in ein Rad, das wir nicht mehr selbst drehen, sondern das uns in Gang hält und das zu stoppen uns schwerfällt. Unser Gefühl, von etwas begeistert zu sein, oder die Abwesenheit dieses Gefühls, ist ein hervorragender Indikator für die Nähe oder Ferne von unserem tiefen Anliegen. Wenn wir tun, was wir tun müssen, weil wir nicht mehr anders können, aber nicht, weil wir wirklich dahinterstehen, ist es Zeit, Fragen zu stellen.

Manchmal weisen uns dazu Engel den Weg, die als Dämonen verkleidet sind. In Guys Fall war es der schwierige Vorgesetzte.

1.9   Akzeptanz der Realität ist der erste Schritt in die Veränderung

Sollten wir solchen Dämonen begegnen, auf Blockaden treffen oder an eine magische Mauer kommen, öffnen sich neue Wege erst dann, wenn wir begonnen haben, die neue, oft ungewohnte Realität so zu akzeptieren, wie sie ist. Bei Guy hat es gedauert, bis er bereit war, die Frage, die ihn belästigte, wirklich zu hören. Im ersten Ansturm gegen die Widerstände, die sich ihm stellten, suchte er nichts anders als eine nächste Ausweichmöglichkeit, um seinen doch ansonsten so geradlinigen Weg fortzusetzen. Wir alle haben das Bedürfnis, an einer einmal gewonnenen Identität festzuhalten, solange es nur geht. Oft gelingt uns das, aber fast immer meldet sich die Frage, die uns zu unserem roten Faden führen will, wieder. Dann tut sie es lauter, und die inneren oder äußeren Umstände, die wir überwinden müssen, um sie zu ignorieren, gestalten sich schwieriger.

Irgendwann können wir nicht anders, als die magische Mauer, den Engel als Dämon oder die unüberwindbare Blockade als das wahrzunehmen, was sie sind – eben auch Realität. Manchmal beginnt dann eine Phase von Orientierungslosigkeit, in der wir im Grunde mehr wissen, was wir nicht mehr wollen, als was wir wollen. Zweifel tauchen auf, an uns selbst, unserem Weg, an der Welt. Traurigkeit mag sich über unsere Tage legen wie ein Hauch nicht gelebter Sehnsucht. Die Geschäftigkeit unseres Lebens mag uns aufrecht halten, aber sie scheint nicht mehr zu genügen, um unser Herz mit Nahrung zu versorgen. Die unendliche Liste der Pflichten, mit denen wir unser Leben angereichert haben, hat sich unbeirrbar zwischen uns und unsere frühen Träume gedrängt. Wenn das der Fall ist, können wir nur eines tun: die Wirklichkeit nehmen, wie sie ist, und uns damit versöhnen, dass wir genau hier in einer Umbruchphase, vielleicht sogar auf dem Weg in eine tief greifende Veränderung sind.

An dieser Stelle beginnt ein wichtiger Schritt auf der Suche nach Führung mit Sinn: Wir können lernen, die Realität und uns selbst zu beobachten. In dem Moment, in dem wir nicht mehr nur unruhig Agierende sind in einer Welt, in der uns unser Einfluss auf unseren Weg aus den Händen zu gleiten scheint, liegt das Potenzial unserer Suche. Sobald wir uns selbst zu betrachten beginnen, als hätten wir die Möglichkeit, uns als Protagonisten in einem Film zu sehen, fangen wir an, unser Denken zu verändern. Das ist der erste Moment, in dem wir vom Schauspieler, der seine Rolle verinnerlicht hat, wieder zum Regisseur werden. Dies ist der entscheidende Schritt. Wir beginnen also, das Theaterstück „Leben" in seiner Ganzheit wieder wahrzunehmen.

1.10   Zukunft braucht Kreativität

An diesem Punkt sammeln sich immer mehr Fragen, die eine Zeit lang unbeantwortet bleiben müssen. Eine davon lautet, nicht nur danach zu fragen, wie wir führen, sondern vor allem, was wir führen und wohin. Wie tragen wir zu einer nachhaltigen Zukunft bei? Wenn wir annehmen, dass unsere Fähigkeit, die Welt, die Organisation, eine Abteilung oder eine Aufgabe zu gestalten, von einer inneren Quelle genährt wird, stellt sich uns die Frage, wie sich diese Quelle regeneriert und wann sie, sollten wir sie nicht beachten, versiegt. Dann sollten wir uns daran erinnern, dass führen bedeutet, bewusst Wirklichkeit zu gestalten, und dass in dieser Fähigkeit unser kreatives Potenzial schlummert. Uns immer wieder aufzuwecken oder wiederzuentdecken wird unsere Aufgabe sein auf der Suche nach Führung mit Sinn. Unser gestalterisches Potenzial zu nähren in einer Situation, in der wir uns von äußeren Umständen blockiert fühlen, ist nicht immer einfach. Deswegen lohnt es, sich daran zu erinnern, dass auch kreative Gestaltung in Mustern und Phasen verläuft, die nicht nur für Künstler und Musiker gelten. Zudem sind Menschen unterschiedlich, und damit unterscheiden auch ihre Kreativitätsmuster.

Der Zugang zu Ihrem kreativen Potenzial beginnt mit Rückzug – nicht Ablenkung. Es sind das Nichtstun, die Stille, die Kunst, Gedanken hängen zu lassen oder ihnen freien Lauf zu lassen, die das Tor zu einem kreativen Prozess öffnen. Das kann unangenehm sein oder die Befürchtung auslösen, Sie wären dann negativen Gedanken ausgeliefert. Das müssen Sie eine Weile aushalten, irgendwann legt sich das Gedankenkarussell und weicht unserer stillen Intelligenz. Es hilft, sich an einen Ort zu begeben, der von Ihnen nicht mehr fordert, als sich um Ihre Basisbedürfnisse zu kümmern, und sicher nicht angeschlossen ist ans Internet. Stellen Sie Ihre Kommunikationsmittel ab oder lassen Sie sie dort, wo Sie selbst nicht sind. Der erste Schritt, wieder Verbindung aufzunehmen mit der eigenen Quelle von Kreativität und Gestaltungswillen ist, sich bewusst einer Leere auszusetzen. Die Natur hilft dabei, weil sie uns daran erinnert, wie unwichtig und wichtig wir zugleich sind. Wenn Ihnen etwas unangenehm ist – wie z. B. ein Gefühl von Unsicherheit, Verletzlichkeit, Zweifel, Ärger oder Angst –, beobachten Sie es einfach. Stellen Sie bewusst fest, wie es Ihnen geht, als wären Sie der Regisseur im Regiesessel und würden intensiv beobachten, ob der Schauspieler in Ihnen seine Rolle auch authentisch lebt. Erwarten Sie keine Ergebnisse. Nehmen Sie sich nicht vor, mit wichtigen Strategien aus Ihrem Rückzugsort zurückzukehren. Ziehen Sie einfach los wie ein Held oder eine Heldin, die auf die Reise gehen muss, ohne zu wissen, wohin das Schicksal sie treibt. Sollten Sie zu denjenigen gehören, die schreibend denken, nutzen Sie die Gelegenheit, Ihre Gedanken auf Papier zu bringen – ungeordnet, in der Akzeptanz des Chaos, das sich Ihnen bietet. Nicht Ordnung, sondern Chaos ist der Nährboden für Kreativität.

Gelingt Ihnen dieser erste Schritt, bringen Sie ein Juwel in Ihr Leben zurück: die Fähigkeit anzuhalten, sich selbst zu beobachten, und damit zurückzukehren zu Ihrer Rolle als Regisseur Ihres Lebens. Genau dieses Juwel brauchen Sie auf Ihrer Suche nach Sinn, bei der es manche Stationen geben wird, an denen Sie sich erinnern müssen, dass Blockaden

Einladungen zum Verweilen sind, zu Rückzug und Kontemplation ohne Ergebnisdruck. Wenn wir lernen, diese wichtigen Zeiten in unser Leben zu integrieren, kann es sein, dass die Dämonen freundlicher werden, die Blockaden leichter zu überwinden und die magische Mauer durchlässig wird. Wir bemerken schneller, wann unsere gestalterische Quelle Nahrung braucht und wann wir uns auf den langen Weg zu uns selbst zurück begeben müssen. Die Wirkung eines solchen Rückzugs ist nicht planbar und muss es nicht sein. Aber meist verschiebt sich etwas in uns und wir beginnen, dieselben Dinge anders zu betrachten, einschließlich uns selbst. Das wird dann der Grundstein für Veränderung, egal ob diese minimal sein wird oder weitreichend.

1.11   Identitätskrisen sind Wege zu neuen Möglichkeiten

Auf diese Weise werden Blockaden zu Fenstern der Zukunft. Sie stellen zwar unsere Identität und unser Bild von uns selbst infrage und tun dies manchmal sehr vehement, aber damit geben sie uns auch die Möglichkeit, unsere Identität zu erweitern. Wir können Aspekte integrieren, die uns neu sind, oder uns mit etwas wieder verbinden, dass uns bekannt vorkommt. Vor allem können wir Schritt für Schritt lernen, uns anzunehmen, wie wir sind, als Voraussetzung für die eigene Weiterentwicklung. Auch wenn es widersprüchlich klingt, es ist der Respekt vor der eigenen Art des Seins, unseren Fähigkeiten und Unzulänglichkeiten, der uns in die Zukunft hilft. Genau dieser Respekt nämlich unterstützt uns darin, statt unsere Identität vehement nach innen und außen zu verteidigen, loszulassen, die Grenzen unserer Identität flexibler zu gestalten und Neues zu wagen.

Als Elisabeth, noch fassungslos über die Intrige von Menschen gegen sie, für die sie sich so sehr eingesetzt hatte, nach neuen Möglichkeiten suchte, entschied sie sich aus der Enttäuschung heraus für eine gänzlich andere Welt. Sie verließ das Feld der Sozialarbeit und Psychologie und begann, sich mit Telekommunikationstechnologie zu beschäftigen – lange bevor das Internet den Bereich revolutionierte. Ihr enttäuschtes Herz fand Ruhe in der Beschäftigung mit einer Thematik, die sie zunehmend faszinierte. Sie betrat eine Welt, die Welt des Geschäftsmachens, gegen die sie sich immer zur Wehr gesetzt hatte, weil sie ihren Werten anscheinend zuwiderlief, denn es war auch die Welt der großen Konzerne. Was als einfache Arbeitsstelle in einem Unternehmen begann, führte nach nur wenigen Jahren dazu, dass sie selbst ein Unternehmen übernahm und sich trotz harter Konkurrenz bestens am Markt behauptete.

Als Tafari aus dem Gefängnis entlassen wurde, war sein revolutionärer Drang ausgebremst, aber sein Geist ungebrochen. Er begann, zunächst in Äthiopien Philosophie und Wirtschaft zu studieren, was ihn schon nach kurzer Zeit mit einem Stipendium in die USA und Kanada brachte. Eine völlig neue Welt eröffnete sich ihm, die ihn die aus seiner Sicht so unendlich langsamen Veränderungen in seinem Land mit Abstand betrachten ließ. Zum ersten Mal fühlte er sich nicht nur als Äthiopier, sondern als Weltbürger. Nun waren ihm die Kämpfe und politischen Veränderungsvorhaben anderer Akteure in anderen Ländern ebenso nahe wie die der Mitstreiter im eigenen Land.

Es gibt einen Kern unserer Identität, der durch die frühen Jahre geprägt ist und von dem, was ich als die frühe Intentionalität, die Welt zu gestalten, bezeichne, gespeist wird. Über die Jahre unserer Erfahrungen und beruflichen Wege hinweg bleiben wir uns in diesem Sinne treu, auch wenn uns die Erinnerung an die Anlässe oder ersten unbeholfenen Formulierungen unseres Anliegens verlässt. Wir wachsen hinein in die Muster und Strukturen unserer Identität, die sich in unserem Werdegang Ausdruck verschafft. Unser Selbstentwurf ist nie ein für alle Mal festgelegt, er ist keine starre Struktur, an der wir nichts ändern können, aber die Starrheit und Inflexibilität wachsen, je mehr wir beginnen, eine bestimmte Form von Identität zu verteidigen. Das tun wir, um Dellen und Irritationen zu vermeiden oder dem Ungewohnten auszuweichen. Magische Mauern wie die, gegen die Guy gelaufen ist, sind auch eine Aufforderung, loszulassen, unsere Identität vor der Starre zu bewahren, neue Selbstentwürfe zu testen und in aller Treue zu uns selbst nicht zu verteidigen, was sich sinnvollerweise auch ändern kann.

Rückzug und Reflexion spielen eine große Rolle für unsere Fähigkeit, ein vernünftiges Maß an Flexibilität in unserem Selbstentwurf zu bewahren oder zu entwickeln. Auf der Suche nach Führung mit Sinn ist diese Flexibilität nicht nur brauchbar, sondern auch notwendig. Sind wir bereit, an unserem Selbstentwurf ebenso weiterzubauen wie an unserem Blick auf die Welt, öffnet sich unser Herz für die vielen neuen Möglichkeiten unserer Identität. Statt schwierige Erfahrungen als unerbittliches Schicksal wahrzunehmen, lernen wir, sie zu transzendieren, ihnen die Weisheit zu entnehmen, die wir brauchen, um uns selbst, unserem Potenzial, unserem Sinn im Leben näher zu kommen.

1.12   Fragen sind Wegweiser in die Zukunft

Die Erinnerung an unsere frühen Träume, daran, was wir einmal verändern oder besonders voranbringen wollten in der Welt, ist wie eine Laterne, die den Weg zurück zu uns selbst weist. Sie ist ein wichtiger Zugang zu den Werten, die wir, auch wenn oft unbewusst, hochhalten und die uns leiten in unseren Handlungen und in der Wahrnehmung und Bewertung von Wirklichkeit. Diese frühe Intentionalität ist aber auch das, was uns mit dem kollektiven Unbewussten verbindet, weil sie, meist ganz auf Intuition gebaut, uns Zugang verschafft nicht nur zu unseren je eigenen, sondern zu universalen Werten. Während wir in der Welt bestehen, unsere Leidenschaft zu gestalten entdecken und testen und unseren Karriereweg voranbringen, gibt es auf einer tieferen Ebene diese nie endende Suche nach Wirksamkeit, danach, mit den uns je eigenen Fähigkeiten und Erkenntnissen den Lauf der Welt ein bisschen mitzuprägen. Sollten wir diese tiefere Ebene zu lange ignorieren, verlieren wir einen wichtigen Teil unseres Potenzials. Wenn wir führen und lange nicht fragen *Wofür?* oder *Wohin?*, mögen wir in der äußeren Welt erfolgreich sein, aber wir laufen Gefahr, dass uns die innere verloren geht.

Die Kunst, Fragen zu stellen, um die Wahrheit zu finden, sich selbst zu erkennen oder die Welt zu verstehen, ist so alt wie die Menschheit. In der buddhistischen Philosophie sind Fragen nicht dazu da, Antworten zu generieren, sondern den Strom der Gedanken zu lenken. Fragen zu stellen, die keine schnellen Antworten haben, benötigt Mut und die

Akzeptanz von Ungewissheit. Sie laden zum Dialog ein – mit sich selbst und mit anderen. Vor allem aber lehren sie uns zuzuhören, uns selbst, anderen, dem Leben. Nur wenn Schweigen den Raum einnehmen darf, der ihm gebührt, werden Fragen wirksam. Dann Dringen sie in die tieferen Schichten vor, aus denen wir Erkenntnisse ziehen. Eine Frage, die man nicht leicht beantworten kann, ist wie eine Einladung dazu, alte Interpretationen der Wirklichkeit loszulassen und einen frischen Blick auf das zu werfen, was bekannt erscheint. Sie provoziert die geordnete Alltäglichkeit und dringt meistens schneller an unser Herz als diejenigen Fragen, für die wir bereits vorgefertigte Antworten haben. Damit öffnet sie unseren Geist – und unser Herz – für neue Möglichkeiten. Das ordnet unseren Geist neu – und schon tun sich in der Wirklichkeit tatsächlich neue Möglichkeiten auf.

Sollten also Fragen auftauchen, lauter werden und sich schließlich hartnäckig durchsetzen, dann lohnt es sich, ihnen zuzuhören. Fragen sind ein wirksames Element von Veränderung. Gerade die, die nicht schnell beantwortet werden können, inspirieren unseren Geist, der darin trainiert ist, Antworten zu finden. Eine unbeantwortete Frage lässt ihn nicht in Ruhe. Irgendwann, oft unerwartet, taucht schließlich eine Antwort auf. Damit sind Fragen die besten Begleiter auf einer Reise ins Unbekannte. Sie bringen uns bei, mit Ungewissheit zu leben.

Auf der Suche nach Führung mit Sinn müssen Sie bereit sein, die abenteuerliche Reise in schwierig zu beantwortende Fragen anzutreten. Es gibt für das, was Sie suchen, keine Patentrezepte, keine sicheren Planungsinstrumente und keine Garantien. Es gibt nur ein Versprechen: Was Sie finden werden, wird Ihr Leben bereichern.

1.13   Ein Blick in die Praxis: Volker Krause, Geschäftsführender Gesellschafter der Bohlsener Mühle

Die Geschichte der Bohlsener Mühle als Wassermühle reicht zurück bis in das 13. Jahrhundert. Aber die Mühle ist kein Museum, vielmehr ein Ort, an dem gerade seit 1979 viel passiert ist: Zu diesem Zeitpunkt übernahm Volker Krause von seinem Vater Helmut Krause den Mühlenbetrieb und stellte auf die ausschließliche Verarbeitung von Getreide aus ökologischem Anbau um. Wirtschaftlich war es um die Mühle damals schlecht bestellt, Volker Krause musste für die Mühle einen neuen Ansatz finden – nichts lag da für ihn näher als der aufkommende Bio-Markt, für den er schon seit seinem Studium ein Faible hatte. Der engagierte angehende Ökonom organisierte etliche Treffen mit Landwirten, um sie zu überzeugen, ihren Anbau auf Bio-Landwirtschaft umzustellen. Die Bohlsener Mühle wird von der hieraus hervorgegangenen Erzeugergemeinschaft Öko-Korn-Nord beliefert, die inzwischen über 100 Betriebe umfasst und die größte Bio-Getreide-Erzeugergemeinschaft Niedersachsens ist. 1979, als Volker Krause die Mühle übernahm, arbeiteten dort zwei Mitarbeiter. Im Jahre 2015 waren es über 200. Eine ganze Region profitiert heute davon, dass der Bohlsener Mühle der Schritt vom kleinen Getreideverarbeiter zum vielseitigen Bio-Lebensmittelhersteller geglückt ist.

Herr Krause, Wenn Sie zurückblicken auf Ihren Weg als Mensch und als Führungskraft, welchen roten Faden erkennen Sie? Was hat Sie geleitet?

Ich habe Volkswirtschaft und Politik studiert, weil ich etwas verändern wollte. Natürlich ging es auch um die Kritik an der Wachstumstheorie, und um eine Gegenökonomie – Alternativmodelle zum herrschenden Wirtschaftssystem. In der Politikwissenschaft habe ich mich mit struktureller Unterentwicklung beschäftigt, u. a. auch mit der Genese von Unterentwicklung in Afrika. Dass zum Beispiel gewachsene wirtschaftliche und soziale Strukturen nachhaltig zerstört werden und es schwierig ist sie wieder aufzubauen. Zugleich habe ich viel über die Frage nachgedacht, welche Parallelen es gibt zwischen der Unterentwicklung z. B. in Afrika und den Problemen, die wir im ländlichen Raum in Deutschland haben. Ich habe gemerkt, wie schnell Leute aufgeben, weil sie denken, man kann eine Entwicklung nicht aufhalten oder ändern. Eine gesunde Struktur gerade in der ländlichen Region aufzubauen, das ist in Deutschland und Europa ein ähnliches Thema wie in den Schwellenländern. Das hat mich fasziniert und dann schließlich auch geleitet.

Gibt es irgendeine Erinnerung an Ihre Jugendzeit, die sie auf irgendeine Weise mit ihrem heutigen Engagement in Verbindung bringen?

Meine Kindheit und meine Jugend waren sehr prägend. Ich habe zu Hause in der Mühle und der damals noch angeschlossenen Landwirtschaft einen Mikrokosmos kennengelernt und schon als Jugendlicher ein Geschäft überblicken können. Meine Eltern haben es spielerisch hinbekommen, diese Haltung von Selbstständigkeit zu erzeugen, also uns dazu zu bringen Verantwortung zu übernehmen. Teils waren das Dinge des täglichen Lebens, wo jeder seine Aufgabe hatte, aber wir bekamen auch vermittelt, dass wir für die Gesellschaft Verantwortung zu übernehmen haben. Das hat mein Vater vorgelebt: als Bürgermeister hat er viel für die Region gemacht, er hat sich für alte Leute eingesetzt, hat sich um ihre Rentenanträge oder den Lastenausgleich gekümmert – aus Dankbarkeit dafür, dass er den zweiten Weltkrieg nicht nur überlebt hat, sondern dass er auch etwas erben durfte. Er war nach dem Krieg aus Ostpreußen geflohen und hatte das Glück, von seiner Tante die Mühle zu erben. Deswegen hielt er auch daran fest, weil es das einzige Vermögen war, was noch übrig geblieben war aus einer landwirtschaftlich einst bescheiden wohlhabenden Familie. Er hat schon seinerzeit alle Räder in Bewegung gesetzt, um die Wirtschaft hier vor Ort anzukurbeln. Später dann, Ende der sechziger Jahre, ging es mit der Mühle wirtschaftlich bergab aufgrund der Konzentrationsprozesse in der Mühlenwirtschaft und in der Landwirtschaft sowieso. Wachsen oder weichen war die Devise. Die Mühle größer zu machen war die Absicht meines Vaters, aber die Chancen waren sehr gering, da die Märkte dafür nicht da waren. Da setzte wahrscheinlich bei mir ein weiteres Element aus meiner Jugend ein: ich hatte oft das ganz unbestimmte aber tiefe Bedürfnis, etwas, das nicht rund war oder unvollkommen, zu verändern und gerade auch im Betrieb oft gedacht: wenn ich mal groß bin, dann mach ich das richtig, dann verändere ich das.

Was hat Sie bewegt, die Geschäftsführung der Mühle zu übernehmen und sie in einen ökologisch wirtschaftenden Betrieb umzubauen?

Ich war mit meinem Studium noch nicht ganz fertig, da entwickelten sich in einer Studentengruppe aus Pädagogen, Technikern und Ökonomen Ideen zu einem Alternativpro-

jekt. Wir nannten uns AG Sonnenkollektor und waren inspiriert von den kritischen ener-
gie-, umwelt- und wirtschaftspolitischen Strömungen der 1970iger-Jahre. Als wir uns mit
dieser Gruppe erstmals in der Bohlsener Mühle getroffen hatten, da war schlagartig klar –
das könnte das Projekt sein. Dann überschlugen sich Anfang 1979 die Ereignisse, weil
man Vater aus wirtschaftlichen Gründen ein Getreidesilo verkaufen musste. Ich bin dann
erst mal allein nach Hause gegangen und habe mir gesagt: ich sehe mal maximal zwei
Jahre, ob ich diesen Betrieb entweder retten oder ihn geordnet liquidieren kann. Wir hatten
ein negatives Eigenkapital und laufende Verluste von 60–80.000 DM jährlich. Das war
hart am Anfang. Wir hatten einen Investitionsstau ohne Ende und die Politik ging eher
dahin, solche kleinen Betriebe stillzulegen. Ich fand, das hatten meine Eltern nicht verdient. Dann habe ich nach zwei Jahren schließlich den ersten Gewinn eingefahren, der
natürlich unter Selbstausbeutung zustande gekommen war, aber das war mir egal. Ich habe
komplett auf nachhaltige Produktion gesetzt. Es hat sich wunderbar gefügt, dass ich 1982
einen fantastischen Bio-Bäcker kennengelernt habe und für das Projekt gewinnen konnte.
Mit seiner Hilfe sind wir neben dem Mühlenbetrieb auch zu einem Backbetrieb geworden.
Es war klar, wir müssen die Ressourcen, die wir zur Verfügung haben, optimal nutzen,
müssen höchst modern sein und besser als die konventionellen, schneller und effektiver.
Für mich war immer klar: entweder wir arbeiten eines Tages im System eines ökologischen Gleichgewichts oder irgendwann gar nicht mehr. Zugleich kam die Erkenntnis, dass
man eine wirtschaftliche Überlebensfähigkeit mit Öko-Getreide von jetzt auf gleich nicht
hinbekommt, weil es davon gar nicht genug gab. Deswegen haben wir uns entschlossen, in
die Veredelung zu gehen mit höherer Wertschöpfung, das heißt Brot gebacken und verkauft. Es war schnell klar, dass wir nur erfolgreich sein konnten, wenn wir die Landwirte
mit einbeziehen. Das war eine tolle Erfahrung, fast wir eine Gründerzeit, sehr persönlich,
sehr menschlich, sehr direkt und transparent.

Bei Ihrem Engagement für eine ökologische Produktion, welche Hürden mussten Sie
überwinden?

Es gibt dieses Vierphasenmodell: Am Anfang haben uns die Menschen im Dorf und in
der Region wie auch der größte Teil der deutschen Öffentlichkeit nicht ernst genommen.
Eine Mischung zwischen Gleichgültigkeit und Abfälligkeit – die Ökos mit den langen
Haaren! Einer aus dem Dorf hat einmal gesagt: Volker, mit diesen Haaren kriegst du hier
kein Bein an den Boden. Derselbe ist dann später als erster gekommen, hat seine Freude
über unsere ersten großen Erfolge zum Ausdruck gebracht und mit mir auf unsere nach-
barschaftliche die Freundschaft angestoßen. In der zweiten Phase fingen Neid und üble
Nachrede an und schließlich Gegenwehr – Verzögerung von Bauprojekten, der Vorwurf,
ich würde ein Biotop zerstören, ein anonymer Brief an die Zeitung, usw. Es musste sich
dann der Bürgermeister der Samtgemeinde für mich stark machen, um uns das Bauen zu
ermöglichen. Aber das hat ja auch positive Seiten, diese Konflikte schärfen den Diskurs,
sie schärfen auch die eigenen Kräfte und den Durchhaltewillen. Und in der dritten Phase
ging man ins Gespräch: daraufhin wandelten sich so manche Gegner auf wundersame
Weise zu Anhängern. Heute, man könnte das als vierte Phase bezeichnen, sind wir ein
anerkannter Gestalter der Region.

Wie zeigt sich diese Rolle der Bohlsener Mühle als Gestalter?

Ich strebe einen Zustand an, wo ich sagen kann: das ist ein ganzheitlich nachhaltiger Betrieb, in dem die wichtigsten Elemente der Philosophie zu Nachhaltigkeit auch in den meisten Köpfen unserer Mitarbeiterinnen und Mitarbeiter präsent sind. Alle im Führungs-team müssen wissen, dass es genau das ist, was uns ausmacht. Ich sehe uns als transforma-torisches Unternehmen, nicht nur eines, das nachhaltig produziert, sondern das den An-spruch hat, die Gesellschaft zu verändern. Wir wollen weiter denken und andere inspirieren selber etwas zu verändern. Das geht über das operative Geschäft hinaus, in die Richtung, Strukturen mit zu entwickeln und zu gestalten – sowohl Produktionsverhältnisse als auch soziale Strukturen, die dauerhaft bestehen. Als Unternehmen stehen wir nicht außerhalb der Gesellschaft, sondern sind ein Generator, den die Gesellschaft braucht, einer, der ge-meinsam mit dem sozialen Umfeld die Entwicklung gestaltet und zwar in eine Zukunft, die wir heute noch nicht genau kennen. Wir wissen nur welche Richtung wir beibehalten müssen – die ökologische, ökonomische und soziale Nachhaltigkeit, d. h. z. B. Klimaneu-tralität und Ressourcenneutralität. Wir sind also Teil einer Bewegung.

Was würden Sie Führungskräften raten, die am Anfang einer Veränderung stehen zu einem möglichen Engagement für mehr gesellschaftliche Verantwortung?

Wenn jemand im Zweifel ist, ob er eine Veränderung wagen soll oder nicht, muss er sich eins klar machen: wenn man es nicht versucht, wird man es sich unter Umständen sein Leben lang vorwerfen. Das ist auch meine Erfahrung. Wenn ich es nicht versucht hätte, würde ich vielleicht heute unglücklich sein. Und selbst wenn man scheitert und sein Bestes gegeben hat, so sind das keine verlorenen Jahre. Das zweite ist: man muss es wirk-lich mit Herz machen, voller Überzeugung, sonst hat es keinen Zweck. Nachhaltigkeit nur für Geld zu machen, das geht nicht auf. Form und Inhalt gehören zusammen. Das Dritte ist: man braucht Geduld und muss unter Umständen lange warten bis der Lohn da ist, bis man zufrieden sein kann. Aber man bekommt auch viel zurück, wenn man erkennt, dass man weder Menschen noch der Natur geschadet hat. Es ist also das Gefühl, auf einem Weg zu sein, der anderen nützt, der ohnehin unumgänglich ist und durch und durch sinnvoll. Das Vierte ist, dass man sich auf etwas gefasst machen sollte. Wenn man z. B. wie ich in so ein Kuhdorf geht, wo man als Oppositioneller gilt, muss man ein dickes Fell haben. Das hängt jetzt davon ab, wo jemand etwas anfängt. Man muss mit den Gegnern leben und einen Weg finden, mit ihnen umzugehen. Und das Fünfte ist, nicht daran zu glauben, dass etwas nicht geht. Es gibt auch viele die sagen: Ach, da gibt es keinen Markt, oder der Zug ist abgefahren. Ich glaube, es gibt überhaupt nichts, was endgültig ist. Man muss etwas völlig Undenkbares denken können und selber daran glauben, dass es geht. Und Nummer sechs ist, dass man flexibel bleiben muss. Es gibt viele Wege, die man gehen kann, und da muss man den Blick offen halten, um auch mal aus eingefahrenen Pfaden rechtzeitig raus-zukommen. Ich finde es ist ein Riesenglück Unternehmer zu sein und ein Instrumentarium in der Hand zu haben, mit dem man etwas Sinnvolles tun und gestalten kann.

1.14   Ein Blick in die Theorie: Selbstwirksamkeit und Identität

Die Konstruktion unserer Identität ist ein lebenslanger Prozess, den wir sowohl aktiv gestalten als auch passiv erleben. Er beinhaltet Aufbau ebenso wie Umbau von dem, was wir
als Selbstentwurf entwickelt haben. Wir lernen früh, dass man einen einmal geformten
Charakter schwierig ändern kann. Das mag in gewissem Maße zutreffen, und zugleich ist
es auch falsch. Es gibt Aspekte von uns, die unseren Kern ausmachen, die uns besonders
machen und die wir Zeit unseres Lebens beibehalten werden. Dann gibt es aber ebenso
Aspekte, manchmal Lebensmuster, die wir in ihrer Wiederholung erkennen – und es ist
dieser Erkenntnisprozess, der uns Wahlmöglichkeiten gibt. Wenn wir wollen, können wir
diese Muster entweder verändern oder dadurch, dass wir sie kennen, produktiver mit ihnen
umgehen. Unsere Identität ist nicht mehr festgelegt, als wir wollen. Zudem ändert sie sich
ständig als Reaktion auf das, was wir erleben, wie wir gestalten, wie wir Resonanz im
Leben finden. Unser Selbstentwurf ist ein Prozess, nicht ein fixes Ergebnis. Die amerikanische Öko-Philosophin Joanna Macy beschreibt diesen Prozess einerseits als ein Zusammenspiel von unserem eigenen Denken und Handeln mit der Resonanz der Welt auf uns,
andererseits als die Folge der Handlungsmöglichkeiten, die wir bewusst oder unbewusst
wählen. Sie weist uns darauf hin, dass unsere Identität und das, was wir daraus an Selbstentwurf entwickeln, aus einer fortwährenden Rückkopplung zwischen uns und der Welt
entsteht. Der jüdische Philosoph Martin Buber beschrieb dies in seiner schon 1923
erschienenen Schrift „Ich und Du", in der er darlegt, dass die eigene Ich-Identität sich nur
in Beziehung zu anderen entwickeln kann – als Ergebnis unserer Erfahrung in der Welt
(Buber 2010). Der amerikanische Rechtsanwalt und Autor Joe Jaworski schlägt daher vor,
es würde Managern helfen, wenn sie sich klarmachen würden, dass das wichtigste Orga-
nisationsprinzip unserer Welt Beziehungen sind (Jaworski 1996), und dass das, was wir als
unsere eigene, so mühsam aufgebaute Identität sehen, nur ein temporärer Zustand eines
Knotens in einem Netzwerk ist, der durch Interaktionen innerhalb dieses Beziehungsge-
flechtes ununterbrochen beeinflusst wird (und selbst beeinflusst). Unsere Identität ist also
ein fluides Beziehungsgeflecht, ein Netzwerk in Interaktion, das ein mentales Muster bildet. Dieses Muster mag einen relativ gesehen stabilen Kern haben, aber ebenso stark verändert es sich auch. Die amerikanische Autorin und Managementberaterin Margaret Whe-
atley erinnert daran, dass es dieses fluide Muster ist, das es uns ermöglicht, aus der
Komplexität der Welt die Informationen zu ziehen, die wir für uns als wichtig erachten
(Wheatley 1999). Wie durch einen Filter hindurch sehen wir die Welt und nehmen auf sie
Einfluss. Daraus ergeben sich für unsere Suche nach Sinn zwei wichtige Überlegungen.
Zum einen ist es befreiend zu wissen, dass wir immer Wahlmöglichkeiten haben – in der
Weise, wie wir wahrnehmen, interpretieren, denken und handeln. Wir sind der Schmied
unserer Zukunft. Zum anderen wird deutlich, dass das „Gewordene in uns" – unser mentales Muster an Identität – uns ständig begleitet in der Art, wie wir sehen, fühlen, denken
und handeln. Je besser wir verstehen, wie wir geworden sind, desto bewusster können wir
unsere Zukunft gestalten.

1.15   Momente der Reflexion: Die Anfänge unserer Selbstwirksamkeit

Nehmen Sie sich für eine Zeit lang vor, sich an wichtige Erlebnisse oder Erkenntnisse aus Ihrer Jugend zu erinnern. Beobachten Sie, welche Erinnerungen Ihnen leichtfallen und wann die Erinnerungen verschwommen werden. Wenn es Ihnen leichter fällt, sprechen Sie mit Geschwistern oder Jugendfreunden darüber, aber lassen Sie sich nicht von Bewertungen oder Interpretationen irritieren. Es geht nicht darum, wie andere Sie gesehen haben, sondern nur darum herauszufinden, was Ihnen einmal sehr am Herzen lag. Verwenden Sie die folgenden Fragen als Leitstruktur für die (Wieder-)Entdeckungsreise:

* Können Sie sich an Tagträume erinnern, an Sehnsüchte, an Gedanken oder Erkenntnisse?
  – Wenn ja, was waren die Inhalte?
* Fallen Ihnen Bücher ein, die Sie geliebt haben, Figuren, mit denen Sie sich identifiziert haben, Filmhelden, die Sie bewundert haben?
  – Wenn ja, warum? Wofür standen die Figuren?
* Welche Personen haben Sie geschätzt oder bewundert, die Sie kannten oder von denen Sie gehört haben?
  – Wenn ja, wer war es? Was haben diese Personen für Sie verkörpert?
  Lassen Sie sich für diesen Rückblick ein paar Tage oder ein paar Wochen Zeit. Tragen Sie die Fragen mit sich, im Kopf oder auf einem Zettel in Ihrer Brieftasche. Nehmen Sie sie immer mal wieder hervor und versuchen Sie sich zu erinnern. Wenn Ihnen danach ist, schreiben Sie auf, woran Sie sich erinnern.

Fassen Sie Ihre Erkenntnisse irgendwann zusammen und beantworten Sie dabei diese Fragen:

* Was hat Sie fasziniert, beeindruckt, gereizt, motiviert?
* Was ist der Beitrag zur Veränderung der Welt, zu dem Sie damals vom Herzen her Zugang hatten?

1.16   Krisen als Ratgeber nutzen

Alle Krisen haben Folgendes gemeinsam:

* *Erstens:* Sie kommen unerwartet.
* *Zweitens:* Wir ignorieren gerne ihre Anfänge.
* *Drittens:* Wenn wir sie bemerken, versuchen wir, sie zu verhindern.
* *Viertens:* Wenn das nicht gelingt, geben wir schließlich auf.
* *Fünftens:* Wenn wir beginnen, sie als Ratgeber zu sehen, werden sie nützlich für uns.

Die Fähigkeit, Krisen in Veränderungsfragen umzuwandeln, lädt uns zu einem Dialog mit uns selbst ein. Wir lernen wieder zuzuhören – uns selbst, anderen, dem Leben, der Welt. Wenn es uns gelingt, keine schnellen Antworten zu suchen, sondern die unbeantwortete Frage eine Weile auszuhalten, stellen sich Antworten ein, die auf einer tieferen Ebene liegen. Wir können uns lösen von alten Bedeutungen und beginnen, dieselbe Situation anders zu sehen. Damit öffnen sich neue Türen für Gestaltungsmöglichkeiten.

Wenn Sie sich in einer schwierigen Situation befinden, wagen Sie einen provozierenden Schritt. Stellen Sie sich diese unangenehme und ungewohnte Frage:

- *Was, wenn genau diese Situation, in der ich mich befinde, das Beste wäre, das mir passieren kann? Warum wäre es das Beste?*

Tragen Sie die Frage mit sich herum, Sie müssen sie noch nicht einmal aufschreiben, nur gelegentlich wiederholen, selbst dann, wenn sie Sie ärgert oder wütend macht.

Lassen Sie Ihren Geist arbeiten. Er kann es nicht ertragen, wenn eine Frage keine Antwort hat. Aber bremsen Sie ihn vor zu schnellen Antworten. Es kann sein, dass Sie diese Frage einige Wochen mit sich herumtragen müssen.

Ganz langsam werden Sie merken, dass Sie in eine Antwort hineinwachsen und die Krise zu einer guten Freundin wird, die immer einen Rat hat. Nach Tagen, Wochen oder manchmal Monaten wird sich eine Antwort einstellen. Vielleicht sind dies zunächst nur Bruchstücke, vielleicht erscheint sie klar und deutlich.

Sie werden wissen, warum gerade diese Krise Sie auf einen besseren und sinnvolleren Weg leiten wird. Das wird Sie verändern und Ihr Leben reicher und tiefer machen.

Literatur

Buber, M. (2010). *Wer eine Seele rettet, rettet die Welt: Das Martin Buber-Lesebuch (Gebundene Ausgabe).* Amerang: Crotona.
Jaworski, J. (1996). *Synchronicity: The inner path of leadership.* San Francisco: Berrett-Koehler.
Wheatley, M. (1999). *Leadership and the new science, discovering order in a chaotic world.* San Francisco: Berrett-Koehler.

Weiterführende Literatur

Hollmann, J., & Daniels, K. (Hrsg.). (2012). *Anders wirtschaften – was Erfolgreiche besser machen: Integrale Konzepte für ein neues Wachstum in dynamischen Märkten.* Wiesbaden: Springer Gabler.
Künkel, P. (2004). *Das Dialogische Prinzip als Führungsmodell in der Praxis,* Zeitschrift für Organisationsentwicklung (ZOE) 01 – 2004, Handelsblatt Fachmedien GmbH.
Macy, J. (2011). *Die Reise ins lebendige Leben: Strategien zum Aufbau einer zukunftsfähigen Welt.* Paderborn: Junfermann.
Veken, D. (2015). *Der Sinn des Unternehmens. Wofür arbeiten wir eigentlich?* Hamburg: Murmann.

Kapitel 2: Teilhabe – sich selbst in einem größeren Kontext wahrnehmen

2

Zusammenfassung

Das zweite Kapitel stellt unser Führungshandeln und unsere Wirksamkeit in einen breiteren Kontext und fragt danach, wie wir als Akteur an der Welt teilhaben und Wirklichkeit gestalten.

Als Führungskraft sind wir mehr als andere dazu verpflichtet, uns über unseren Einfluss und die sich daraus ergebende Verantwortung für die Zukunft bewusst zu werden. Wir erkennen, dass wir eine Art Kommunikationsknoten in einem großen Netz innehaben und deshalb gemeinsam mit anderen, zugleich aber auch mit größerem Einfluss als andere, die nicht explizit führen, Realität erschaffen. Für unseren eigenen Weg als Führungskraft ist es daher hilfreich, genauer zu betrachten, wie wir zur Entstehung von Wirklichkeit beitragen – und zu welcher Wirklichkeit. Unsere Perspektive auf uns selbst erweitert sich, wenn wir unsere Aufmerksamkeit bewusster auf einen größeren Kontext ausrichten – den unseres Unternehmens, der Gesellschaft und der Welt. Dabei stellen wir fest, dass unser Handeln immer in Bezug zu einer größeren Entwicklung steht. Während wir als Individuum mit unserer Identität nach Ausdruck streben, sind wir Teil eines Netzwerkes von interagierenden Akteuren, die gestalten wollen – oft miteinander und ebenso oft gegeneinander.

2.1 Erkenntnis verändert den Selbstentwurf

Ein Augenblick oder ein Moment der Erkenntnis kann ein ganzes Leben verändern – oder die Art verändern, wie wir führen. Der Moment, in dem man erkennt, dass man aufgrund seiner Führungsrolle Einfluss auf andere Menschen hat, kann ebenso erschreckend sein wie befreiend. Erschreckend, weil sich sofort die Frage nach der eigenen Verantwortung, nach den eigenen Werten und der Wirkung des eigenen Handelns stellt. Befreiend, weil

© Springer Fachmedien Wiesbaden GmbH, ein Teil von Springer Nature 2020
P. Künkel, *Führung mit Sinn*, https://doi.org/10.1007/978-3-658-30846-9_2

man bewusst die eigene Wirksamkeit spürt. Sich diese beiden Möglichkeiten deutlich zu machen, lässt tiefer in die Geheimnisse der Gestaltung von Wirklichkeit eintauchen. Man kann sich als Führungskraft nicht mehr vor der Tatsache drücken, dass man die Verantwortung für die Wirkung des eigenen Handelns annehmen muss. Zugleich ist man ein Akteur unter vielen anderen Akteuren, die nur bedingt an das, was wir selbst für wichtig halten, anzupassen bereit sind.

Als ich Mandy, eine hoch dotierte Unternehmensberaterin aus Großbritannien, die etliche Top-Manager europäischer Unternehmen berät, fragte, woran sie ich erinnerte konnte als ihre erste bewusste Führungserfahrung, wusste sie es sofort und musste laut lachen. Es sei damals gewesen, als sie Anführerin gewesen sei auf dem Spielplatz. Kaum sechs Jahre alt geworden, hatte sie sich ein Spiel ausgedacht, für das sie regelmäßig eine Gruppe von Kindern begeisterte, die ihr willig dabei folgten. Das Spiel hieß „Frau Idiotin", ein Name, den sie einmal von ihren Eltern aufgeschnappt hatte, ohne seine Bedeutung zu kennen. Er klang gut und deswegen machte sich Mandy ihn zu eigen, benannte das Spiel danach und hatte immer begeisterte Anhänger. Das Spiel verlief folgendermaßen: Mandy saß auf dem Klettergerüst ganz oben, damit sie alles im Blick hatte, und schickte die anderen Kinder mit lauten Befehlen hin und her. Es gab eine ihr treue Gruppe von Kindern. Die schickte sie los, um andere Kinder, die nicht dazugehörten, zu fangen und unter ihr, mitten im Klettergerüst festzuhalten. Fingen einige der gefangenen Kinder an zu rebellieren, befahl sie ihren Getreuen, sie vom Spielplatz zu verweisen. Fast ein Jahr lang begeisterte Mandy immer wieder ihre Gruppe von treuen Untergebenen und keiner fand das Spiel langweilig. Bis sie eines Tages einmal beiläufig einen Erwachsenen fragte, was eigentlich „Idiotin" bedeutet. Völlig irritiert und peinlich berührt über die Antwort, beschloss Mandy, das Spiel nie wieder zu spielen.

Heute ist Mandy jenseits der Fünfzig und berät Top-Führungskräfte in internationalen Unternehmen. Im Rückblick sieht sie diese Erfahrung noch immer als einschneidend an. Während es zunächst nur der Name war (den sie sich ja selbst im Spiel gegeben hatte), der sie so schockierte, reflektierte sie als Teenager natürlich auch über den Stil ihrer Interaktion mit den anderen Kindern – und das war ihr umso unangenehmer. Keineswegs überraschend begann sie alles, was mit Führung zu tun hatte, gänzlich abzulehnen. Noch in ihrer Schulzeit beschäftigte sie sich mit den Folgen von brutaler Machtausübung in der Geschichte der Menschheit. Das unangenehme Gefühl bei allen Führungsrollen, die ihr später angeboten wurden, ließ sie nicht los. Aber fast lautlos und anfangs unbemerkt schlich sich ihre Erfahrung in ihre professionelle Entwicklung. Als sie begann, Unternehmen zu beraten, fokussierte sie immer mehr auf Themen wie Inklusion und Partizipation. Sie entwickelte ein Konzept, wie sie durch Coaching denjenigen Führungskräften weiterhelfen konnte, deren Stärke nicht im Beziehungsmanagement und in der Menschlichkeit lag. Sie wurde bekannt dafür, dass sie selbst bei den unnahbaren Hardlinern des Managements erreichte, dass sie ihren Führungsstil änderten hin zu mehr Zuhören, Verständnis und Beteiligung. Als eine Freundin ihr einmal sagte, ihre Kunden wären ja wohl die schrecklichsten Manager, die es gäbe, und fragte, warum sie sich ausgerechnet solche Menschen aussuchen würde, begann sie sich intensiver damit zu beschäftigen, welche

Kunden sie beauftragten. Sie entdeckte ein sich wiederholendes Muster: Es waren vor allem die an Zahlen, Gewinn und Macht orientierten Manager, vor denen andere Angst hatten, die irgendwann zu ihr fanden. Was sie feststellte war aber auch, dass etliche von ihnen nicht nur ihren Mitarbeitern Angst machten, sondern selbst Angst hatten – vor sich selbst, vor den anderen und vor dem Abstieg. Der Teufelskreis, der daraus entstand, war nur durch harte innere Arbeit zu durchbrechen.

2.2   Selbstwirksamkeit bedeutet Ko-Kreation

Verantwortlich führen bedeutet, eine Aufgabe anzunehmen, die weit über die eigentliche organisatorische oder fachliche Aufgabe hinausgeht. Sie bedeutet, das *Wie* des sich „In-Beziehung-Begebens" bewusster wahrzunehmen und zumindest gelegentlich eine Vogelperspektive einzunehmen, aus der heraus man sich selbst im Kontext von und in der Interaktion mit anderen betrachten kann. Eine Beraterin wie Mandy ist dabei natürlich hilfreich, weil sie darin unterstützt, die Distanz zu gewinnen, die man dafür braucht. Gute Kollegen, Freunde, Familienmitglieder können ebenso hilfreich sein, wenn sie anregende Fragen stellen und nicht allzu schnell in die Rolle fallen, unsere Perspektive zu übernehmen. Verantwortlich zu führen bedeutet, Mitverantwortung dafür zu übernehmen, wie Wirklichkeit gemeinsam entsteht. Dies geschieht natürlich in dem Wissen, dass Realität nicht einfach existiert, sondern von Menschen gemeinsam erzeugt wird, in einem komplexen Zusammenspiel von Wahrnehmung, Denken und Interaktion. Niemand gestaltet Zukunft alleine. Kein noch so großer Erfolg ist der Erfolg einer einzelnen Person. Immer sind es unendlich viele explizit oder implizit wirksame Begegnungen, Gespräche oder gemeinsame Aktionen, die dem einer Person zugeschriebenen Erfolg vorausgehen. Für Misserfolge gilt das Gleiche, auch wenn sie gerne Einzelnen zugeschrieben werden. Die Art und Weise jedoch, wie diese gemeinsame Ko-Kreation stattfindet, entgeht in der Schnelllebigkeit des Alltags oft unserer Wahrnehmung. Wenn die Dinge schwierig oder kompliziert werden, ziehen wir uns gerne aus der Verantwortung zurück und betrachten die Ursache der Hürden als ausschließlich außerhalb von uns liegend.

2.3   Vitalität ist die Voraussetzung für Zukunftsgestaltung

Ko-Kreation findet jedoch in unendlich vielen verschiedenen Formen und Verhaltensmustern statt. Manche davon sind förderlich und andere nicht. Die einen geben den Beteiligten Energie und bauen sie damit auf, die anderen entziehen ihnen Energie. Sie können also konstruktiv sein, aber auch destruktiv. Herauszufinden, was für uns selbst konstruktiv ist, das heißt zu mehr Lebendigkeit führt, ist ein wichtiger Schritt dahin wahrzunehmen, was auch für andere oder eine Gruppe von Personen Vitalität erzeugt. Wir kennen das aus kreativen Teams: Wenn die Stimmung gut ist und man sich gegenseitig unterstützt oder aufeinander aufbaut, dann erreicht man oft schnellere und bessere Ergebnisse. Die

Kommunikation wird effizienter, jeder übernimmt seinen Part im Erreichen eines Ziels. Aber das Gegenteil gibt es eben auch. Daher ist es ebenso wichtig, die eigenen destruktiven Muster zu erkennen und solche auch in der Interaktion zu beobachten. Der Ansatz von Mandy als sechsjähriges Kind – das Führungsmuster von „Frau Idiotin" – gab offensichtlich einigen Energie und anderen ganz und gar nicht. Wenngleich Mandy sich früh davon abgewandt hat, ist ihr genau dieser Führungsstil bei ihren Klienten doch immer wieder begegnet. Wir alle kennen solche Interaktionsmuster in der Führung aus unserer Erfahrung in Unternehmen und Organisationen. Wenn wir dabei die ungünstigen Rollen erwischt haben, bringt es uns ganz und gar nicht voran, langfristig macht es uns müde und desinteressiert. Daher ist es wichtig, diese Prozesse der Ko-Kreation zu beobachten. Zunächst müssen wir wahrnehmen, was uns selbst Energie gibt oder was uns Energie entzieht. Denn unser eigenes Management von Energien ist eine zentrale Unterstützung auf der Suche nach Führung mit Sinn. Nur wenn unsere Energie ausreichend ist, gelingt uns der lange Weg in eine Veränderung. Im zweiten Schritt gilt es dann darauf zu achten, wie wir in unserer Führungsaufgabe Einfluss auf andere nehmen: Entwickeln sie sich in unserer Gegenwart oder passiert das Gegenteil? Werden sie mehr sie selbst? Finden sie Zugang zu ihrem Potenzial?

Die Frage ist also, welchen Raum wir erzeugen im metaphorischen Sinne als einer Atmosphäre, in der andere in ihrer eigenen Lebendigkeit angestoßen sind. Nicht immer wird im Geschäftsalltag danach gefragt. Denn nicht die Lebendigkeit wird gemessen, sondern das Geschäftsergebnis. Dabei wird leicht vergessen, dass es – gerade in einer immer komplexer werdenden Welt – die innere Bereitschaft ist, über sich selbst hinauszuwachsen, die im Endeffekt zu besseren Ergebnissen oder mehr Wirkung führt. Die Frage also, wie man Lebensenergie anreichert – in sich selbst und in anderen –, ist keineswegs unwichtig. Wenn Menschen sich darin gestärkt fühlen, sich zu engagieren, leisten sie nicht nur mehr, sie bringen auch Ideen ein – und sie werden als Einzelne und in der Gruppe ihre Resilienz stärken. Damit sind Krisen besser zu managen, Hürden leichter zu nehmen und Schwierigkeiten eher zu überwinden. Wer sich selbst anerkannt und respektiert fühlt, ohne dass alle immer der gleichen Meinung sein müssen, ist auch in der Lage, mit genau solchen Meinungsverschiedenheiten besser umzugehen. Konflikte werden weniger tief greifend. Damit ist der Beitrag von Führung zum Wachstum und zur Vitalität von anderen ein wichtiges Element der eigenen Wirksamkeit.

2.4   Die Person, der ich zu folgen bereit bin

Als ich meine Interviewpartner danach fragte, welche Führungsfähigkeiten jemand haben müsste, dem sie bereit wären zu folgen oder mit dem sie bereit wären, eng an einer Sache zusammenzuarbeiten, entstand eine spannende Sammlung von Eigenschaften und Verhaltensweisen, die die Befragten sich bei anderen wünschten. Ich war davon ausgegangen, dass die Antworten sehr kulturspezifisch sein würden und vor allem davon abhängig, wie hierarchisch die jeweilige Kultur war. Keineswegs: Über alle Befragten hinweg gab es erstaunliche Ähnlichkeiten, als würden die Antworten auf etwas zutiefst Menschliches verweisen, das jenseits von allen Kulturen bekannt ist und tief in unserem Bewusstsein lagert. Vier Stränge ließen sich aus den Antworten filtern:

- Erstens ging es um *Inspiration:* Alle befragten Führungskräfte sagten, es muss eine Person ein, die etwas verändern will, die etwas Größeres in die Welt bringen will, etwas, das nicht nur ihr selbst nützen würde, sondern vielen. Jemand, der oder die auch mal gegen den Trend aufstehen würde und eine neue Richtung vorschlagen würde. Dabei würde sie dies so tun, dass sie in den ihnen Folgenden etwas anregt, die eigene Begeisterung, das eigene Potenzial, die eigene Sehnsucht nach Veränderung.
- Zweitens ging es um ein Gefühl von *gemeinsamer Sicht auf die Zukunft:* Alle befragten Führungskräfte wiesen darauf hin, das Führen nicht heißen kann, eine Vision alleine zu besitzen. Wenn auch in unterschiedlicher Form erachteten es alle als wichtig, dass gute Führung bedeutet, sich gemeinsam mit anderen über die Ziele oder Zielkorridore zu verständigen, sodass Führung geteilt werden kann. Es würde ein gewisses Maß an Bescheidenheit erfordern zu sehen, dass die eigene Vision oder die eigene Umsetzungsstrategie immer auch verbessert werden kann.
- Drittens ging es um die Fähigkeit, *Verbindung* herzustellen: Alle befragten Führungskräfte erinnerten daran, dass eine gute Führungskraft in der Lage ist, Vernetzungen herzustellen. Dies geschieht zum einen zwischen der Führungskraft und anderen Personen. Zum anderen sorgt sie aber auch bewusst dafür, dass andere sich untereinander vernetzen. Was beim ersten Gedanken also fast bedrohlich wirken kann, ist eine wichtige Strategie für Befähigung – nämlich ganz gezielt die Möglichkeit zu schaffen, dass Menschen sich untereinander austauschen und sich gegenseitig unterstützen. Darüber hinaus ist es die Fähigkeit, Menschen mit etwas Größerem, einer größeren Vision von Veränderung zu verbinden.
- Viertens ging es um die Fähigkeit, *Freiraum* zu schaffen: Einige der befragten Führungskräfte erzählten, sie hätten immer genau dann eine Position oder ihr Unternehmen verlassen, wenn sie sich in ihren Handlungsmöglichkeiten zu eingeschränkt fühlten und so keine Wirkung mehr erzielen konnten. Was sie für sich selbst reklamierten, wünschten sie sich auch von idealer Führung. Freiraum zu gestalten, kreativ zu sein, das eigene Potenzial zu entfallen, auch Fehler machen zu dürfen, um daraus zu lernen, war für alle eine wichtige Grundvoraussetzung dafür, eine Führungskraft optimal zu respektieren.

Unter allen vier Strängen liegt ein Wertesystem, das offensichtlich keineswegs kulturell so unterschiedlich ist. Es ist der Wunsch nach Integrität, nach Menschlichkeit, nach Respekt und nach Anerkennung von Unterschiedlichkeit. Vor allem ist es die Erkenntnis, dass die Welt sich zum Besseren weiterentwickelt, wenn Menschen sich gegenseitig dazu anregen, ihr Potenzial zu leben und über sich selbst hinauszuwachsen. Wer führt, steht auf der Bühne und im Rampenlicht in diesem ständig neu improvisierten Theaterstück, das „Leben" heißt. Wie wir diese Bühne gemeinsam mit anderen Akteuren gestalten, ist wichtig.

Tragen wir zu Vitalität und Lebendigkeit bei, dann bringen wir die menschliche Evolution positiv voran – selbst dann, wenn es nur ein ganz kleiner Ausschnitt von Zukunft ist, um den wir uns kümmern.

2.5   Führen heißt, gemeinsam Evolution zu gestalten

Führung hat viele Gesichter. Die Geschichte der Menschheit legt dafür Zeugnis ab und ebenso die Geschichten, die nie erzählt werden – z. B. wie Frauen, selbst dann, wenn sie im Hintergrund der männlichen Führungsfigur standen, auf den Lauf der Welt Einfluss genommen haben. Im Rückblick auf die Geschichte ist es leicht zu identifizieren, wann ein Mensch, dem Macht zugeschrieben wurde und der diese Macht für seinen Einfluss ausgebaut hat, in anderen Vitalität erzeugt hat und wann nicht. In der Statistik der Herrscher und Herrscherinnen ist Letzteres zumindest erheblich mehr dokumentiert. Rein zahlenmäßig wirkt es so, als wären diejenigen, die durch ihre Wirkung in anderen Menschen Lebendigkeit angestoßen haben – sie also mehr zu sich selbst gebracht haben – in der Geschichte der Menschheit seltener zu finden. Nicht alle diese Menschen hatten eine formale Position der Macht inne – wie z. B. Mutter Teresa, Mahatma Gandhi, der Dalai Lama oder Nelson Mandela. Aber vielleicht ist dies auch mehr eine Frage der Wahrnehmung, denn die Geschichten der Führungskräfte, die den vier oben genannten Strängen entsprechen, werden nicht öffentlich erzählt. Das heißt aber nicht, dass es nicht unendlich viele von ihnen gibt. Wir alle tragen das Potenzial in uns für Führung, die begeistert, inspiriert und befähigt. Wir alle können, wenn wir wollen, Lebendigkeit erzeugen.

Dennoch lohnt es sich, genauer hinzusehen, und das fängt immer bei uns selbst an. Was ist unser Beitrag zu einem gemeinsamen Klang in der Gestaltung von Zukunft? Was erzeugen *wir* – als Person, in unserer Rolle, in der Struktur, in der wir agieren? Wir können wir, im Kleinen wie im Großen, zu mehr Lebendigkeit, zu mehr Vitalität in uns und in anderen beitragen? Wie zu mehr Vitalität unserer Gesellschaften und des Planeten?

Auch wenn diese Fragen nicht schnell zu beantworten sind, bleiben sie wichtig. Sie erinnern uns daran, dass wir jeden Tag gemeinsam Zukunft ko-kreieren. Die Aufgabe, die wir übernommen haben oder die uns aufgetragen wurde, ist der Rahmen, in dem wir dies tun. Wie wir diesen Rahmen füllen, ist uns freigestellt und liegt zugleich in unserer Verantwortung. Wir können unsere eigene Kreativität in die Ausgestaltung einbringen und zugleich ko-kreieren wir das Ergebnis gemeinsam mit anderen. Der Lauf der Welt wird von Menschen gemeinsam gestaltet. Als einzelne Person tragen wir dazu bei. Als Führungskraft tun wir dies in der Regel aus einer Position der (relativ) stärkeren Einflussnahme heraus. Wenn wir uns auf die Suche nach mehr Sinn begeben, ist es wichtig, uns dabei zu beobachten, wie wir dies tun, was uns lenkt, einengt und befreit. Wir müssen lernen, bewusster wahrzunehmen, was uns lebendig macht und wie wir Lebendigkeit in anderen erzeugen. Sinn erzeugt Vitalität und oft auch Resilienz. Im Fokus einer lebensbereichernden Art zu führen steht die Fähigkeit, die eigene Identität im Kontext von Unterschiedlichkeit wahrzunehmen und andere Menschen zu respektieren, auch wenn wir mit ihnen nicht übereinstimmen. Vielfalt anzuerkennen und zu integrieren, ist ein wesentliches Merkmal von Führung. Partizipation und Einbeziehung sind der bestmögliche Weg, um dem größeren Ganzen seine angemessene Stimme zu geben. Damit fangen wir selbst an, bewusster zu kommunizieren. Wenn in unserer Zukunft das *Wie* des Führens mit dem *Was* besser zusammenpassen soll, lohnt es sich zu beobachten, wie wir Energie managen und wie sich unsere Wirkung verändert, je nachdem, wie wir kommunizieren.

2.6   Unserer Natur zu folgen lohnt sich

Paul arbeitete als Manager in einem großen Konzern in der amerikanischen Autoindustrie. Seine Karriere als Ingenieur war nicht ohne Überwindung von Hürden verlaufen, da die Firma, bei der er angestellt war, von einem größeren Automobilkonzern aus Europa aufgekauft wurde. Die Kulturen der beiden Konzerne konnten unterschiedlicher nicht sein. Sein Eindruck war, dass in seinem alten Konzern vor allem das Ergebnis zählte und nicht so sehr, wie es erreicht wurde, während in der Kultur des aufkaufenden Konzerns aus seiner Sicht vor allen Regeln und Positionen wichtig waren – wenn man sich damit nicht auskannte, trat man schnell in Fettnäpfchen. Ihm wurde eine Führungsposition in Europa angetragen, die er aus Familiengründen ablehnte. Seine Frau und seine Kinder wollten nicht umziehen. Er war sich darüber im Klaren, dass dies ein Aus für seine Karriere bedeuten würde, aber er blieb standfest. Seine Familie ging vor – das war immer sein Prinzip gewesen. Auch wenn er als Manager bekannt dafür war, schnelle und manchmal harte Entscheidungen zu treffen, tat er dies immer mit Respekt vor den Menschen. Ein Jahr später und um zahlreiche durchaus frustrierende Erfahrungen mit dem Management unterschiedlicher Kulturen reicher fragte ihn einer der europäischen Kollegen, ob er sich einen Karrierewechsel vorstellen könnte. Sie bräuchten in Amerika in der Personalabteilung für die Begleitung des Mergers eine Person, die den Menschen in den Mittelpunkt stellte und zugleich genug Erfahrung mit dem technischen Geschäft hätte. Obwohl er den Verdacht hatte, dies wäre ein Versuch, ihn aus dem Kerngeschäft loszuwerden, sagte er zu. Er sah die Chance, zum ersten Mal in seiner beruflichen Laufbahn das in den Vordergrund zu rücken, was ihm immer wichtiger wurde: Menschen in ihrem Potenzial zu stärken. Heute sagt er:

> Seitdem ich im HR-Bereich bin, habe ich die Art und Weise, wie ich Entscheidungen treffe, verändert. Während ich früher auf der Basis weniger Informationen und ungeduldig, wie ich war, schnell Schwarz oder Weiß gesehen haben, betrachte ich heute die Dinge vielschichtiger und das ist eigentlich mehr meine Natur. Ich habe begonnen zuzuhören, um mir ein Bild zu machen und herauszufinden, was es ist, das eine andere Person in ihrer eigenen Natur stärkt.

Für Paul war der Karrierewechsel eine Entdeckungsreise nicht nur zu sich selbst, sondern dahin, was es bedeutet, andere Führungskräfte dabei zu unterstützen, ein besseres Zusammenspiel zwischen den Strukturen, in denen sie agierten, ihrer Aufgabe und ihrer eigentlichen Natur zu finden. Er begann, die Führungskräfteentwicklung mit Blick auf Potenzialstärkung umzubauen, legte ein spezielles Programm für junge Führungskräfte auf und thematisierte die interkulturellen Differenzen. Zum ersten Mal nach vielen Jahren hatte er das Gefühl, dass er nicht nur den Notwendigkeiten hinterherlief, sondern aktiv gestalten konnte. Die Arbeit mit Menschen gab ihm eine innere Befriedigung, die er zuvor so intensiv nicht erlebt hatte.

2.7   Den eigenen Raum finden

Es ist eine der größten Herausforderungen in unserer schnelllebigen Welt, nicht die Fähigkeit zu verlieren, regelmäßig anzuhalten und zu fragen, was uns wichtig ist und was unsere Seele ernährt. Dann braucht es zufällige Gelegenheiten wie die von Paul, um das wieder in den Vordergrund zu rücken, was wir eigentlich sind und können. Wenn diese Gelegenheiten nicht von außen auf uns zukommen, ist die Frage, wie wir sie uns schaffen. Eine bereits erwähnte Möglichkeit ist es, Krisen umzudeuten in Hinweise auf Chancen. Aber wir müssen nicht auf Krisen warten. Wenn wir es schaffen, Schritt für Schritt mehr Aufmerksamkeit darauf zu lenken, welche Nachrichten das Leben an uns richtet, dann ist es leichter, einen besseren Ausgleich zu finden zwischen unserer inneren Kraft und Vitalität und unserer Resonanz in der Welt. Paul drückte dies so aus:

> Ich musste meinen eigenen Raum finden. Meinen Raum deswegen, weil er geprägt sein muss von dem, wie ich wirklich bin, und nicht dem, was ein bestimmter Karriereweg von mir erwartet. Ich musste die Resonanz finden zwischen einer professionellen Möglichkeit und den Werten, die mich innerlich bestimmten.

Die Suche nach Resonanz zwischen uns und der Welt ist untrennbar verbunden mit der Geschichte unserer eigenen Identität, unserer frühen intuitiven Intentionalität und unserem roten Faden. Auf dem Weg dahin, immer mehr zu schärfen, was unser Beitrag zu dieser Welt ist, brauchen wir ein tieferes Verständnis für den Weg, den wir bereits gegangen sind. Je aktiver wir diese Suche angehen, desto größer sind die Chancen, dass wir nach und nach den Raum finden, in dem wir uns zu Hause fühlen. Zu Hause nicht unbedingt in Sinne eines Ortes, aber in dem Sinne, dass das, was wir tun, zutiefst uns selbst entspricht. Wir tun das Richtige, nicht, weil es nur rational richtig ist, sondern weil die Resonanz zwischen uns und der Welt stimmig ist. Dies ist zentral für die Suche nach Sinn. Wir müssen uns ja selbst mitnehmen in die Gestaltung unserer Zukunft und in die Ko-Kreation von Wirklichkeit. Wenn wir unsere eigenen Tiefen vernachlässigen und unseren roten Faden ignorieren, kann es sein, dass wir neue Tätigkeitsfelder suchen, selbst solche, die objektiv besser zur Zukunft der Welt beitragen, aber wir tun dies mit dem gleichen inkohärenten Muster, mit dem wir zuvor agiert haben. Um unseren Raum zu finden, müssen wir unser eigenes Koordinatensystem gut kennen – und schätzen lernen.

Unsere innersten Werte, die symbolisch verankert sind in dem, was wir einmal, als wir jung waren, für die Welt tun wollten, sind Tore zu unserer eigenen Vitalität und unserer

Fähigkeit, gestaltend zu führen. Sie sind aber auch Türöffner für eine schärfere Wahrnehmung der Art und Weise, wie wir in anderen diese Vitalität anregen können.

2.8 Das Feedback des Lebens lesen lernen

Wenn Führungskräfte lernen, anderen mehr zuzuhören, d. h. in der Kommunikation und Interaktion mit anderen kleine Zwischenräume von Zeit zu schaffen, die nicht sofort mit Antworten, Lösungen, Ratschlägen oder Entscheidungen gefüllt werden, dann beginnen sie nach und nach auch, sich selbst besser zuzuhören. Die Aufmerksamkeit auf das eigene Innere schärft sich ebenso wie die Aufmerksamkeit für die Dinge, Ereignisse und Menschen, die sie umgeben. Wenn wir lernen zuzuhören und anzuhalten, entwickeln wir unsere Fähigkeit, die Feedbackmechanismen des Lebens besser wahrzunehmen. Statt darauf zu warten, dass die Ereignisse uns einholen und unsere Wirkung auf uns zurückkommt, können wir beginnen, Resonanz, oder ihr Fehlen, kontinuierlicher zu beobachten. Das kann sich anfangs merkwürdig anfühlen. Manche befürchten vielleicht, dass sie zum Spielball der Ereignisse werden oder Geschehnisse, Reaktionen von anderen oder Kritik überinterpretieren. Aber das muss nicht sein, im Gegenteil. Die Fähigkeit, sich selbst zu beobachten, während man handelt, ist für viele Führungskräfte eine wichtige Voraussetzung dafür, überhaupt wirksam zu werden. Dies gilt es auszubauen. Auf der Suche nach Führung mit Sinn, die häufig auch mit der Suche nach einem anderen Wirkungskreis einhergeht, müssen wir nicht nur unser Koordinatensystem kennen, sondern auch uns selbst in der Interaktion mit anderen. Wir müssen uns in der Art und Weise, wie wir spezifisch in die Welt wirken, beobachten können.

Die Auseinandersetzung damit, wie wir auf die Welt um uns herum (ein-)wirken, kann natürlich Ängste hervorrufen. Je mehr wir meinen, unsere innere Welt und unsere Identität festhalten und verteidigen zu müssen, desto unübersichtlicher wird das, was wir beobachten oder als Feedback interpretieren. Es mag dann sein, dass wir uns nicht nur überfordert fühlen, sondern auch schlicht den inneren Anker verlieren und uns schlimmstenfalls nur noch mit den Augen anderer betrachten. Aber je mehr wir in der Lage sind, uns selbst zuzuhören und zu beobachten, wie wir in der Welt agieren, desto leichter fällt es uns, Feedback von anderen zunächst anzuhören und in Ruhe zu verdauen, um zu entscheiden, was wir davon integrieren wollen und was nicht. Diese Freiheit ist uns unbenommen. Damit wird das Zuhören zur Feedbackinformation des Lebens und damit zu einer spannenden Entdeckungsreise, die uns darin unterstützt, mehr wir selbst zu werden.

2.9 Kommunikation ist Teilnahme an der Welt

Was auf jeden Fall mit dieser Entdeckungsreise einhergeht, ist unsere Art der Wahrnehmung. Wir beginnen, uns als Akteur in einem Feld zu sehen, und beobachten dieses Feld, in dem wir agieren, interagieren und wirken. Zugleich beobachten wir uns aus der

Vogelperspektive selbst als Akteur in diesem Feld. Wir erkennen unsere Muster und lernen einzuschätzen, was wir daran verändern wollen oder können und was wir schlicht als gegeben akzeptieren müssen. Wir können klarer erkennen, was uns wichtig ist und wo wir anders sind als andere. Wenn wir unser Wirkungsfeld also beginnen als Feld wahrzunehmen, tun sich ganz neue Welten auf – wir sehen Veränderungsmöglichkeiten, werden aber auch versöhnlicher mit der Art, wie wir selbst sind, und damit, wie andere sind. Wir entwickeln ein höheres Maß an Akzeptanz gegenüber der Welt, wie sie ist. Zugleich bauen wir Kompetenz darin auf, zu der Interaktion im Feld so beizutragen, dass nicht nur wir selbst, sondern auch andere gestärkter, vitaler und lebendiger daraus hervorgehen. Wir merken, dass genau dieses Feld eine Eigendynamik hat, an der wir teilnehmen, die wir zu beeinflussen suchen, aber die wir nicht alleine bestimmen. Kommunikation in diesem Feld hat einen zentralen Stellenwert – sie kann einem System von Akteuren zum Erfolg verhelfen oder diesen vereiteln. Die Art und Weise, wie wir als Führungskraft kommunizieren und Kommunikation zwischen anderen herstellen, hat einen entscheidenden Einfluss auf unsere Wirksamkeit.

Philele hat eine hohe Position in der südafrikanischen Regierung inne. In seiner Führungsrolle ist er zugleich geschätzt und gefürchtet. Geschätzt deshalb, weil er immer wieder inspirierende Anstöße gibt, gefürchtet, weil er in seiner Position außerordentlich mächtig ist und in vielen Entscheidungen das letzte Wort hat. Für ihn war es eine befremdliche Erfahrung zu erleben, dass mit seinem beruflichen Aufstieg sich nicht nur Menschen von ihm entfernten, sondern ihm viele auch nicht mehr offen sagten, was sie von ihm und seinen Handlungen hielten. Als er mitbekam, dass ein junger Mann, den er sehr schätzte, einem seiner Freunde gegenüber offen zugab, er würde sich nicht in Phileles Büro wagen und fühlte sich ihm nicht gewachsen, war er geschockt. Der Respekt vor anderen, gleich welcher Herkunft oder Position, war immer sein Credo gewesen. Er war in einer Familie aufgewachsen, in der alle Kinder Angst vor dem Vater hatten, weil er sie mitunter unangemessen bestrafte. Immer war es Philele ein Anliegen gewesen, eine Atmosphäre von gegenseitiger Anerkennung herzustellen. Er hatte sich stark gemacht für andere, die ungerecht behandelt wurden, und damit genau die innere Stärke und Autorität entwickelt, die es ihm ermöglichte, innerhalb der Regierung aufzusteigen. Nun musste er erkennen, dass er aufgrund seiner Position und der Art, wie er darin wahrgenommen wurde, seinem Anliegen nicht mehr gerecht werden konnte. Diese Erfahrung war der Anstoß dafür, sich selbst aus einer anderen Perspektive zu betrachten.

> In der Leitung des Ministeriums habe ich immer beobachtet, wie meine Abteilungsleiter führen, was zum Erfolg und zu besseren Dienstleistungen unseres Ministeriums führt. Nie habe ich dabei mich selbst eingeschlossen, als mir das klar wurde, traf mich das wie ein Schlag. Zudem fand ich heraus, dass die Leute Angst vor mir haben! Das hat einen Prozess des Nachdenkens in Gang gesetzt. Ich beobachte heute viel mehr als früher. Was trage ich zu einer Situation bei? Was passiert, wenn ich anfange zu sprechen? Dabei habe ich festgestellt, dass ich dazu neige, in meiner eigenen Interpretation der Dinge festzustecken. Weil wir so viel vorhaben und nie genug Zeit, tendiere ich dazu, schnell eine Einschätzung der Situation abzugeben und umgehend eine Entscheidung zu treffen. Das führt dann aber dazu, dass die

Umsetzung nicht effektiv ist. Ich war zu schnell, ich habe meine Leute nicht mitnehmen können und das hat im Endeffekt keine Zeit gespart.

Zugleich begann Philele, die Herausforderungen in seinem Ministerium anders wahrzunehmen. Die Erkenntnis setzte sich bei ihm durch, dass etwas Entscheidendes geschehen musste, um die Dienstleistungen seines Ministeriums zu verbessern. Die klaren und allen vermittelten Vorgaben für die Strategie des Ministeriums wurden nicht eingehalten, immer wieder kam es zu Verzögerungen in der Umsetzung. Die Fluktuation des Personals war enorm. Das tägliche Management war vom ständigen Wechsel der Prioritäten der Regierung gekennzeichnet und häufig mit Aufgaben beschäftigt, die eigentlich darunter liegende Managementebenen erledigen sollten. Das mittlere Management fühlte sich frustriert, ungehört und klagte nicht nur über „die da oben", sondern auch über einen Mangel an übertragener Verantwortung. Das obere Management war inzwischen fast ausschließlich mit Schwarzafrikanern besetzt, während im mittleren und unteren Management fast die Hälfte der Mitarbeiter zum weißen Anteil der Bevölkerung gehörte. Die entsprechenden Spannungen wurden nicht offen thematisiert. Philele hatte Teambuilding vorgeschlagen, aber bisherige Versuche waren wenig Erfolg versprechend. Zudem war das höchste Führungsgremium im Ministerium uneins über den politischen Kurs. Er entschied sich schließlich für eine Klausur des Führungsteams. Zu Beginn dieses Treffens fand ein gemeinsames Gespräch über die Situation des Ministeriums statt. Immer wieder tendierte die Gruppe dazu, die Schuldigen im mittleren Management zu suchen, bis Philele eingriff und eine simple Frage an sich selbst und seine Kollegen stellte:

Angenommen, unsere Art, im Führungsteam miteinander umzugehen, hätte eine massive Auswirkung auf das Funktionieren unseres Ministeriums, was müssten wir dann anders machen?

Daraus entstand das erste gemeinsame Gespräch darüber, wie genau und mit welchen Wirkungen das Führungsteam im Ministerium Beziehung gestaltete und wie es diese verbessern konnte, um zu den Erfolgen zu kommen, die sich alle wünschten.

Kommunikation ist eine der Formen, wie Führungskräfte sich in Beziehung zu dem Feld setzen, in dem und mit dem sie agieren. Niemand ist perfekt – auch nicht diejenigen Führungskräfte, die regelmäßig reflektieren, sich coachen lassen oder an Kommunikationstrainings teilnehmen. Es geht also nicht darum, perfekt zu werden, sondern darum herauszufinden, was nützt und was welche Wirkung erzeugt. Bewusstere Kommunikation hat eine stärkende Wirkung, wenn sie Einbeziehung fördert, Transparenz schafft, zu gegenseitigem Verständnis beiträgt und Respekt erzeugt. Dabei sind die Regeln eigentlich einfach, wir vergessen sie nur immer wieder in der Alltagshektik:

Wer sich selbst zuhören kann, kann auch anderen zuhören
(und umgekehrt). Es ist die Magie des Zuhörens, die so oft eine Veränderung in der Atmosphäre erzeugt. Gutes Zuhören verändert die Art und Weise, wie jemand spricht. Er oder sie gewinnt Vertrauen, wird mutiger, das zu sagen, was wirklich wichtig ist, und wird

kreativer. Gedanken fügen sich anders aneinander, wenn man sie in Gegenwart einer Person ausspricht, die zuhört.

Wer zu schnell urteilt, verfängt sich in den Fallstricken der eigenen Sichtweise
Schnelle Urteile können ein Gespräch beenden oder einen Gedankengang abschneiden. Bei Zeitdruck neigen wir dazu, schon zu antizipieren, was eine andere Person sagen will und im Geiste seine oder ihre Sätze zu vervollständigen, um in der Zwischenzeit unsere Einschätzung zu formulieren und schnell antworten zu können. Das scheint vordergründig Zeit zu sparen. Oft entgehen uns jedoch wichtige Informationen, die unseren eingeschränkten Blick auf die Dinge erweitern könnten.

Eine gute Frage führt meistens weiter als eine gute Antwort
Wie im Beispiel von Philele ist es manchmal eine gute Frage, die die Richtung des Gespräches verändert und es auf eine andere Ebene bringt. Dadurch kommt man zum Kern einer Sache, entwickelt neue Perspektiven, die man zuvor nicht wahrgenommen hat, oder kommt zu unerwarteten Erkenntnissen. Fragen sind nicht nur Wegweiser in der eigenen Zukunftsentwicklung, sondern auch Türöffner für die Wirksamkeit in einem Feld von Akteuren.

Wer aus seinem Inneren heraus spricht, wird auch gehört
Wir alle wissen, wie es sich anfühlt, wenn wir uns durchsetzen müssen oder vor einer Gruppe von Menschen sprechen, die uns nicht wirklich zuhört. Zugleich wissen wir auch, wie es sich anfühlt, wirklich einmal das zu sagen, was wir meinen, was wichtig ist, was uns am Herzen liegt. Dann scheint unsere Stimme gewichtiger zu sein als sonst. Im professionellen Alltag können wir nicht immer sagen, was uns am Herzen liegt, aber je öfter wir klarer sind und das, was wir sagen wollen, eine Tiefe in sich trägt, unsere eigene Stimme, desto mehr werden wir gehört.

2.10   Gute Kommunikation fördert kollektive Intelligenz

Wenn wir unsere Fähigkeit zuzuhören und zu beobachten kultivieren, bewirken wir in einem System von Akteuren, dass diese sich angenommen und respektiert fühlen – und in der Folge kreativer denken. Eine gute Kommunikation nicht nur zwischen uns und anderen, sondern auch bei den Akteuren untereinander, trägt nicht nur zur Vernetzung bei, sondern auch dazu, dass so etwas wie kollektive Intelligenz wirksam werden kann. Dabei geht es nicht darum, als Führungskraft ein System sich selbst zu überlassen, sondern darum, dass Kommunikation für ein sinnvolles Ganzes, ein gemeinsames Ziel, eine neue Lösung oder die Bewältigung einer Herausforderung wirksam wird. In einem guten Dialog verändern sich Sichtweisen. Starre Perspektiven lösen sich auf, Menschen verteidigen weniger ihre rigide Identität oder ihre Standpunkte und vor allem: Es entsteht eine Atmosphäre, in der gemeinsam Lösungen gesucht werden. Ist die Kommunikation blockiert, oder, was so häufig im professionellen Umfeld geschieht, bestimmen Kritik, Vorwürfe, schnelle Bewertungen, Intrigen oder Gespräche hinter dem Rücken von anderen die Interaktion, dann kann kollektive Intelligenz nicht wirksam werden. Damit berauben wir uns einer wichtigen Möglichkeit, unsere Vorhaben voranzubringen.

Mit dem Bild des Feldes, in dem wir als Führungskraft agieren, wird dies deutlich. In einer Kultur schlechter, d. h. einseitiger, negativer oder nicht inspirierender Kommunikation verliert das Gesamtsystem der Akteure an Energie. Die allzu oft zu beobachtende Reaktion ist dann, dass die Einzelnen anfangen, sich gegenseitig Energie zu rauben – durch Konflikte, Machtspiele oder Intrigen. Das Gesamtsystem der Akteure wird dadurch nicht besser und schon gar nicht effektiver.

Wenn man als Führungskraft anfängt, auf dieses Feld zu achten, ändert sich auch der Blick auf die eigene Kommunikation, man beginnt sich zu fragen, wie man selbst auf das Feld Einfluss nimmt, wie man dazu beiträgt, dass kollektive Intelligenz wirksam werden kann. Man beginnt zu beobachten, wie Wirklichkeit durch Kommunikation entsteht und wie Menschen ko-kreativ Zukunft gestalten – im Positiven wie im Negativen. Wer sich selbst als Akteur in einem Feld von Akteuren wahrnimmt, hört anders hin. Dies wiederum hat Auswirkungen auf die eigene Art, sich zu äußern. Je mehr wir lernen zuzuhören, desto mehr verändert sich unsere eigene Stimme – sie wird authentischer.

2.11   Die Geschichte der eigenen Stimme ist wichtig

Wer beginnt, bewusster zu kommunizieren, stößt unweigerlich auf die Frage, wie man sich selbst nach außen bringt. Es kann befreiend sein, einen Blick in die Geschichte unserer eigenen Stimme zu wagen und nachzuvollziehen, wie sie sich entwickelt hat – oder eben nicht. Alle Kommunikation startet in uns selbst. Wenn wir, absichtlich oder unabsichtlich, unsere Träume begraben haben, unser Anliegen in der Welt vernachlässigen oder seine Umsetzung nicht für möglich halten, wenn wir verlernt haben, auf unser Herz zu hören, hat dies Auswirkungen auf die Art, wie wir uns mit unserer Stimme in die Welt bringen. Dabei steht die Stimme für den direkten sprachlichen Ausdruck, aber dieser hängt immer damit zusammen, wie wir unsere Identität, unser Potenzial und unsere besondere Art, in eine gemeinsame Zukunftsgestaltung einbringen. Die Entwicklung unserer eigenen Stimme ist daher immer auch ein Symbol dafür, wie wir uns als Person in die Welt bringen. Dies soll ein Beispiel erläutern.

Schon als Jugendliche sang die Unternehmensberaterin Mandy im Chor. Im Rückblick erinnert sie sich daran, dass dies immer eine ganz besondere Erfahrung war.

> Im Chor zu singen bedeutete für mich, meine Aufmerksamkeit nicht nur auf die Chorleiterin zu richten, sondern gleichzeitig auch auf meine Mitsängerinnen. Für mich war es die Erfahrung, mit der eigenen Stimme einen ganz wichtigen Beitrag zum Gelingen des jeweiligen Stückes beizutragen und dennoch zu wissen, dass der Klang nur aus dem Zusammenwirken der Stimmen entstand. Dabei war es nicht nur die Addition der Stimmen, sondern das Gefühl, zu etwas Größerem beizutragen, in dem jeder einzelne Beitrag zählte und dennoch für die Zuhörer nur der gesamte Klang hörbar wurde.

Jahre später nahm Mandy eine Managementposition im Personalbereich einer internationalen Bank an. Innerhalb von sechs Monaten trat sie aus dem Chor aus – ihr Job ließ ihr dafür keine Zeit mehr. Über Jahre hinweg fiel ihr nicht auf, wie sehr ihr das Singen fehlte – als Ausdruck ihrer Persönlichkeit. Zugleich schien etwas nicht zusammenzupassen. Die Anforderungen an ihre Managementaufgabe und ihre Identität als Chorsängerin waren zwei Welten, die sich nicht berührten. Etwas, das sie einen „inneren Raum" nannte, fehlte ihr, um wieder singen zu können. Jahre später erst merkte sie, dass sie sich immer ausgelaugter fühlte. Ihr fehlte Energie und sie verlor die Vitalität, die ihre Kollegen so an ihr schätzten. Dennoch ging ihre Karriere steil voran. Ihre größten Erfolge erzielte sie, wenn sie nicht selbst in den Vordergrund treten musste, sondern andere in ihren Führungsrollen unterstützte. Erst als sie sich entschloss, sich als Unternehmensberaterin selbstständig zu machen, spielte sie mit den Gedanken, wieder im Chor zu singen. Bis sie den Entschluss umsetzte, dauerte es noch einige Jahre. In der Reflexion kam es ihr vor, als hätte sie im Laufe ihrer gesamten beruflichen Karriere anderen ihre Stimme geliehen.

Nicht immer hängt das Finden und Entwickeln der eigenen Stimme auch mit Singen oder Sprechen zusammen. Oft ist die eigene Stimme eher eine Metapher dafür, dass man das eigene Potenzial in die Welt bringt. Aber auf der Suche nach den Wurzeln und Stationen dieser „Stimmentwicklung" findet man viele Ereignisse, deren Einfluss auf die eigene Geschichte und berufliche Laufbahn man erst viel später realisiert. Manche Erinnerungen sind unerwartet unangenehm: Ein in der Schule aus vollem Herzen vorgetragenes Gedicht, über das sich die Mitschülerinnen lustig machten. Der Versuch, eine Melodie auf dem Klavier zu komponieren, die von den Eltern als Lärm bezeichnet wurde. Die Situation, in der man bei einer Party meinte, etwas ganz besonders Lustiges zu sagen und keiner lachte, im Gegenteil, die anderen wendeten sich ab. Der Moment, in dem ein Lehrer einen vor der ganzen Klasse für etwas kritisierte, an das man geglaubt hatte. Die Hausarbeit, auf die man im Studium stolz war, nur um sie mit einer schlechten Note zurückzuerhalten. Das Gedicht, das man für eine Freundin geschrieben hatte, die es nicht verstand. Der Projektvorschlag, den man beim Vorstand einreichte, nur um über Kollegen von der Ablehnung zu erfahren. Für die meisten Menschen gibt es eine Reihe von Ereignissen, die uns entweder dazu gebracht haben, uns zurückzuziehen und es nicht mehr zu wagen, unsere Identität gezielt in die Welt zu bringen, oder die uns rebellisch gemacht haben und geradezu angespornt haben, nun noch lauter und deutlicher zu sagen, was wir für richtig halten.

Als Mandy überlegte, was ihr erfolgreichstes Projekt als Unternehmensberaterin war, erinnerte sie sich an die Beratung einer Bank. Wie immer hatte sie die Rolle der Beraterin im Hintergrund gespielt. Sie begleitete den schwierigen Organisationsentwicklungsprozess und stellte sicher, dass alle gehört wurden. Sie moderierte Workshops für die Führungsteams und coachte die Leitung der Bank. Sie setzte durch, dass sich der partizipative Prozess, den sie für den einzig sinnvollen hielt, als neue Kultur in der Bank durchsetzte – eine ungewöhnliche Veränderung, der die Leitung nur nach längerer Zeit zustimmte. Zum ersten Mal trat Mandy aus ihrer Beratungsrolle heraus, als sie eine flammende Rede dafür hielt, dass es nur diesen einen Weg gab, dass nur die authentische Beteiligung aller Mitarbeiter die Bank retten würde. Statt wie sie befürchtet hatte, ihren Vertrag aufzulösen, hörte das Management ihr zum ersten Mal wirklich zu – und machte sie als Externe zum Teil des Managements. Ihr wurde die Verantwortung übertragen, den gesamten Veränderungsprozess zu steuern – mit großem, vor allem auch finanziellem Erfolg. Nach einem Jahr schrieb die Bank wieder schwarze Zahlen. Anfangs wollte Mandy noch, wie sie es gewohnt war, im Hintergrund bleiben, aber das Management-Team forderte sie auf, die Führung zu übernehmen!

Unsere wirkliche Stimme zu finden und auch zum Ausdruck zu bringen, ist ein andauernder Prozess und zugleich ein wichtiger Bestandteil dessen, sich als Führungskraft neu zu definieren. Dieser Prozess braucht Mut, Schritt für Schritt mehr zu dem zu stehen, was wir sind und wie wir sind. Je mehr wir dabei zu unserem roten Faden, zu unserem Anliegen und unserer frühen Intentionalität Verbindung aufnehmen, desto eher finden wir unseren Raum. Wir werden darin nie perfekt sein und die Suche nach unserem Raum hört nie auf, aber wir können uns sicher sein, dass wir Schritt für Schritt mehr zu der Person werden, die wir sein können. Wir leben unser Potenzial.

Wenn wir die Geschichte unserer eigenen Stimme zurückverfolgt haben, beginnen wir, anders zuzuhören – hier schließt sich der Kreis. Das eine befördert das andere und umgekehrt. Dies wiederum kann uns dazu ermutigen, aktiver nach Feedback zu fragen – ein wichtiger Aspekt für eine innere Lernbereitschaft, die unabdingbar ist für eine auf Nachhaltigkeit ausgerichtete Führung.

2.12 Unsere Stimme in Balance bringen

Die Geschichte, die sich um die Entwicklung unserer eigenen Stimme rankt, unterscheidet sich bei jedem Menschen. Manche müssen lernen, die eigenen Meinungen und Fähigkeiten stärker zum Ausdruck zu bringen, andere wiederum müssen eher reflektieren, welche Wirkung ihre Stimme hat und ob sie vielleicht so eindrucksvoll ist, dass sie für andere keinen Platz lässt. Für die einen ergibt sich die Frage, wie viel Lebensmöglichkeiten sie nicht nutzen, weil sie sich selbst zurücknehmen. Für die anderen ist die Frage, wie viel Raum sie einnehmen, der andere daran hindert zu sagen, was ihnen wichtig ist. Es gibt kein einfaches Rezept dafür, die Bedeutung unserer Stimme als Symbol unseres Potenzials auszubalancieren. Aber auch hier ist es befreiend, die Wahrnehmung zu verändern und die oft abenteuerliche Entwicklung unserer Stimme nach und nach zurückzuverfolgen. Bewusster mit der eigenen Stimme umzugehen, hat eine enorm stärkende Auswirkung darauf, wie wir das, was uns wichtig ist, in der Welt manifestieren. Denn es gibt einen roten Faden, der mit unserer frühen Intentionalität beginnt, sich über die Suche nach unserem Platz in der Welt fortsetzt und schleichend oder plötzlich die Frage aufwirft, wie unser Leben für uns Sinn machen kann. Diese Frage wird niemals ganz beantwortet sein. Sie wird immer wieder auftauchen und uns sanft oder hart zurückwerfen auf den Weg, der uns zu eigen ist, der uns besonders macht, der uns mit unseren inneren Werten verbindet, mit unseren Träumen und unserer Suche nach Sinn. Je mehr wir dann zurückfinden zu dem, wie wir wirklich sind, desto mehr Vertrauen gewinnen wir in unsere Stimme.

Wer hier genau beobachtet, wird feststellen, dass sich damit nicht nur unser Fokus verändert – wir gehen auf Abstand gegenüber den täglichen Herausforderungen und verschieben damit Bedeutungen. Was zuvor im Hintergrund war, drängt sich in den Vordergrund. In der Folge verändert sich auch das, was wir tun. Wir verändern die Art und Weise, wie wir führen. Wir werden menschlicher. Wir nehmen bewusster wahr, dass Wirklichkeit nicht einfach vorhanden ist, sondern ein gemeinsamer kreativer Prozess. Er findet statt in einer Balance zwischen der Klarheit unseres eigenen Beitrags zur Welt und unserer wachsenden Fähigkeit zum Zuhören und Beobachten. Wenn wir die Geschichte unserer eigenen Stimme kennen und sie Schritt für Schritt in Einklang bringen mit dem, was wir bewirken wollen, dann nehmen wir auch Veränderungsprozesse intensiver wahr – unsere eigenen und die Veränderungsprozesse derjenigen, die auf einer ähnlichen inneren Reise sind. Sowohl individuelle als auch kollektive Reflexion erleichtern es uns, bewusster gemeinsam zu gestalten.

Es gibt einen reziproken Effekt: Sobald wir uns um unsere eigene Stimme kümmern, lernen wir gleichzeitig besser zuzuhören, nicht nur uns selbst, sondern auch anderen. Wir stellen fest, dass „seine Stimme zum Ausdruck bringen" und „zuhören" viel enger miteinander verknüpft sind, als wir wahrgenommen haben. Beide sind Bestandteile dessen, wie wir uns mit der Welt und den Menschen um uns herum in Beziehung setzen. Sie können nicht voneinander getrennt werden. Je mehr wir auf unser Herz hören, unsere Werte in den Vordergrund rücken und unser Potenzial zum Ausdruck bringen, desto mehr verändert sich unsere Wahrnehmung. Wir hören, was wir zuvor vielleicht ignoriert hätten. Wir verstehen plötzlich, was wir zuvor als Unsinn abgetan hätten. Wir spüren eine Verbindung zu Menschen, die wir zuvor abgelehnt hätten. Wir beginnen aus der unendlichen Menge täglich wahrgenommener Information, andere Inhalte zu selektieren, und verschieben Bedeutungen. Damit machen wir uns verletzlicher und zugleich sensibler für das, was man als die Feedbackschleife des Lebens bezeichnen könnte. Die Nachrichten des Lebens zu verstehen, ist eine Kunst, die zu erlernen uns auf der Suche nach Führung mit Sinn immer nützlicher werden wird. Statt wie manche Manager so lange durchzuhalten, bis wir vor einer nicht mehr zu überwindenden Wand stehen oder durch eine Krise tief fallen, wie es vor allem einigen Spitzenmanagern passiert ist, können wir unser Wahrnehmungsorgan Intuition besser trainieren. Wir fangen damit an zu beobachten, in welchem Feld wir agieren. Inwiefern ist dieses Feld dazu angetan, dass wir uns wirklich, wie wir sind – mit unserem ganzen Potenzial –, zum Ausdruck bringen können, oder inwiefern zwingt es uns, wieder und wieder auf eine Weise zu handeln, die uns nicht wirklich entspricht?

Mit diesen Fragen rütteln wir an einer von uns selbst gehüteten Identität, die allzu oft abhängig ist von dem, was wir im Leben erreicht haben – Status, Einkommen, Bekanntheit, Einfluss und Verantwortungsbereiche. Zuzulassen, dass unsere Identität eine lebenslange Dauerbaustelle ist, d. h. dass wir sie auch jederzeit umbauen können, ist häufig damit verbunden, dass neue oder alte Ängste auftauchen. Unsere Reaktion auf Angst ist immer Flucht. Damit befinden wir uns in der langen Tradition der Menschheitsgeschichte. Angst schränkt die Wahrnehmung ein. Es ist die Verbindung mit unseren inneren Werten, die Fähigkeit, auf unser Herz zu hören, die uns von solchen Ängsten befreien kann. Robin

Sharma, Berater für Führungskräfte, bekannter Buchautor und inspirierender Redner, dessen Mission es ist, so vielen Menschen wie möglich zu helfen, ihr Potenzial zu leben, unterscheidet zwischen äußerem Einkommen (das sich am Verdienst oder Besitz festmacht) und innerem Einkommen, das sich erst daraus ergibt, was wir in der Welt an Positivem für andere Menschen bewirken. Oft sind diese beiden Einkommen außer Balance geraten. Die Suche nach Sinn ist der Weg zurück dahin, dass beide Elemente im Einklang miteinander sind. Dafür ist die Verbindung mit der eigenen Stimme ebenso wichtig wie die wachsende Fähigkeit, anderen – und dem Leben – zuzuhören.

2.13 Zukunft entsteht ko-kreativ

Das Leben als Wanderung auf verschlungenen Pfaden wahrzunehmen, die trotz Umwegen beharrlich voranführen, hilft uns dabei, Gelassenheit gegenüber Veränderungen zu entwickeln. Immer wieder, auch dann, wenn uns der Sinn einmal wieder verloren gegangen zu sein scheint, Verbindung aufzunehmen zu unserem Kern, ist wie eine Versicherung. Es bringt uns in Kontakt mit dem Leben in allen seinen Möglichkeiten. Je mehr wir dabei die Feedbackschleifen des Lebens wahrnehmen und verstehen lernen, desto flexibler werden wir darin, unsere Identität, die nie festgelegt ist, sondern eine kontinuierliche Baustelle, sinnvoll anzupassen. Ein Teil von uns – unser Kern – wird sich nie ändern, aber alles andere ist ein Ergebnis dessen, welche Entscheidungen wir treffen, welche Erfahrungen wir wie verarbeiten und wie wir unseren Geist kultivieren. Unseren Weg als Führungskraft, aber ebenso als Mensch, als Teil eines evolutionären Prozesses zu sehen, hilft uns, Abstand zu gewinnen. Den brauchen wir, um uns treu zu bleiben und nicht zum Spielball der Meinungen und Einflüsse anderer zu werden. Dann ist die Frage, wie wir uns weiterentwickeln, nicht mehr ein Kampf um Selbstverbesserung und Spitzenleistung, sondern der Weg zu uns selbst, den wir, solange wir leben, nie zu Ende gehen. Wir nehmen anders teil am Leben – tiefer, bewusster, gelassener und wirksamer. Mit mehr Kenntnis über unseren Weg, die Geschichte unserer Stimme, unser Bedürfnis, etwas zu dieser Welt beizutragen, und unsere Baustelle Identität werden wir offener für Abenteuer und Entdeckungen. Zugleich werden wir dankbarer für das, was wir sind, was wir anderen geben können und was wir empfangen. Damit steigt die Intensität, mit der wir Leben empfinden und Leben gestalten. Unsere Entwicklung als Führungskraft ist damit nicht mehr ständige Selbstoptimierung und ein Ringen um das Bestimmen der Zukunft, sondern ein zu beobachtender Prozess des Werdens, den wir mitgestalten. Wir laufen aufmerksamer durch die Welt, begleitet von genau der Prise Dankbarkeit, die das Fundament für inneres Wachstum ist. Beide sind wichtige Voraussetzungen dafür, dass wir unseren Beitrag zur Welt – unser Führungswirken – neu gestalten können – und zwar so, dass es der Welt und anderen Menschen so viel wie möglich nützt. Das folgende Beispiel einer Managerin in einem Großkonzern soll diese Entwicklung illustrieren.

Diane, eine Managerin im Personalbereich eines internationalen Unternehmens, wuchs in Großbritannien auf als Kind einer amerikanischen Mutter und eines spanischen Vaters.

Sie konnte sich auch noch als Erwachsene daran erinnern, dass interkulturelle Spannungen immer Teil ihres Lebens waren. Sie selbst fühlte sich am ehesten zu Hause in Madrid, obwohl sie dort nie gelebt hatte, sprach fließend Spanisch und Englisch mit dem amerikanischen Akzent ihrer Mutter. Sie passte ihre Sprache aber auch gerne dem Oxfordenglisch ihres Internates an. Als Kind träumte sie davon, Kinder aus allen möglichen Kulturen zu adoptieren, auch wenn sie dies als Erwachsene nie verwirklichte. In ihrer Schulzeit und ihrem Studium stürzte sie sich auf alles, was sie zur Anthropologie unterschiedlicher Kulturen finden konnte, weil sie fasziniert war von kulturellen Identitäten, Stammeskulturen und Sprachräumen, in denen sich kulturelle Identitäten vermischten. Sie wollte das Wesen der Unterschiede verstehen und zugleich ging es ihr darum, das zutiefst Menschliche, die Gemeinsamkeiten aller Kulturen zu finden und benennen zu können.

> Ich erinnere mich daran, wie sehr ich von Unterschiedlichkeit fasziniert war. Dabei ging es nicht nur um Äußerlichkeiten, sondern darum, dass ich der Meinung war, es gäbe nie auf der Welt die eine richtige Antwort, die eine Art und Weise, Dinge zu tun. Ich wollte mich dafür einsetzen, dass Unterschiedlichkeiten nebeneinander bestehen konnten, ohne dass sie ausgemerzt wurden. Aber allem zugrunde lag meine tiefe Sehnsucht danach, nachzuweisen, dass im Kern alle Menschen eine tiefe Gemeinsamkeit haben und dass Menschen die Fähigkeit haben, andere, die sie als so anders empfinden, letztendlich als Menschen zu respektieren.

Nach dem Studium machte Diane in einem Großkonzern Karriere, die sie nicht nur um die Welt führte, sondern die auch von ihr verlangte, dass sie ihre Sehnsucht nach der Tiefe menschlicher Begegnung in der kulturellen Unterschiedlichkeit ganz und gar in den Hintergrund schieben musste. Die Zahlengetriebenheit ihres professionellen Umfeldes förderte keine Menschlichkeit. Mit Anfang vierzig zwang ihr Ärger über eine aus ihrer Sicht falsche Strategieentscheidung des Konzerns sie dazu, innerlich anzuhalten. Statt wie schon mehrfach zuvor einen Positionswechsel anzustreben und eine neue Herausforderung anzugehen, nahm sie sich eine Auszeit. Ihr wurde klar, dass die alte Faszination in Bezug auf kulturelle Unterschiedlichkeiten noch immer in ihr lebte. Hinzugesellt hatte sich das Bedürfnis, in ihrer Managementaufgabe direkter mit anderen Menschen zu arbeiten. Sie fühlte, sie vermisste die direkte Resonanz, das Feedback und die Wahrnehmung ihrer positiven Wirkung auf andere. Sie entschloss sich zu einem Karrierewechsel. Zunächst übernahm sie eine Position im Personalbereich zum Thema „Diversity". Dann setzte sie im Konzern ein Mentoren-Programm für junge weibliche Führungskräfte durch, das diese darin begleiten sollte, Karriere zu machen, einflussreiche Positionen im Konzern einzunehmen und zugleich sich selbst und ihrem Anliegen treu zu bleiben.

> Es war meine bewusste Wahl, nicht noch mehr Macht und Einfluss anzustreben, sondern eine Aufgabe zu übernehmen, für die ich nicht nur mehr Freiraum zurückgewann, sondern mit der ich auch gestalten konnte – für Menschen. In diesem Fall für junge Frauen, die aus allen möglichen Kulturen kamen. Ich wollte ihnen helfen, Karriere zu machen und trotzdem ihrem Herzen zu folgen, was mir selbst nur sehr unvollständig gelungen war. Dass ich damit einen enormen Einfluss auf die Kultur des Konzerns hatte, wurde mir erst langsam klar.

Für Diane war es eine bahnbrechende Erkenntnis, dass sie mit dem Reduzieren ihrer formalen Macht und dem Wiederbeleben ihrer Werte und Leidenschaften nicht nur als Mensch ausgeglichener wurde, sondern auf eine ganz andere – aber wirksame – Weise Einfluss auf die Zukunft des Konzerns nahm als zuvor. Sie brachte dadurch ihre besondere Stimme und ihre interkulturellen Erfahrungen auf ganz andere Weise in ihre Arbeit ein. Dennoch brauchte sie einige Monate, bis sie ihre Angst vor dem Verlust von Einfluss und Reputation überwand und ihr gleichgültig war, was Kollegen zu ihrer Entscheidung sagen würden. Sie musste innerlich zunächst das Vertrauen in ihren neuen Weg aufbauen und die innere Bereitschaft zum Risiko neu kultivieren. Sie musste sich lösen von einer Identität, die zu einem großen Teil von ihren Karriereerfolgen bestimmt war, zu ihrem Kern finden und neue Möglichkeiten für sich eröffnen.

Der gestalterische Prozess, den jede Führungstätigkeit beinhaltet, ist das Ergebnis einer kontinuierlichen Bewegung zwischen unserer Fähigkeit, uns selbst, so wie wir sind, ebenso wie unser Anliegen voranzubringen, und unserer zunehmenden Fähigkeit zuzuhören – uns selbst, anderen und dem Leben. Die Entwicklung der eigenen Stimme als Ausdruck unseres Wesens, unserer Werte und unseres Potenzials ist paradoxerweise der Zugang dazu, dass wir nicht zu sehr auf uns selbst fokussieren. Mit wachsender Wahrnehmungsfähigkeit darauf, was wir zu sagen haben, beginnen wir nämlich, unseren eigenen Transformationsprozess als einen von vielen wahrzunehmen. Damit verändert sich unser Blick auf Leben. Wir erfahren neu, was wir natürlich theoretisch wissen – dass Leben sich als ko-kreativer Prozess entwickelt, in dem unser eigenes Denken und Handeln stets im Austausch mit anderen Akteuren sind. Je mehr wir aber Abstand von der Idee der Selbstoptimierung als Ziel an sich nehmen und stattdessen unsere eigene Entwicklung als den Weg dahin sehen, mehr wir selbst zu werden, desto unwichtiger wird es für uns, einmal aufgebaute Identitäten zu verteidigen. Wir werden offener für Veränderungen und wirksamer in deren Gestaltung. Wir können freisetzen, was in uns steckt. Damit gelingt uns Schritt für Schritt eine veränderte innere Haltung zum Leben. Statt, wie so oft, gegen die Realität anzukämpfen, wie sie ist, werden wir Partner von Veränderung, man könnte sogar sagen Partner der Evolution. Führung wird dabei zu einem bewussten gestalterischen Prozess, der nur in Maßen an Macht und Einfluss gebunden ist. Denn wenn wir uns in Letzterem verlieren, schreibt uns das Leben früher oder später eine Kehrtwende vor, die uns zwingt, unseren roten Faden wieder zu suchen und damit das, worum es uns wirklich geht. Sobald wir beginnen, Führung als einen gestalterischen Prozess, ein ko-kreatives Bewirken von Wirklichkeitsveränderung zu sehen, geht es weniger darum, wie wir uns durchsetzen, sondern wie wir unsere Stimme sinnvoll einbringen. Je besser wir uns, anderen und dem Leben zuhören können, desto eher finden wir heraus, was wirklich gebraucht wird und wo unser spezieller Beitrag sinnvoll eingesetzt ist. Wir können davon ausgehen, dass er da, wo er sinnvoll eingesetzt ist, immer auch die größte Wirkung hat.

Je weniger rigide wir an unserer einmal aufgebauten Identität festhalten, desto mehr Menschlichkeit nehmen wir um uns herum wahr. Andere Menschen können unser Herz leichter erreichen und wir sind in der Lage, jenseits dessen, was wir selbst erreichen wollen, uns als Teil einer größeren Geschichte wahrzunehmen, dir wir mitgestalten, aber nicht alleine bestimmen. Wir beginnen zu verstehen, dass die Welt aus Beziehungen besteht, ein unendliches Netz von Menschen, die sich täglich auf den Weg machen, ihr eigenes Potenzial so in die Welt zu bringen, dass es sie selbst voranbringt und den anderen nützt. In dieser Ko-Kreation von Zukunft ist die eigene Willenskraft, wenn sie mit unserem Herzen verknüpft ist, immens wichtig, denn ohne sie werden wir zum Spielball der Geschehnisse um uns herum. Es ist immer unser Herz, das uns zurückführt zum roten Faden unseres Lebens. Wenn wir unsere Werte und unsere frühe Intentionalität wiederfinden, verstehen wir nicht nur uns selbst besser, wir haben auch eine viel intensivere Beziehung zur Welt. Dies ist der Schlüssel dazu, unsere Zukunft – und die der Welt – im Einklang mit unseren Werten zu gestalten.

2.14 Wege sind nie gerade

Auf dem Weg in eine andere Wirkung unserer Führungskompetenz ist es sinnvoll, dass wir die Vorstellung aufgeben, unser Weg sei linear gestaltet. Das Leben widerspricht nämlich dieser Auffassung. Fast immer geht Entwicklung voran, oft aber zwei Schritte vorwärts und einen zurück. Dann wundern wir uns, dass sich Erfahrungen wiederholen, wir in ähnliche Situationen geraten oder dachten, bestimmte Tendenzen zu Schwierigkeiten bereits abgelegt zu haben. Daher bietet sich ein anderes Bild für Entwicklung an – das einer Spirale. In einer spiralförmigen Entwicklung gehen Prozesse stetig voran, aber sie durchlaufen ähnliche Stationen – aber nun auf der nächsthöheren Ebene. Das Bild hilft dabei, sich der Tatsache bewusst zu werden, dass wir in der Regel langsam und nicht schnell dazulernen und manchmal mehrere Iterationen brauchen, um entscheidend voranzukommen. Eine Spiralbewegung verbindet Wiederholung mit Erneuerung. Die Entwicklung findet um ein Zentrum herum statt – das sind wir mit unserem roten Faden –, entfernt sich nicht zu sehr von diesem Zentrum und drängt dennoch voran, zu neuen Entdeckungen und Möglichkeiten. Wie viel unseres Werdens dabei von uns selbst bestimmt werden kann und wie viel unsere Vergangenheit und die äußeren Umstände uns vorgeben, können wir nie genau herausfinden. Dem Dilemma zwischen freien Willen und Vorbestimmtheit können wir nicht entgehen. Aber wir wissen, dass wir uns mit jeder Wahl weiterentwickeln.

Der Rhythmus dieser Bewegung ist uns eigen und nur uns selbst wirklich bekannt. Die Art und Weise, wie dabei Entwicklung geschieht und von uns selbst gestaltet wird, hängt auch davon ab, welches grundsätzliche Verhältnis wir zum Thema Veränderung haben. Manche fühlen sich am wohlsten, wenn die Dinge so bleiben, wie sie sind, andere lieben unerwartete Wechsel. Die meisten Menschen haben eine implizite Theorie darüber, wie Veränderung zustande kommt. Während die einen davon überzeugt sind, dass Veränderungen immer im eigenen Inneren beginnen und sich dann als Ereignisse im Außen manifestieren, gehen die anderen davon aus, dass Veränderungen fast immer reaktiv ist, d. h. eine Reaktion auf von außen beeinflusste und in Gang gesetzte Veränderungen. Wie ist es für Sie? Nehmen Sie Veränderung als von außen auf Sie zukommend wahr oder eher als selbst gestaltet? Manche Erfahrungen lösen stärkere Veränderungen aus als andere. Selbst gestalteten Veränderungen geht in der Regel eine Phase der Innenschau voraus, manchmal sogar eine Erinnerung an unser eigentliches Ich, unsere Träume, Sehnsüchte oder Vorlieben. Auf unserem Weg als Führungskraft begegnen wir vielen Veränderungen, denen, die wie selbst in Gang setzen, und denen, die uns unerwartet treffen. Nicht jede Veränderung, die wir erleben, fordert von uns, dass wir uns grundsätzliche Lebensfragen stellen. Der entscheidende Moment jedoch ist, wenn wie merken, dass ein Ereignis an den Grundfesten unserer Identität rüttelt, deren wir uns ohne viel Zweifel so sicher waren. Dann ist es Zeit uns zu fragen, wie wir mit Veränderung umgehen, was unser Muster ist, Erfahrungen zu integrieren und zu transzendieren. Diese nächste „archäologische" Suche nach der Art, wie wir uns selbst und die Welt in der Veränderung wahrnehmen, wird uns im nächsten Kapitel beschäftigen.

2.15 Ein Blick in die Praxis: Dr. Mariana Bozesan, Gründerin und Aufsichtsrätin der AQAL AG, Vorstand der AQAL Foundation und Geschäftsführende Gesellschafterin der AQAL Capital

Dr. Bozesan ist erfolgreiche Investorin, Mehrfach-Unternehmerin, Wissenschaftlerin, Futuristin, Philanthropin, und Autorin. Sie ist die führende Autorität des integralen Nachhaltigkeitsinvestments und Erfinderin des Theta Investmentmodells, um traditionelle Investmentkriterien mit sozialen, kulturellen und Umwelt-Kriterien in einer ganzheitlichen Weise zu integrieren und die künstliche Trennung zwischen Menschen, Erde und finanzieller Rendite aufzuheben. Seit 2013 ist sie internationales Vollmitglied des renommierten Club of Rome in 2013. Ob sie als Nachhaltigkeitsberaterin von deutschen, holländischen, amerikanischen oder chinesischen Regierungsorganisationen fungiert oder an wichtigen Konferenzen wie RIO + 20 aktiv mitwirkt, sie setzt sich immer für die Implementierung von integralem Denken mit nachhaltiger Wirkung in Gesellschaft, Finanz- und Businesswelt ein. Dr. Bozesan unterstützt mehr als 38 philanthropische Organisationen und gründete mehrere Unternehmen und Investmentgesellschaften wie z. B. AQAL Capital, AQAL AG, und die AQAL Foundation. Sie ist Diplom-Informatikerin (KIT und Stanford) und promovierte Psychologin (Ph.D. von Sofia University, Palo Alto).

Wenn Sie zurückblicken auf Ihren Weg als Mensch und als Führungskraft, welchen roten Faden erkennen Sie? Was hat Sie geleitet?
Der rote Faden für mich im Leben wird ganz eindeutig durch die integrale Theorie beschrieben und zwar angefangen von Ken Wilber über Habermas, Jean Gebser, Kant, Schopenhauer, Plotinus bis Nagarjuna wunderbar dargelegt. Es ist die Evolution des Bewusstseins mit dem Fortbestand der Seele als das verbindende Glied zwischen der Nicht-Dualität und der Dualität unserer Welt. Erst durch den Zugang zur nicht-dualen

Realität, als die Quelle des Universums *vor* dem Big Bang, wird uns klar wie alles zusammengehört, wie das Wort Universum (= ein Vers/Lied) es bereits sagt. Wenn wir nur in der Dualität leben und den größeren Zusammenhang vergessen, dann trennen wir, je nach Bewusstseinsniveau, ständig alles in Gut und Böse, Tag und Nacht, entweder oder. Aus dieser Dualität kann Wunderbares entstehen wie der Space Shuttle, die moderne Medizin, der iPhone, oder die Gleichberechtigung, aber auch, wie es unsere Menschheitsgeschichte beweist, ganz viel Unsinn, furchtbares Leid, bis hin zur Zerstörung unserer Lebensgrundlage, wie der menschengemachte Klimawandel, entstehen. Als Mensch und Führungskraft ist mein roter Faden dadurch gegeben, dass ich durch intensive Persönlichkeitsentwicklung an dieser Evolution bewusst partizipiere. Heute ist Persönlichkeitsentwicklung in aller Munde und man spricht von Mindfulness, aber das ist viel zu wenig. Ich bin ein richtiger Seminarjunkie geworden und habe seit drei Jahrzehnten intensiv mit den weltbesten Lehrern studiert und mich weiterentwickelt. Diese Arbeit hat natürlich auch das beeinflusst, was ich beruflich getan habe und tue. Daraus entstand auch das Theta Investmentmodell, um traditionelle Investmentkriterien mit sozialen, kulturellen und Umwelt-Kriterien in einer ganzheitlichen Weise zu integrieren und die künstliche Trennung zwischen Menschen, Erde und finanzieller Rendite aufzuheben. Damit kann man von Anfang an integral nachhaltige Unternehmen aufbauen und nicht erst wenn sie an die Börse gehen dafür zu sorgen, dass sie grüne genug angestrichen sind, um eine gute Bewertung zu bekommen.

Gibt es irgendeine Erinnerung an Ihre Jugendzeit, die Sie auf irgendeine Weise mit ihrem heutigen Engagement in Verbindung bringen?

Da gibt es verschiedene Stränge, die alle zusammengehören. Ich kann mich erinnern, dass ich eine Zeit lang als Studentin dauernd Magenschmerzen hatte. Ich wusste nicht warum, weil mein Informatikstudium sehr viel Spaß machte. Die Ärzte haben mir Antisäuremittel gegeben, dir nur kurz gewirkt haben. Also ganz wie üblich Symptombehandlung statt Ursachenbehandlung. Ich habe mich dann in einem Buchladen zum Thema schlau gemacht und bin auf autogenes Training gestoßen. Das habe ich angefangen und plötzlich waren meine Magenschmerzen weg und sind nie wiedergekommen. Damit fing meine Reise nach innen an. Ich war immer Autodidakt. Ich habe enorm viel gelesen und dann auch eine Sendung mit dem Dalai Lama gesehen mit dem ich mich sofort verbunden fühlte. Als Physikerin weiß man ja, dass es im Universum noch etwas anderes gibt, eine andere Dimension, die wir nicht normal erfassen können. Später habe ich dann auch mit dem Dalai Lama selbst studiert und etliche andere weise Menschen kennen gelernt wie Al Gore, Edgar Mitchell, Deepak Chopra, Tony Robbins, Neale Donald Walsh, und Ken Wilber.

Während des Studiums bekam ich ein Buch in die Finger: *Die Macht des Unterbewusstseins* von Joseph Murphy, das einen enormen Einfluss auf mich hatte. Ich habe dann alle Bücher gelesen, die er geschrieben hat und ich kann mich daran erinnern, dass ich meiner Mutter sagte, der Mann hat recht, wenn er nur nicht von Gott sprechen würde. Für mich war Gott damals ein Schimpfwort. Ich bin als Atheistin in Rumänien in einem kommunistischen Umfeld aufgewachsen und stehe bis heute der organisierten Religion sehr

kritisch gegenüber. Die haben zwar sehr viel Gutes aber auch sehr viel Schlechtes zu ver-
antworten. Daher hatte ich Gott mit Kirche gleichgesetzt und somit „das Baby mit dem
Badewasser ausgeschüttet." Erst später erkannte ich die Bedeutung des eigenen Inneren,
des Bei-sich-zu-Hause-Seins, der Verbindung zum Ursprung was das Wort Religion eigentlich bedeutet aber das von Menschen ordentlich missbraucht wurde und wird. Das-
selbe gilt für jede Ideologie, wie z. B. der Marxismus mit dem ich aufgewachsen bin. Von
der Ideologie her finde ich Marxismus noch immer sagenhaft, nur ist schade, was Menschen daraus gemacht haben, weil sie noch nicht das Bewusstsein dafür hatten seine Philosophie umzusetzen. Aber kollektiv bewegen wir uns schon in diese Richtung, auch wenn
der Weg sehr steinig ist, wie wir es an der EU feststellen können. Als Kind haben mich die
Ideen der Gleichberechtigung, des Sozialstaates, und der freien Bildung, die ich in Rumänien auch tatsächlich erlebt habe, bis heute sehr begleitet. Meine Mutter war immer eine
emanzipierte Frau, wie sehr Westdeutschland diesbezüglich zurück war, habe ich erst gemerkt, als ich mit 16 Jahren nach Deutschland gezogen bin. Und dann kam der Studien-
austausch mit Stanford und Silicon Valley, die mein Leben nicht nur beruflich, sondern
auch in meinen philanthropischen Aktivitäten entscheidend prägten.

Das Engagement für eine gesellschaftliche Verantwortung: wann fing es an? Was hat es
befördert?

Mein Engagement für eine gesellschaftliche Verantwortung hat durch unsere Ausreise
aus Rumänien, die durch die Deutschstämmigkeit meiner Mutter möglich wurde, angefangen. Unmittelbar danach fingen meine Eltern und ich an Entwicklungshilfe zu leisten und
überall zu helfen wo wir nur konnten. Wie allgemein bekannt ist, gehörte Rumänien zu
den ärmsten Ländern in Europa, also gab es viel zu tun. Inzwischen haben wir weltweit
von China bis Afrika sehr viele Kinder und Jugendliche unterstützt z. B. ein Studium oder
Beruf zu absolvieren, vielen Frauen geholfen finanziell unabhängig zu werden, und viele
Bildungsstätten mit Computern und Büchern ausgestattet. Von unserer Umweltschutztä-
tigkeit ganz zu schweigen.

Aber die bewusste Integration zwischen Philanthropie und unseren Investmenttätig-
keiten geschah erst vor 15 Jahren. Ich bin seit 20 Jahren erfolgreiche Investorin mit einem
Konzept, das traditionelle Investitionen (Profit) mit Umweltkriterien (Planet) und sozialen
Aspekten (People) zusammenbringt. Man spricht in diesem Zusammenhang von Triple
Bottom Line, oder der Integration von People, Planet und Profit-Kriterien in der
Cash-Flow-Betrachtung. Ich investiere nur in HighTech und CleanTech Unternehmen, die
auch eine Triple Bottom Line nachweisen können, also integral-nachhaltig sind. Aber der
Entschluss dazu kam nach einer langen Karriere in der amerikanischen Unternehmens-
welt. Ich habe bei dem global zweitgrößten Computerhersteller gearbeitet und gesehen
wie ein Unternehmen wegen schlechter Führung in den Konkurs geht. Bei einem großen
Software-Unternehmen, für das ich auch von Deutschland aus gearbeitet habe, musste ich
erleben, wie die Kultur des so typischen Haifischbeckens zwar zu Innovationen führte,
aber die Führungskräfte sich gegenseitig das Wasser abgegraben haben. Viele waren ver-
bittert und hatten kein Vertrauen mehr zueinander. Irgendwann hat mir das dann nicht
mehr gefallen, und mein Mann und ich haben angefangen selbst zu investieren und wir

haben die erste deutsche Internetfirma gegründet, die dann an die Börse gegangen ist. Dabei haben wir gelernt, was Erfolg ausmacht im Sinne von ganzheitlichem Erfolg. Denn es sind ja immer die Menschen, die etwas zum Erfolg führen oder nicht.

Wir waren also auf einer sehr starken Erfolgswelle, aber dann stellt sich irgendwann die Frage, ob das alles ist, denn echte Freude hatten wir durch die Arbeit mit Menschen und Innovation empfunden. Also lag die Integration unserer philanthropischen Aktivitäten mit dem Investieren und Firmenaufbauen nahe. Deswegen haben wir unser Leben sehr vereinfacht und fokussieren seit Jahren auf den von uns speziell entwickelten ganzheitlichen Investitionsansatz. Wir investieren nicht einfach, sondern werden Partner der Unternehmer, die wir dann auch begleiten. Aus meiner Sicht müssen Investoren verstehen, dass die finanzielle Nachhaltigkeit genauso wichtig ist wie die soziale oder gesellschaftliche positive Wirkung, alles gehört zusammen. Seit einigen Jahren machen wir diesen Ansatz weiter bekannt und stoßen damit natürlich auch eine Diskussion zum Thema an. Ich habe mich entschlossen, das Investitionsmodell nach draußen zu bringen, weil ganz viele Investoren auf mich zukamen. Sie haben danach gefragt, weil es evolutionstheoretisch fundiert ist und auf das Bewusstsein der Menschen abzielt. Unsere Hoffnung ist, dass Menschen, wenn sie sehen, dass sie mehr Geld verdienen können, eher bereit sind, auch auf gesellschaftliche Wirkung zu achten und soziale und Umweltaspekte mit zu berücksichtigen. Mit Investitionsrendite zieht man die Aufmerksamkeit an.

Auf dem Weg in ein mehr verantwortliches Wirtschaften, welche Hürden mussten Sie überwinden – innerlich und/oder äußerlich? Wie reagieren die Leute?

Es gibt ganz eindeutig zwei Fronten. Auf der einen Seite steht die traditionelle Front der Investoren und der Wirtschaft, die ganz klar nur auf die Rendite achtet. Für die sind wir Träumer. Auf der anderen Seite stehen die, denen nur die gesellschaftliche Wirkung *oder* die Umwelt wichtig ist. Auch hier sieht man deren Uneinigkeit, als ob die Umwelt wichtiger als das Soziale ist oder umgekehrt. Für die sind wir Kapitalisten. Wir empfinden das alles als recht myopisch um nicht zu sagen schizophren. Weil wir uns für die Integration all dieser Aspekte einsetzen, bewegen wir uns zwischen allen Fronten und das ist nicht immer einfach. Ich erlebe viele Leute als unflexibel, manchmal sitzen sie lieber auf ihrem Bargeld als sinnvoll zu investieren. Die wiederum, bei denen gesellschaftliche Wirkung ganz oben steht, limitieren ihre Investitionen, sie gehen nicht weit genug und begrenzen damit letztlich ihre Wirkung oder fahren Defizite ein. Ein Umdenken aus beiden Richtungen ist sicherlich noch ein weiter Weg, aber man hat bereits große Schritte gemacht und über 30 % aller Investments weltweit finden bereits mit Triple Bottom Line Kriterien (People, Planet, Profit) statt. Wir wollen unseren eigenen Beitrag dazu leisten.

Was würden Sie Menschen/Führungskräften raten, die am Anfang einer Veränderung stehen zu einem möglichen Engagement für eine bessere Welt?

Ich würde Führungskräften, die sich aufmachen zu verantwortlichem Handeln raten, dass sie alle die damit verbundenen inneren und äußeren Prozesse ernst nehmen. Wenn man so eine Reise antritt, dann gibt es immer wieder Rückschläge und Angst, die Welt antwortet nicht so ohne weiteres auf die eigenen neuen Ideen, die man hat, oder den neuen Beitrag, den man leisten will. Man muss also bereit sein, sich auf das größte Abenteuer im

Leben einzulassen. In zwei meiner Bücher *Diet for a New Life* und *The Making of a Consciousness Leader* beschreibe ich solche Prozesse der ganzheitlichen Transformation. Die größten Hürden sind aber nicht Außen, sondern im eigenen Inneren vorzufinden. Denn die größte Gefahr ist ein falsches Ego, das einen im Namen von Umwelt, Sozialem oder Profit bis zur Selbstzerstörung treiben kann. Das rechtzeitig zu erkennen kann den Unterschied zwischen Glück und Unglück, Gesundheit und Krankheit, oder Lebensfreude und Depression bedeuten. Deswegen würde ich ihnen raten, sich nach hervorragenden Lehrern umzusehen – ich nannte vorhin einige von meinen eigenen Mentoren – und sich auf die wunderbare Reise nach dem Sinn des eigenen Lebens zu begeben. Dabei sollte man sehr vorsichtig in der Auswahl von Lehrern sein, damit man nicht auf selbst proklamierte Lehrer hereinfällt. Auch sollte man auf der Hut sein und rechtzeitig erkennen ob der Lehrer selbst ein großes Ego hat und, falls nötig, weiterziehen. Zudem würde diesen Managern raten, wenn sie bestimmte innere Entdeckungen gemacht haben, nicht sofort zu versuchen zu missionieren, dann wenden sich die Leute von einem ab. Für mein Buch, *The Making of a Consciousness Leader,* habe ich namhafte Führungspersönlichkeiten interviewt, die allesamt irgendwann komplett ausgestiegen sind und viele Jahre in der Abgeschiedenheit verbracht haben nur um anschließend mit viel Kraft zurückzukommen und großartige Veränderungen zu bewirken. Daher sollte man erkennen, dass alle Erfahrungen, die man gemacht hat, wichtig sind – einschließlich der Management-Erfahrungen. Dann erst ergibt sich dazu eine Palette über die Phasen des Lebens hinweg und man sieht, dass diese Entwicklungen dazugehören. Man muss das Leben als Rad betrachten, das rund laufen muss. Wenn die Dinge außer Balance sind, holt einen das früher oder später ein. Das ist der Rat, den ich den Leuten geben würde, dass sie dafür sorgen, dass das Rad des Lebens sich rund dreht. Man hat immer zu bestimmten Zeiten unterschiedliche Fokusse, aber insgesamt muss es über die Zeit eine Balance geben. Das Leben ist eben multidimensional und das ist das Schöne.

2.16   Ein Blick in die Theorie: Partner der Evolution werden

Der chilenische Neurobiologe Humberto Maturana entwickelte zusammen mit dem Biologen Francesco Varela eine Theorie der Selbstorganisation, der Autopoiesis als einem zentralen Merkmal aller Lebewesen auf dieser Welt (Maturana und Varela 2009). Sie beschrieben, dass Lebewesen ebenso wie alle Komponenten, aus denen sie bestehen, nie fertig sind, dass sie sich sozusagen ununterbrochen selbst herstellen – ein Prozess, der nie aufhört, solange sie lebendig sind. Dieser Prozess des Werdens, der Selbst-Kreierung findet nicht unabhängig von allem anderen, was sie umgibt, statt, sondern ist sichtbar oder unsichtbar verflochten mit der ständigen Selbstkonstruktion aller anderen Lebewesen. Jede Transformation hat Auswirkungen auf die Transformation aller anderen und umgekehrt. Ein unendlich komplexer Prozess der Ko-Kreation findet statt, den wir nur deshalb nicht bewusst wahrnehmen, weil wir physisch getrennt sind von anderen Lebewesen. Aus einer anderen Perspektive betrachtet, z. B. von einem anderen Planeten aus, ist diese physische Unabhängigkeit jedoch nicht relevant. Genauso wie wir zwar wissen, dass unsere inneren Organe eine gewisse physische Abgrenzung voneinander haben und dennoch völlig miteinander verflochten sind in ihrem Zustand und ihrer Entwicklung, würde dies aus einer fernen Perspektive auch für unseren Planeten als Ganzes gelten. Ein unübersichtliches Netzwerk wie ein riesengroßes Lebewesen kreiert sich selbst in einem nicht endenden Prozess von ineinander verflochtener Wechselwirkung.

Einer der bahnbrechenden Aspekte Arbeit des Biologen Varela ist die Systemtheorie der Kognition. Darin beschreibt er die Verbindung von Wahrnehmung, Erkenntnis und Handeln als etwas, das nicht auf Menschen und ihre geistigen Fähigkeiten allein beschränkt ist, sondern das Grundprinzip des Lebens darstellt. Danach gehören Geist und Materie viel stärker zusammen, als wir gemeinhin denken. Sie sind nicht zwei unterschiedliche Kategorien, sondern zwei Seiten derselben Sache – nämlich der Art und Weise, wie Leben entsteht und sich fortsetzt. Sie sind untrennbar miteinander verbunden auf allen Ebenen der Lebensentwicklung, von der einfachsten Zelle hin zum komplexen entwickelten Gehirn. Wahrnehmung ist dabei nicht mehr länger die Aufnahme von Informationen aus der Umwelt, denn nach Varelas Theorie gibt es diese Außenwelt nicht unabhängig davon, dass wir sie wahrnehmen. Sie ist sozusagen ein Produkt unserer Wahrnehmung. Die Welt – und der Mensch als Teil davon – entsteht in sich unendlich fortsetzenden Feedbackschleifen. Wahrnehmung lässt die Welt entstehen und diese setzt einen Rahmen für Wahrnehmung.

Den eigenen Weg als Führungskraft aus diesem Blickwinkel heraus zu betrachten, ist eine intellektuelle Herausforderung, da der Gedanke uns nicht nur in seiner Komplexität überwältigt, sondern auch dem widerspricht, was wir gelernt haben. Wir nehmen uns in der Regel als relativ unabhängig agierendes Subjekt in einer Welt wahr, die existiert und auf die wir sowohl reagieren als auch einwirken. Uns und die Welt zu sehen als ein unendlich verzweigtes Netzwerk von Feedbackschleifen, die alle aufeinander Einfluss haben, würde uns verwirren und handlungsunfähig machen. Dennoch ist es einen Versuch wert, einen kleinen Schritt in genau diese Richtung zu gehen. Denn die Welt, die in Unternehmen gerne auch als VUCA-Welt bezeichnet wird, ist ja genauso komplex, ineinander verflochten und voneinander beeinflusst.

Der Begriff entstand in den neunziger Jahren und hat seitdem in strategische Führungskonzepte Einzug gehalten, wurde aber insbesondere im Zuge der zunehmenden Auswirkungen der Globalisierung vermehrt verwendet. VUCA steht für die englischen Begriffe „volatile, uncertain, complex, ambiguous", auf Deutsch „unvorhersehbar, unsicher, komplex und uneindeutig". Viele Geschäftsberichte oder Nachhaltigkeitsberichte großer Unternehmen beziehen sich auf diese wachsende Komplexität und Unplanbarkeit. Wird die Welt also komplexer, weil wir sie komplexer wahrnehmen? Und wie managt man darin die eigene Veränderung?

In der Kognitionstheorie von Varela gibt es zwei grundsätzlich unterschiedliche Formen von Wandel. Die eine ist der zyklische Wandel, der die ständige Veränderung eines Systems beschreibt, die notwendig ist, damit dieses System überlebt. Er ist notwendig für die Stabilität des jeweiligen lebenden Systems und charakterisiert durch Lernfähigkeit und

Anpassungsfähigkeit. Die andere Form ist ein struktureller Wandel. Ein lebendiges System reagiert auf Einwirkungen mit der Veränderung seiner Struktur. Dies ist notwendig für die Resilienz eines Systems und charakterisiert durch Veränderungsbereitschaft und Flexibilität. Beide Formen von Wandel gelten für uns als Menschen ebenso wie für andere lebende Systeme. Sie gelten aber ebenso für kollektive Systeme – für Organisationen, Städte oder Staaten.

Diese Ideen auf unseren eigenen Weg als Führungskraft auf der Suche nach Führung mit Sinn anzuwenden, lässt uns erkennen, dass wir mit beiden Formen des Wandels ständig zu tun haben. Wir halten unsere Identität aufrecht und ebenso verändern wir sie auf der Basis unserer Lebenserfahrung. Zugleich wissen wir, dass wir nur ein Akteur in einem unübersichtlichen Netzwerk sind, eingebettet in die Feedbackschleifen, die uns erreichen. Wir können aus der Dynamik nicht aussteigen. Die Frage ist nur, wie wir lernen, zumindest etwas bewusster zu beobachten, wie wir in diesem Netz agieren. Wenn das gelingt, werden wir Partner der Evolution.

2.17 Momente der Reflexion: Die eigene Vitalität beobachten

Was gemessen wird, kann sich verbessern: Im Kontext von Unternehmen wird oft nur ernst genommen, was gemessen werden kann. Zahlen, Daten, Fakten sind das, was am meisten zählt und Erfolg hat, wer zahlenmäßig in welcher Form auch immer einen Anstieg nachweisen kann.

Auf der Suche nach Führung mit Sinn mag uns diese Zahlengetriebenheit unsinnig und unwichtig erscheinen – es sei denn, wir verwandeln sie in etwas, das uns auf unserem Weg nützt. Wir brauchen für unsere Suche nach Führung mit Sinn Vitalität – sie erhöht unsere Resilienz und unsere Fähigkeit, mit Veränderungen umzugehen. Sie bringt uns näher zu uns selbst und stärkt uns, wie wir sind. Sie drückt sich nicht zuletzt in heiterer Gelassenheit gegenüber dem Leben ebenso aus wie in dem Drang, etwas in der Welt zu bewegen. Wenn wir über ausreichend Energie verfügen, bewegen wir uns anders in der Welt, wir vertrauen dem Leben und uns selbst – ein wichtiger Baustein auf der Suche nach Führung mit Sinn.

Deswegen ist es wichtig, den Verlauf unserer physischen und psychischen Vitalität zu beobachten. Was gibt uns im Alltag Energie? Was entzieht uns Energie? Was macht uns glücklich? Was ernährt unsere Seele?

So funktioniert es

Wählen Sie einen Messbereich, z. B. eine Skala von Zahlen von eins bis zehn. Eins würde dafür stehen, dass Sie sich energielos fühlen (egal ob physisch oder psychisch) und zehn dafür, dass Sie sich angefüllt fühlen von Vitalität, Glück, Gelassenheit und dem Gefühl, genau jetzt genau hier am richtigen Platz zu sein und das Richtige zu tun.

Nehmen Sie sich einen Kalender, in den Sie Ihren Energiezustand eintragen können (im Smartphone, im Tablet, im Computer oder handschriftlich). Jeden Abend, kurz bevor

Sie zu Bett gehen (oder wenn Sie es vergessen, rückblickend am nächsten Tag), tragen Sie eine Zahl ein zwischen eins und zehn. Mit etwas Übung werden Sie schnell ein Gefühl dafür bekommen, welche Zahl angemessen ist. Manchmal ist diese Zahl ein Durchschnittswert, weil Ihr Energiezustand über den Tag hinweg schwankt, nehmen Sie dann diesen Durchschnitt oder die Zahl, die nach Ihrem subjektiven Gefühl den Tag angemessen beschreibt.

Notieren Sie Ihren Energiezustand konsequent einen Monat lang (sollten Sie es einmal ein paar Tage vergessen, kein Problem: Blicken Sie auf die Tage zurück und geben Sie die Zahl rückwirkend ein). Sie werden merken, wie sich Ihre Wahrnehmung verändert. Das Messen schärft die Aufmerksamkeit darauf, was Ihnen Energie gibt und was Ihnen Energie raubt. Wenn Sie gerne schreiben, machen Sie sich zu den Erkenntnissen Notizen oder finden Sie irgendeinen anderen Weg, diese Erkenntnisse festzuhalten. Handeln Sie nach diesen Erkenntnissen!

Wenn Sie wollen, setzen Sie das Messen Ihres Energiezustandes fort – es hat einen enormen Einfluss darauf, wie Sie Ihre Zukunft gestalten. Zum Beispiel eröffnen sich folgende Möglichkeiten (dabei sind Ihrer Kreativität keine Grenzen gesetzt):

- Sie fangen an, Ihre Tagesplanung bewusster danach auszurichten, was Ihnen Energie gibt. Das heißt, Sie fokussieren zum einen mehr auf das, was Ihnen jenseits aller To-do-Listen das Gefühl gibt, einen sinnvollen Beitrag geleistet zu haben, zum anderen auf das, was Sie glücklich macht (menschliche Begegnung, Sport, Natur, Musik oder anderes).
- Sie fragen sich, welchen durchschnittlichen Energiezustand Sie eigentlich haben möchten, um Ihr privates und professionelles Leben sinnvoll voranzubringen. Das heißt, Sie fangen an, sich Ziele zu setzen. Zum Beispiel definieren Sie eine Zahl, die Sie durchschnittlich erreichen wollen.
- Und schon ändert sich Ihre Tagesplanung. Nun fokussieren Sie noch mehr darauf, das zu tun, was Ihnen Energie gibt, und das weitgehend zu vermeiden, was Ihnen Energie entzieht.

Nach einigen Monaten werden Sie merken, wie Sie ganz sachte Ihr Leben verändert haben.

2.18   Wie wäre eine Führungskraft, wenn ich ihr folgen würde

Nehmen Sie sich etwas Zeit, suchen Sie einen ruhigen und ungestörten Moment und begeben Sie sich an einen Ort, der Ihnen gut tut.

Versetzen Sie sich in eine Situation, in der nicht Sie selbst Führungskraft sind, sondern in einer Sache, einer Organisation, zu einem Thema oder im Privatleben von einer anderen Person geführt werden, die vielleicht mehr Wissen, mehr Erfahrung, eine wichtige Position oder eine besondere Überzeugungskraft hat. Schießen Sie dabei Notfallsituationen aus. Stellen Sie sich dann die folgende Frage:

- *Wie müsste diese Person sein, führen und handeln, damit ich ihr bereitwillig folge (nicht für immer, aber in dieser Situation oder eine Zeit lang)?*

Schreiben Sie Ihre Antwort auf. Lassen Sie die Notizen eine Weile liegen. Sie können Sie ergänzen, wann immer Ihnen etwas dazu einfällt. Achten Sie besonders auf das, was Ihnen beim Führungshandeln dieser Person Energie gibt.

Nehmen Sie sich dann Ihre Notizen, ziehen daraus die fünf Aspekte, die Ihnen besonders wichtig sind, und schreiben Sie sich diese Aspekte auf eine kleine Karte, die Sie an die Wand hängen, in Ihrer Brieftasche unterbringen oder irgendwo so platzieren, dass Sie immer wieder darauf aufmerksam werden. Machen Sie diese fünf Aspekte zu einem Leitmotiv dafür, wie Sie andere Menschen führen möchten.

2.19 Die Geschichte der eigenen Stimme rekonstruieren

Schaffen Sie für sich eine Möglichkeit, sich sowohl in bewusst gewählten Zeiten der Reflexion als auch im Alltag Notizen machen zu können. Dies kann eine eigene Rubrik im Smartphone oder im Computer sein, ein Notizheft oder ein Stapel Karten, die Sie in Ihrer Brieftasche unterbringen können.

Starten Sie damit, dass Sie sich folgende Fragen notieren:

- Wie hat sich meine Stimme entwickelt?
- Wie bringe ich meine Werte ebenso wie meine Träume zum Ausdruck?
- Wie habe ich früher dafür gesorgt, dass ich gehört werde? Wir sorge ich jetzt dafür?
- Was hat mich daran gehindert, gehört zu werden?

Tragen Sie diese Fragen eine Weile mit sich herum, ohne sie sofort und in aller Vollständigkeit zu beantworten. Immer wenn Ihnen dazu etwas einfällt, machen Sie sich eine kurze Notiz. Sehen Sie sich nach einigen Tagen oder einigen Wochen Ihre Notizen an und überlegen Sie sich, was der nächste Schritt dahin sein könnte, dass Sie wirklich sich selbst und das, was Ihnen wichtig ist, zum Ausdruck und in diese Welt bringen.

Die Entwicklung der eigenen Stimme als Metapher dafür, wie wir unser Potenzial in die Welt bringen, ist so verschieden, wie Menschen verschieden sind. Manche fangen bei einem Rückblick auf ihre Ursprungsfamilie an und überlegen, wie sie sich damals einbringen konnten. Für andere hat die Geschichte der Stimme mit Musik, Sprechen oder Malen zu tun.

Als Anregung hier ein kleiner Einblick in die Geschichte meiner Stimme: Ich habe als Kind früh gelernt, Klavier zu spielen, aber nicht gerne geübt – das habe ich immer auf das Nötigste beschränkt. Am meisten Spaß hat es mir gemacht, kleine Stücke zu komponieren, am liebsten nur auf den schwarzen Tasten. Diese Stücke habe ich „chinesische Musik" genannt. Manchmal, wenn ich meine Stücke spielte, kamen meine Eltern ins Zimmer und haben mich angehalten, nun doch einmal „vernünftige Stücke" zu üben. Das hat dazu geführt, dass ich „meine"

Musik immer nur gespielt habe, wenn niemand im Haus war. Erst einige Jahrzehnte später begann ich, mir Gedanken darüber zu machen, wie wichtig es war, dass ich anfing, wirklich „meine" Musik zu spielen – d. h. im übertragenen Sinne das Kreative zu tun, was mir wirklich wichtig war.

Literatur

Maturana, H. R., & Varela, F. J. (2009). *Der Baum der Erkenntnis: Die biologischen Wurzeln menschlichen Erkennens.* Frankfurt a. M.: Fischer.

Weiterführende Literatur

Cowden, P. D. (2013). *Neustart – Das Ende der Wirtschaft, wie wir sie kennen. Ab jetzt zählt der Mensch!* München: Ariston.
Happich, G. (2014). *Was wirklich zählt! Leistung, Leidenschaft und Leichtigkeit für Top-Führungskräfte.* Wiesbaden: Springer Gabler.
Kuenkel, P., & Grün, A. (2018). Co-creation for sustainability as a societal learning journey. In U. Azeiteiro, M. Akerman, F. W. Leal, A. Setti & L. Brandli (Hrsg.), *Lifelong learning and education in healthy and sustainable cities. World sustainability series* (S. 377–393). Cham: Springer.
Laloux, F. (2015). *Reinventing Organizations: Ein Leitfaden zur Gestaltung sinnstiftender Formen der Zusammenarbeit.* München: Vahlen.
Sharma, R. (2015). *Die geheimen Briefe des Mönchs, der seinen Ferrari verkaufte: Eine Parabel vom Suchen und Finden.* München: Knaur.

Kapitel 3: Kohärenz – Macht und Veränderung verstehen

3

Zusammenfassung

Das dritte Kapitel widmet sich dem Blick auf unseren Umgang mit Veränderung und unserem Verhältnis zu Macht und Einfluss. Manche Veränderungen führen wir bewusst herbei, andere erleben wir, ohne viel Einfluss zu haben. Veränderungen bewusster wahrzunehmen hilft uns, nicht in reaktive Muster zu verfallen, sondern sie proaktiver zu gestalten. Unsere Beziehung zu Macht und Einfluss zu verstehen, ermöglicht es uns, Zukunft sinnvoll und verantwortlicher zu gestalten.

Der Umgang mit Veränderung gestaltet sich für jeden Menschen anders. Unseren eigenen Rhythmus von Veränderung zu erkennen und zu verstehen, ist ein wichtiger Baustein dafür, unseren Führungsbeitrag für eine nachhaltige Zukunft neu zu definieren. Wenn wir unser eigenes Muster zwischen Stabilität und Instabilität erkannt haben, ist es leichter, Erfahrungen in unsere sich kontinuierlich verändernde Identität zu integrieren. Wie in Kap. 1 ausgeführt, dienen dabei Fragen an uns selbst oft als Katalysator für selbst gestaltete Veränderung. Aber auch Enttäuschung – ein unvermeidbarer Aspekt unserer Entwicklung als Führungskraft – kann zu einem positiven Anlass für Veränderung werden. Wir können Krisen zu Chancen machen. Wie wir Erfahrungen des Scheiterns und der Machtlosigkeit integrieren und umdefinieren, hat einen enormen Einfluss auf die Art und Weise, wie wir lernen, konstruktiv mit unserer Selbstwirksamkeit umzugehen – und damit mit Macht und Einfluss. Dazu gehört Empathie für die eigenen Begrenzungen ebenso wie für die von anderen. Auf unserem Weg als Führungskraft können wir die Verführung durch Macht nicht umgehen, denn Macht haben bedeutet, Einfluss zu nehmen, und das stärkt unser Selbstwertgefühl. Was wir aber tun können, ist, besser zwischen der Verführung von *Macht* und der Erfüllung durch *Wirksamkeit* zu unterscheiden. Jede bewusste oder unbewusste Abhängigkeit von einem Machtgefühl trennt uns von unserer eigentlichen Entwicklung als Führungskraft und von unserer ursprünglichen Intention. Sie trennt uns letztlich von der Welt und von unserer Sehnsucht nach Sinn.

© Springer Fachmedien Wiesbaden GmbH, ein Teil von Springer Nature 2020
P. Künkel, *Führung mit Sinn*, https://doi.org/10.1007/978-3-658-30846-9_3

3.1   Den Wandel begrüßen

Die globalen Veränderungen wie den Klimawandel können wir nicht mehr ignorieren. Aber erst Veränderung, die uns mit uns selbst stärker in Verbindung bringt, regt uns zum Handeln an. Sie entsteht im Dialog – mit uns selbst und anderen. Eine Voraussetzung dafür ist Vertrauen – zu uns selbst, zur Welt und zu den Personen, mit denen wir im Dialog sind. Je mehr wir uns zu Hause fühlen in dem Feedbacknetzwerk des Lebens, desto größer ist unsere Chance, dass wir Erfahrungen nicht blockieren oder ausblenden, sondern nutzen. Mit Vertrauen zu uns selbst können wir Lernchancen als solche sehen und selbst den negativsten Ereignissen eine Prise Chance für Zukunft abgewinnen. Wir wissen es, auch wenn wir diesbezüglich vergesslich sind: Das Leben ist Veränderung, nichts bleibt, nichts lässt sich halten. Weder Glück noch Zufriedenheit sind von Dauer und auch schwierige Phasen enden. Wenn wir beginnen, den Rhythmus von Veränderungen bewusster wahrzunehmen, erkennen wir die Anzeichen von Wandel. Ohne wie zuvor einfach zu reagieren oder im Strom der Ereignisse mitzuschwimmen, können wir anhalten und beobachten. Diese Fähigkeit auszubauen, ist wie eine Lebensversicherung. Veränderungen, die auf uns zukommen ebenso wie die, die wir selbst in Gang setzen wollen, mit genügend Raum zum Nachdenken zu begleiten, führt dazu, dass die Qualität dieser Veränderungen zunimmt. Wir kommen in Kontakt mit einer größeren Tiefe unseres Bewusstseins. Damit verändert sich nicht nur, *was* wir tun, sondern auch *wie* wir es tun. Wir werden Partner der Veränderung – und schließlich viel bewusster Gestalter von Wandel.

Viele der Veränderungen, denen wir im Laufe unserer beruflichen Karriere begegnen, sind das Resultat von Entscheidungen, die wir treffen, um voranzukommen. Sie sind fast immer rational begründet und basieren auf der Erwartung, unsere Wirkung und unseren Einfluss voranzubringen, etwas zu erreichen oder unsere Identität auszubauen und zu bereichern. In der Kette der Ereignisse agieren und reagieren wir. Selten nehmen wir uns Zeit für einen konsolidierten Rückzug, ziehen im Stillen ein Fazit unseres Weges oder lassen Erlebnisse und Erfahrungen so lange bewusst und nicht bewertet im Raum stehen, bis sich ein Bild ergibt, das zu neuen Interpretationsvorschlägen einlädt. In unserer schnelllebigen Zeit haben wir oft nicht genug Muße, zum eigenen Beobachter zu werden. Dies ist jedoch ein wichtiger Schlüssel für unsere Zukunft.

3.2   Dem Nachdenken Struktur geben

Eine Möglichkeit ist, durch die regelmäßige Arbeit mit einem Coach eine Struktur in die eigenen Veränderungsprozesse zu bringen. Eine andere ist, mit Freunden oder dem Partner in frei gewählten Abständen über die eigene Entwicklung zu reflektieren. Eine weitere ist, sich im Kalender fest, z. B. alle zwei Monate, eine eintägige oder zweitägige Auszeit einzutragen, den Ort dafür in gesundem Abstand zur alltäglichen Hektik zu legen und diese Zeit für ein Alleinsein zu nutzen, das der eigenen Regeneration dient. Für alle drei Möglichkeiten ist wichtig, auch wenn es paradox klingt, das Abstandgewinnen mit einer Struktur zu verbinden. Beim Coach ist es die Art und Weise, wie Fragen den Denkprozess anregen und Geschichten von neuen Möglichkeiten entstehen. Beim Partner hilft es, sich gegenseitig nur eine begrenzte Anzahl von „Klageminuten" zu gewähren, anderenfalls überfordert man sich selbst und den anderen mit negativen Szenarien und Schuldzuweisungen an andere Personen oder Umstände. Nach diesen Minuten hilft es, sich gegenseitig Fragen zu stellen. Wenn man sich alleine zurückzieht, um nachzudenken, wirken das Laufen in der Natur unterstützend und das Schreiben in ein Notizbuch, sollte man Zugang dazu hat. Erkenntnisse ergeben sich fast immer aus Momenten der Stille. Selbst eine plötzliche Einsicht braucht einen vorangegangenen Atemzug.

Noch seltener sind wir gewohnt, gemeinsam mit anderen in unserem professionellen Umfeld über den Stand unserer eigenen Entwicklung zu sprechen. Oft geschieht dies eher als Klage über andere Menschen oder eine Situation, die außerhalb von uns zu sein scheint. Wir bewerten die Geschehnisse um uns herum und das Handeln von anderen gerne im Gespräch – nicht aber den Pfad der eigenen inneren Entwicklung. Schon gar nicht tun wir dies offen und vertrauensvoll in einem Kreis von Kollegen, mit denen wir gemeinsam etwas voranbringen. Die Unternehmen, die ich kenne, wissen, zumindest in der Personalabteilung, über die Bedeutung von Reflexion für die Regeneration von Führungskräften. Sie genehmigen, wenn es unumgänglich ist, einen Coach und organisieren Führungsklausuren, in denen nicht nur Strategien diskutiert und Zukunftspläne erstellt werden, sondern auch für den Zusammenhalt des Teams gesorgt wird. Aber sie sorgen nicht oder nur selten dafür, dass Fragen nach der Sinnhaftigkeit des eigenen Führungshandelns gestellt werden. Sie ermutigen keine gemeinsame Reflexion über die Rolle des Unternehmens in der Gesellschaft oder die eigene Rolle darin. Sie erlauben kaum, dass Führungskräfte sich sehr persönlich über ihren jeweiligen Weg und ihre Suche nach Sinn in ein strukturiertes gemeinsames Gespräch einbringen. Das zur Regel zu machen, ist bedauerlicherweise Zukunftsmusik. Dabei würde es nicht nur den Einzelnen, sondern auch vielen Unternehmen nützen. Denn Menschen verändern sich im Gespräch – mit anderen und mit sich selbst. Sprache und Gedanken sind unsere Begleiter in der Veränderung. Durch sie erkennen wir Sinn, re-interpretieren Geschehenes, finden neue Blickwinkel und bahnen uns einen Weg in unsere eigene Zukunft. Es sind die seltenen Gelegenheiten beispielsweise in Führungsseminaren, die wir besuchen, bei denen wir im Gespräch mit ein oder zwei anderen Personen Erkenntnisse gewinnen, die uns helfen, eingefahrene Bahnen zu verlassen, uns selbst neu zu sehen, Stärken zu entdecken oder Wege aufzutun, die uns zuvor unmöglich erschienen. Diese Gelegenheiten für einen unterstützenden inspirierenden Austausch sind ebenso wichtig, wie sich vernünftig zu ernähren. Es nicht zu tun, ist fast, als würden wir uns freiwillig auf eine Mangeldiät verpflichten, die uns wichtige Nährstoffe vorenthält. Kollektive Reflexion ist eine der am wenigsten genutzten Möglichkeiten in Unternehmen, um dafür zu sorgen, dass das eigene Bedürfnis nach sinnvollem Tun und der offizielle Zweck des Unternehmens nicht zu sehr auseinanderfallen. Die Idee alleine scheint gegenwärtig utopisch. Aber das muss sie nicht sein, auch wenn wir dabei zunächst einmal bei uns selbst anfangen müssen.

3.3   Das eigene Muster von Veränderung erkennen

Wenn Sie beginnen, ihre eigenen Muster der Veränderung ausfindig zu machen, werden Sie feststellen, dass es sehr unterschiedliche Formen von Veränderungen gibt. Manche geschehen langsam und fast unbemerkt. Erst Monate oder manchmal Jahre später merken wir, wie sehr wir uns innerlich verändert haben. Dabei mag es sich um Haltungen oder Herangehensweisen handeln, Verhalten oder Stimmungen. Manches engt uns ein oder lässt uns erstarren, anderes befreit uns oder lässt uns zumindest befreiter denken. Diese schleichenden Veränderungen bemerken wir meist plötzlich, entweder weil wir von anderen darauf angesprochen werden oder weil wir mit unserer Entwicklung an eine unsichtbare Grenze stoßen, die uns zum Nachdenken anregt. Ganz anders ist es mit den selbst gewählten Veränderungen, die sich entweder auf Veränderungen im außen beziehen – ein Karrierewechsel, eine neue Beziehung, ein Umzug, eine Reise, ein neuer Lebensfokus etc. – oder auf Veränderungen im Innern wie eine neue Haltung zum Sport, eine Verpflichtung zu Treue und die Arbeit an sich selbst. Hier erleben wir Veränderungen viel bewusster und begrüßen sie natürlich.

Als der heutige Verbandsvorsitzende Tafari als junger Mann von seinem Studium in den USA und Kanada nach Äthiopien zurückkehrte, nahm er zunächst voller Stolz einen Posten an der dortigen Universität an. Aber schon nach kurzer Zeit stellte er fest, dass der Umgang mit den Studenten nicht so stattfand, wie er sich es vorstellte. Viel zu sehr wurde frontal gelehrt, ihm fehlte es, dass Studenten zum eigenständigen Denken angeregt wurden. Stattdessen mussten sie altes, aus seiner Sicht nie hinterfragtes Wissen rezitieren und wurden nur für geradezu auswendig gelerntes Wissen positiv benotet. Trotz zahlreicher Versuche, seine eigenen Lehrveranstaltungen anders zu gestalten, merkte Tafari nach wenigen Jahren, dass er es alleine nicht schaffen würde, das System der Universität zu verändern. Deshalb lud er Freunde ein, die ähnlich dachten wie er. Sie beschlossen, den großen Sprung ins Risiko zu wagen und eine eigene kleine Management School zu gründen, die genau nach den Prinzipien arbeiten sollte, die sie für zukunftsorientiert hielten. Als ich ihn darauf ansprach, was ihn zu dieser großen und riskanten Veränderung gebracht hat, sagte er:

> Wenn ich zurückblicke darauf, wie bei mir solche großen Veränderungen entstehen, dann ist es immer, weil ich quasi eine ganze Zeit lang schon mit mir selbst geredet habe. Ich habe mich sozusagen selbst davon überzeugt, dass ich nicht nur das sein kann, was ich in dem Moment bin, sondern jemand ganz anderes. Dass meine Identität nicht durch die Umstände limitiert ist, sondern ich selbst mich in einer anderen Identität in die Zukunft projizieren kann. Dann ist es leichter, dieser Zukunft zu folgen, vor allem, wenn es eine Zukunft ist, für die mein Herz schlägt.

Wirklicher Veränderung geht ein innerer Wandel voraus, der, wie im Fall von Tafari, einem bewussten Entschluss folgt, jemand anderes sein zu wollen, um etwas zu bewirken. Oft bereitet sich diese Veränderung innerlich vor, bis wir den Zeitpunkt erkennen, an dem wir unserem Herzen folgen müssen. Aber nicht immer müssen es Strategien der Selbstüberzeugung sein. Für die Unternehmensberaterin Mandy geht einer Veränderung immer eine Begegnung mit anderen Menschen voraus. Diese Menschen werden zu einem Katalysator für das, was sie innerlich bewegt. Sie ist davon überzeugt, dass ihr Veränderungsmuster Begegnung mit Menschen voraussetzt.

> Ich nehme Veränderung wahr als eine Serie von aufeinanderfolgenden Ereignissen in der Begegnung mit anderen Menschen, die wie Katalysatoren wirken. Diese Wirkung entsteht wohl dann, wenn ich selbst dafür empfänglich bin, genau deshalb nehme ich die Begegnungen wahr, höre, was ich vielleicht zuvor nicht gehört habe, oder bemerke, was ich sonst ignoriert hätte. Aber immer sind es andere Menschen, die den Anstoß geben.

In manchen Phasen nehmen wir solche „Katalysatoren" wahr – und ignorieren sie gleichzeitig. Das geht eine Weile lang gut, bis die Zeichen der Veränderung als Aufforderung immer deutlicher werden. Häufig zeigen sie sich dann in Schwierigkeiten, Machtkämpfen, persönlichen Hürden oder Erschöpfungszuständen. Mandy beschreibt ihr Muster so:

> Oft ist es eine Unzufriedenheit mit einer Situation, die mich einerseits gefangen hält, weil ich nicht weiß, wie ich sie ändern soll, und die auf der anderen Seite plötzlich einen Resonanzboden bildet, auf dem ich anders wahrnehme. In der Regel befinde ich mich eine Weile in einer merkwürdigen Schlaufe zwischen Unzufriedenheit, Veränderungswünschen und meiner eigenen Unfähigkeit, etwas zu ändern. Ich halte das dann einfach aus, oft zu lange, bis mich irgendetwas zur Reflexion zwingt, weil die Spannung zwischen meinem inneren Veränderungsbedürfnis und den realen äußeren Umständen zu groß wird. Erst dann handele ich.

Wir verändern uns, wenn wir uns für eine Resonanz öffnen, die oft in unserer Wahrnehmung von außen kommt, die aber direkt auf unser Herz, auf unsere Sehnsüchte oder auf unsere Werte zugreift. Das Leben in der Veränderung ist so gestrickt, dass dies meistens nicht dann geschieht, wenn wir uns rundherum glücklich fühlen, sondern in Phasen von Unzufriedenheit, Erschöpfung und Irritation. Was wir zu vermeiden suchen, stellt sich dann als Tor zu unserer eigenen Weiterentwicklung heraus. Das heißt, dass wir uns häufig nicht so sehr in harmonischen Phasen verändern, sondern in Zeiten von innerer oder äußerer Instabilität – sozusagen am Rande des Chaos. Guy, der Manager, der sich eine Auszeit von seiner Top-Position genommen hat, formuliert für sich diese Erkenntnis folgendermaßen:

> Man entscheidet sich nicht einfach für die eigene Veränderung. Man wacht nicht eines Tages auf und denkt, man möchte jetzt anders sein. Für mich ist es immer etwas, was scheinbar von außen kommt, eine Anregung, ein Funke, der überspringt, etwas, das man sieht oder liest oder erlebt – im Positiven wie im Negativen. Dieser Stimulus von außen geht dann in Resonanz mit etwas, das vielleicht schon lange in mir selbst gärt hat. Vielleicht hatte ich es schon seit Ewigkeiten ignoriert, weil eben diese Resonanz nicht zustande gekommen war – und dann passiert es ganz plötzlich. Wenn das zusammenkommt, entwickelt sich ein ganz anderer Drang zur Veränderung. Auf einmal ist klar, dass ich so nicht weitermachen kann.

Diese entstehende Resonanz ist mehr als Zufall. Sie kann nur da stattfinden, wo wir innerlich vorbereitet sind, auch wenn wir es selbst bewusst nicht vorher wahrgenommen haben. Wir antworten auf etwas, das in uns schlummert, als wäre eine Erinnerung angeregt – und meistens erinnern wir uns an uns selbst, daran, wie wir wirklich sind oder sein wollen, an unsere Möglichkeiten, unser Potenzial, unsere Träume und unsere Werte. Wir erinnern uns an unsere Suche nach uns selbst. Deshalb ist Veränderung, die innerlich angebunden und wertgeschätzt ist, immer ein Zurückkommen zu uns selbst, sozusagen ein Nach-Hause-Kommen.

3.4   Kontinuität im Wandel begreifen

Veränderung in der Natur knüpft immer an etwas an, das schon da ist. Bei uns Menschen als Teil der Natur verhält es sich genauso. Die Natur garantiert Kontinuität – selbst durch Phasen von Chaos und Instabilität hindurch. Unser Kern und unser Anliegen bleiben gleich, auch wenn sie sich in der Art, wie wir sie ausgestalten, ändern. Dies zu wissen, kann sehr beruhigend sein, da es uns durch Phasen von Instabilität und Schwierigkeiten hindurch trägt. Die Erkenntnis, dass wir, wenn wir uns selbst treu bleiben, die konstruierten Schichten unserer Identität ablegen und unser Herz wieder befreien, aus jeder Krise wieder herausfinden, ist wie eine Lebensversicherung. Selbst wenn wir in schwierigen Zeiten nicht in der Lage sind, daran zu denken, ist es hilfreich, sich klarzumachen, dass wir uns nie selbst verlieren können. Das hilft uns in Krisenzeiten, zu entspannen und dabei den wichtigsten Schritt zu gehen: uns jenseits aller Veränderungswünsche zunächst einmal selbst zu akzeptieren, mit allen Beschränkungen, Eigenarten und Verhaltensmustern, die wir von uns kennen. Wenn wir Schritt für Schritt unsere eigenen Muster des Wandels aufspüren, werden wir merken, wie es uns schließlich amüsiert zu wissen, was für uns typisch ist und was wir unbemerkt von uns selbst permanent wiederholen. Uns selbst damit zu respektieren, ist ein wichtiger Schritt dahin, ein wenig an unseren Veränderungsmustern zu rücken oder sie zumindest bewusster einzusetzen. Denn einschneidende innere und äußere Veränderungen finden nicht nur im Kopf statt, sie brauchen das Herz, um erfolgreich umgesetzt zu werden.

3.5   Robustheit ist nicht gleichbedeutend mit Resilienz

Bei einer Veränderung, unabhängig davon, ob sie von außen erzwungen oder von innen gewollt ist, merken wir häufig einen schwachen oder starken Widerstand. Selbst die aktiv vorangetriebenen Veränderungen erzeugen manchmal Angst. Diejenigen, die uns notwendig erscheinen, aber überlagert sind von alten, schwerfälligen Mustern, tun es in jedem Fall. Dabei gibt es eine interessante Beziehung zwischen Robustheit und Resilienz, die uns helfen kann zu verstehen, worauf wir achten müssen. Unter Robustheit können wir unsere Fähigkeit verstehen, unsere Identität gegenüber starken Einflüssen von außen (wie

z. B. Kritik) aufrechtzuerhalten. Diese Fähigkeit ist zentral dafür, dass wir unsere professionelle Laufbahn voranbringen und nicht an jeder kleinen Hürde scheitern. Robustheit ist also das, was uns am Laufen hält, auch wenn die Umstände schwierig werden. Sie kann aber dann hinderlich werden, wenn wir beginnen, an Aspekten unserer Identität festzuhalten, die für das, was wir in Zukunft sein könnten oder werden wollen, nicht mehr hilfreich sind. Je rigider wir unsere Identität verteidigen, desto angreifbarer für ungewollten Wandel werden wir. Resilienz dagegen bedeutet, dass wir Schwierigkeiten nicht nur durchstehen, sondern sie so transzendieren, dass sie uns letztlich weiterbringen, weil wir das, was wir daraus oder dadurch über uns und die Welt lernen, in Chancen umwandeln können. Diese Fähigkeit ist die Grundlage dafür, dass wir vital bleiben und uns dem Leben gegenüber eine positive Einstellung erhalten. Unsere eigene Resilienz in Krisen und Veränderungsprozessen auszubauen, ist auf der Suche nach Führung mit Sinn eine wichtige Fähigkeit. Das Beispiel der erfolgreichen Unternehmerin Elisabeth soll dies illustrieren.

Als Elisabeth ihre Rolle als Sozialarbeiterin in den sozial schwachen Wohnvierteln in New York hinter sich gelassen hatte und mit einer steilen Kariere in die Telekommunikationsindustrie eingestiegen war, wurde ihr schnell klar, dass sie sich in der Rolle einer Mitarbeiterin nur begrenzt wohlfühlte. Sie wollte am liebsten selbst die Chefin sein und ein Unternehmen so führen, wie es ihren Vorstellungen entsprach. Als ihr der nächste Karriereschritt versagt wurde, weil sie nicht die richtigen Seilschaften im Unternehmen hatte, zog sie die Konsequenzen und gründete ihr eigenes Unternehmen in New York. Nach nur wenigen Jahren führte sie es zu internationaler Bedeutung. Sie profitierte vom Boom der sich schnell weiterentwickelnden Telekommunikationsbranche und genoss den Erfolg. Sie lebte und arbeitete quasi in der ersten Klasse von Flugzeugen, die zwischen Deutschland und den USA hin- und herflogen, bis sich in ihrem persönlichen Leben eine Veränderung ergab, die sie zwang, ihren Erfolgsweg grundsätzlich zu überdenken.

> Ich genoss meinen Status, aber vor allem genoss ich die Dynamik und den Einfluss. Zu sehen, dass das, was ich in die Hand nahm, gelang und Resonanz hatte, war ein berauschendes Gefühl. Dann wurde bei meiner Partnerin Krebs diagnostiziert und meine ganze Aufmerksamkeit war auf einmal abgezogen. Ich versuchte, diese neue Realität erst zu managen wie alles andere auch, und reduzierte meine Zeit für geschäftliche Dinge nicht. Ich wollte das Leben, das ich so genoss, nicht hergeben. Dann kam aber der Punkt, an dem dies nicht mehr funktionierte. Ich musste meine Arbeitszeiten reduzieren, weil ich nicht mehr ausreichend Kraft hatte. Ich musste mich der Realität stellen und alle meine Prioritäten verschieben. Erst Jahre später spürte ich eine tiefe Dankbarkeit darüber, dass mich die Situation dazu gezwungen hatte, in mich zu gehen, meine Prioritäten zu überprüfen und Entscheidungen für die Liebe zu treffen.

Elisabeth verkaufte ihr Unternehmen schließlich für einen Preis, der sie finanziell unabhängig machte. Es war der äußere Zwang, nicht mehr einfach weitermachen zu können, der neue Fragen in ihr angeregt hatte und sie darüber nachdenken ließ, was ihr wirklich wichtig war. Wenige Jahre später beschloss sie, nach Südafrika zu gehen und eine Organisation zu gründen, die junge Frauen aus ärmlichen Verhältnissen darin unterstützte, ihre Talente zu entwickeln und sich ein sicheres Einkommen aufzubauen.

3.6   Am Rande des Chaos lernen

Unsere Entwicklung als Führungskraft, das heißt als Gestalter von Wirklichkeit, ist manchmal ein Hindernislauf, manchmal eine leicht zu bewältigende Ebene. Wir rearrangieren sozusagen unsere Identität immer wieder neu im Austausch mit der Welt und in der Verbindung mit unseren inneren Werten, Träumen und Anliegen. Während wir weiter dazulernen, wie wir Erfahrungen integrieren können, ohne von ihnen versklavt zu werden, schreiben wir unsere eigene Geschichte in unser Gedächtnis. Je ausgeprägter unsere Resilienz ist, desto weniger halten wir an einem bestimmten Bild von uns selbst oder an bestimmten Phasen unserer Vergangenheit fest. Wir gehen versöhnlicher mit unseren Mustern des Wandels um und werden zugleich fähig, diesen Mustern nicht nur zu verfallen, sondern sie selbst zu gestalten. Damit verändert sich unsere Identität – oder eher sie erweitert sich, sie wird komplexer und birgt damit aber auch mehr Möglichkeiten in sich. Das wiederum stärkt uns darin, mit dem Leben und allem Unvorhersehbaren umzugehen. Wir lernen dazu, ob bewusst oder unbewusst. Aber es wird immer entscheidender, was unser Geist aus unseren Erfahrungen macht. Verwahren wir die schwierigen in einem verschlossenen Raum, den wir nicht zu betreten wagen? Verklären wir die guten, als wären es Königreiche, die wir mit Gewalt bewachen müssen? Oder gewinnen wir eine zunehmende Gelassenheit für das eine und das andere, ohne uns an bestimmte negative oder positive Erfahrungen klammern zu müssen?

Diese Gelassenheit ist das Rüstzeug für die Suche nach Führung mit Sinn. Denn auf dem Weg dahin, unsere Identität umzubauen und auszubauen, uns selbst treu zu werden und in der Welt einen (noch) sinnvolleren Beitrag zu leisten, brauchen wir mehr Resilienz. Zum einen benötigen wir sie, weil die Welt nicht immer positiv antworten wird, nur weil wir beschlossen haben, einen besseren Beitrag zu liefern. Zum anderen benötigen wir sie, weil wir ständig dazulernen müssen, damit uns unsere eingefahrenen Muster nicht im Weg stehen. Wir schon einmal erwähnt, es hilft, sich in Erinnerung zu rufen, dass persönliches (oft auch gesellschaftliches) Lernen oft am Rande des Chaos stattfindet – in einem nicht vorherzusehenden Wechsel zwischen stabilen und instabilen Phasen.

Je flexibler wir unsere Identität entwickeln, desto leichter fällt es uns, Erfahrungen aller Art in unsere Geschichte zu integrieren, ohne uns abschotten zu müssen. Desto mehr gelingt es uns aber auch, uns selbst in einem größeren Kontext wahrzunehmen. Je bewusster uns unsere Reise zwischen stabilen, harmonischen und instabilen, schwierigen Phasen in unserem Leben wird, desto mehr wird uns klar, dass es anderen genauso geht. Wir sind mit den Hürden des Lebens ebenso wenig alleine wie mit den Höhenflügen. Diese Erkenntnis erleichtert, denn wir nehmen dann andere Menschen anders wahr, sehen oder zumindest vermuten die Geschichten hinter gut getarnten Oberflächen. Wir können die Träume spüren, die Suche, die Sehnsucht. Das macht uns weicher, empfänglicher für menschliches

Miteinander und bereit, uns selbst und anderen unsere Unzulänglichkeiten zu verzeihen. Während wir unsere eigenen Muster des Wandels aufspüren, fangen wir an, die Muster von anderen wahrzunehmen und lernen daran. Je versöhnlicher wir mit uns selbst werden, desto mehr öffnen wir uns gegenüber den Versuchen von anderen, ihren je eigenen Weg zu finden. Wir realisieren, dass es keine geradlinigen Wege gibt, nicht für uns und nicht für andere. Auch wenn wir es in schwierigen Zeiten zu vergessen scheinen: Wir bauen unser Vertrauen darauf aus, dass selbst die Stürme des Lebens irgendwo Sinn machen. Das hilft uns, den roten Faden unserer eigenen Geschichte immer wieder ausfindig zu machen. Wir lernen, dass Harmonie, Glück und Stabilität keine Zustände sind, die wir dauerhaft aufrechterhalten oder ein für alle Mal erreichen können. Sie werden ebenso vergehen, wie wir sie immer wieder erstreben werden. Wie das Beispiel von Elisabeth zeigt, kann selbst eine zutiefst verstörende Erfahrung uns zu uns selbst und unserem roten Faden zurückbringen. Das Chaos hat immer einen Sinn. Wir tauchen daraus mit mehr Reife wieder auf. Unsere Identität wird flexibler, wir können mehr Erfahrung integrieren und mit dem Leben auf neue Weise Freundschaft schließen. Das ist eine gute Voraussetzung dafür, unsere Zukunft und unseren Beitrag zu dieser Welt neu zu gestalten. Wenn wir das tun wollen, lohnt es sich, eine weitere Entdeckungsreise anzutreten. Wir müssen unser Verhältnis zu Macht aufspüren und neu definieren.

3.7 Sich mit Macht und Ohnmacht anfreunden

Auf der Höhe seiner Karriere managte Andreas, der Top-Manager in einem global tätigen amerikanischen Energiekonzern, eine Abteilung mit über 500 Mitarbeitern. Er war für ein Budget von etlichen Milliarden zuständig. Man kannte ihn als eine Führungskraft, mit der man nicht spaßen sollte, wenn es um Effizienz ging. Sein Credo waren kontinuierliche Verbesserung und ständige Strategieoptimierung. Durch seinen guten Draht zu seinem Chef, den er sehr schätzte, hatte er einen nicht zu unterschätzenden Einfluss auf den Vorstand. Andreas genoss diesen Einfluss und sah sich selbst als eine unverzichtbare Führungskraft für den Konzern. Immer hatte er sich selbstlos für das Wachstum des Konzerns eingesetzt. Als die Konzernleitung entschied, dass ein weiteres Unternehmen in Europa aufgekauft werden sollte, gehörte er zu denjenigen, um deren Meinung gebeten wurde. Er hielt eine nicht unerhebliche Fusionsrendite für möglich und argumentierte daher für den Erwerb des Unternehmens. Dazu gehörte, sowohl Personal als auch Standorte zu reduzieren, Effizienzgewinne strategisch anzulegen und die erwarteten Gewinne damit zu realisieren. Andreas hatte, zumindest für seine Abteilung, die wirtschaftlichen Möglichkeiten durchgerechnet. Seine Pläne lagen dem Vorstand vor. Guter Dinge fuhr er in einen dreiwöchigen wohlverdienten Urlaub. Wieder zurück im Konzern eröffnete man ihm unmissverständlich, man habe sich für den Kauf des Unternehmens, aber für eine andere Strategie entschieden. Seine Pläne waren verworfen worden und ihm wurde mitgeteilt, dass er sich in Zukunft seine Abteilung mit einem anderen Manager, der aus dem gekauften Unternehmen stammte, teilen würde. Während seiner Abwesenheit hatte es bereits Personalveränderungen gegeben. Ausgerechnet sein Chef war versetzt worden. Ihm wurde klar, dass die aus seiner Sicht unsinnigen strategischen Veränderungen vor ihm und seiner Position nicht halt machen würden. Zum ersten Mal in seiner Karriere fühlte er sich hilflos und handlungsunfähig. Monate später blickte er auf das sich in ihm ausbreitende Chaos zurück.

> Ich fühlte mich auf einen Schlag hilflos und ohnmächtig – den aus meiner Sicht erratischen Entscheidungen eines Vorstandes ausgeliefert. Es ging hier offensichtlich um ein Territoriengerangel, das ich nicht nachvollziehen konnte. Das Ganze traf mich wirklich hart, denn ich hatte ja bis zu meinem Urlaub das Gefühl, ich befände mich in einer Erfolgsphase, deren Einfluss ich weiter ausbauen wollte. Vielleicht war es genau dieses Gefühl von Macht, über das ich letztlich gestolpert bin. Bis zu dem Zeitpunkt, als man mir verkündete, ich würde meinen Job mit jemand anderes teilen müssen, war ich der Meinung gewesen, dass man immer eine Wahl hat. Und nun fühlte ich mich völlig ohnmächtig. Mein Selbstvertrauen war von 100 auf null gesunken und ich dachte zum ersten Mal darüber nach, wie es dazu kommen konnte, dass ich mich so von äußeren Dingen abhängig gemacht hatte. Dies Gefühl von völliger Machtlosigkeit war eine sehr einschneidende Erfahrung in meiner Entwicklung.

Wenn wir in eine Situation geraten, die wir als nicht mehr beeinflussbar wahrnehmen, stellt das in der Regel komplett unsere Identität infrage. Alles, was wir uns aufgebaut haben, was doch so sehr als Teil von uns selbst wirkte, bricht auf einmal zusammen wie ein Kartenhaus. Was übrig bleibt, akzeptieren wir nur ungerne als Teil von uns. Was sich einstellt, sind Anfälle von Selbstzweifel. Das Vertrauen ins Leben und in uns selbst verabschiedet sich. Unsere empfindlichste Stelle ist getroffen – das Gefühl, dass wir unser Leben nicht unter Kontrolle haben. Ängste machen sich breit: Versagensangst, die Angst vor Ablehnung, die Angst, betrogen zu werden, die Angst, nicht gut genug zu sein oder zu unwichtig, die Angst, nicht mehr dazuzugehören. Ist die Krise klein genug, werden wir Auswege finden und neue Herausforderungen finden. Ist sie zu groß, fallen wir unweigerlich in ein ausgesprochen tiefes Loch. Aus diesem wieder herauszukommen braucht mehr als einen Stellenwechsel. Solche Erfahrungen sind weder vorhergeplant noch vorhersehbar. Wir kreieren sie nicht mit Absicht. Aber wenn wir sie erleben, laden sie uns zu einem entscheidenden inneren Wendepunkt ein – dann, wenn wir begreifen, dass sogar ein Gefühl von Machtlosigkeit uns irgendwann stärker macht. Könnte es sogar sein, dass genau in dieser Erfahrung ein Schatz verborgen liegt?

Andreas wurde in den Folgemonaten erst die Tragweite dieses Wendepunktes in seiner Karriere klar. Es dauerte lange, bis er für sich entscheiden konnte, weder zu kämpfen noch mit einem schnellen Stellenwechsel wieder Kontrolle über sein Leben zu gewinnen. Es war schwierig für ihn anzunehmen, dass hier aus seiner Sicht unsinnige Entscheidungen getroffen wurden, die dem Konzern mittelfristig schaden würden. Aber auch, dass er damit recht behalten würde, half ihm nichts. Erst als er in der Lage war, sich selbst die Frage zu stellen: *Was, wenn dies das Beste war, was mir in meinem Leben passieren konnte, warum wäre es das? (siehe* Kap. 1: *Momente der Reflexion)* tauchten nach und nach Antworten auf. Die Situation zwang ihn in brutaler Weise, sich mit seinem Verhältnis zu Macht und Einfluss auseinanderzusetzen. Er musste zugeben, dass er das Gefühl, großen Einfluss zu haben, genossen hatte – und dies nicht verwerflich fand. Dass es ihn aber immer mehr davon abgehalten hatte, sich zu fragen, wofür er seinen unermüdlichen Einsatz zeigte. Die Erfahrung wurde schließlich zum Türöffner dafür, dass er Schritt für Schritt herausfand, wofür er in Zukunft eher kämpfen wollte.

Das Erleben von Machtlosigkeit, das wir es nicht umgehen können, kann ein Anlass für eine tiefer gehende Reflexion sein und damit ein Wegbereiter auf der Suche nach Führung mit Sinn. Wenn wir vorhaben, unseren Beitrag zur Welt als Führungskraft neu zu definieren, ist die positive Überwindung einer Erfahrung von Machtlosigkeit ein wichtiger Baustein dafür zu verstehen, wie wir wirksam werden – und wie nicht. Zudem lehrt uns Ohnmacht auch ein Maß an Demut, das wir für unseren neuen Beitrag in der Welt gebrauchen können. Wie wir Machtlosigkeit als Erfahrung in unsere Identität integrieren, hat Auswirkungen darauf, wie wir mit Macht und Einfluss auf dem Weg in unsere Zukunft umgehen. Eine solche Erfahrung konfrontiert uns nicht nur mit den eigenen Grenzen und Beschränkungen, sondern auch mit der Unvollkommenheit der Welt, die sich oft nicht so verhält, wie wir es für richtig halten. Wir lernen, zwischen einer sinnvollen Akzeptanz einer nicht zu verändernden Realität und unseren Einflussmöglichkeiten noch besser zu unterscheiden.

3.8   Die eigenen Grenzen überwinden

Es ist daher hilfreich, im Rückblick herauszufinden, welches unsere üblichen Reaktionen sind auf Situation, in denen uns die Kontrolle entzogen wird. Wenn die Lage nicht so aussichtslos erscheint wie im Fall von Andreas, gibt es in der Regel zwei Reaktionen: Entweder wir fangen an zu kämpfen oder wir ziehen uns zurück. Letzteres ist oft mit Selbstzweifel, manchmal mit Depression verbunden. Ein anderes Beispiel soll dies illustrieren.

Anna ist Personalmanagerin bei einer großen schwedischen Gewerkschaft. Ihr Blick auf Führung – ebenso wie auf Macht und Einfluss – war geprägt von den starken Frauen aus ihrer Kindheit auf dem Land. Dort waren es die Frauen, die Zukunft bestimmten, Probleme lösten und sich gegenseitig darin unterstützten, für die Kinder das Beste zu erreichen. Als Führungskraft, und ganz besonders in ihrer Rolle als Personalmanagerin, sorgte sie daher stets dafür, dass der Gemeinschaftssinn nicht zu kurz kam. Zugleich fühlte sie sich immer unwohl bei dem Konkurrenzgehabe einiger ihrer männlichen Kollegen.

Für mich war das Gefühl von Machtlosigkeit immer mit einem dominanten männlichen Verhalten verbunden. Es war ein Verhaltensrepertoire, auf das ich nie richtig vorbereitet war, deswegen überraschte es mich immer wieder oder ich wollte es einfach nicht wahrhaben. Im Laufe meiner Karriere habe ich gelernt, es sozusagen aufzuspüren, bevor es mich traf. Ich konnte nach einiger Zeit Vorgesetzte recht gut einschätzen im Hinblick auf – aus meiner Sicht – dominantes Verhalten. Dann habe ich es entweder angesprochen oder, wenn ich die Lage für aussichtslos hielt, mich gleich nach einer anderen Position umgesehen. Meine Art, mit Machtlosigkeit umzugehen, ist, sie rechtzeitig zu spüren und dann umgehend die Konsequenzen zu ziehen.

Annas Strategie ist sicher die am häufigsten angewandte und dennoch liegt auch hier ein Erkenntnisschatz: das rechtzeitige Aufspüren von Situationen, die einen handlungsunfähig machen, die Kontrolle nehmen oder die eigene Integrität angreifen. Damit ist eines deutlich: Situationen, in denen wir uns machtlos fühlen, zwingen uns zu Veränderungen. Das bringt uns voran, öffnet letztlich neue Möglichkeiten und hilft uns, unsere Wahrnehmung von Macht und Einfluss, auch unserem eigenen, zu schärfen. Blockaden, wenn man Wege um sie herum findet, können zu Gelegenheiten führen, die wir geradlinig gar nicht hätten planen können.

Auch bei Elisabeth, der erfolgreichen Unternehmerin aus der Telekommunikationsbranche, war es die Erfahrung von Machtlosigkeit, die letztlich dazu geführt hatte, dass sie ihr eigenes Unternehmen gründete. Dort, wo sie zuvor gearbeitet hatte, war sie war anerkannt für ihre Erfolge in der Vertriebsstrategie und generell bekannt als eine Managerin, von der man lernen konnte. Aber als ihr direkter Vorgesetzter in den Ruhestand ging und alle einschließlich ihr selbst erwarteten, dass sie seinen Posten übernehmen würde, führten Seilschaften dazu, dass dies vereitelt wurde. Elisabeth erinnert sich:

> Ich konnte es kaum fassen, als ich erfuhr, dass jemand, der unter mir gearbeitet hatte, auf die Stelle meines Chefs nachrücken sollte. Gegen diese Art der intransparenten Stellenbesetzung, die wahrscheinlich schon lange vorher klar gewesen war, hatte ich keine Chance. Innerhalb von wenigen Wochen war klar, dass ich einen neuen Job suchen musste, weil mein neuer Chef anfing, meinen Wirkungskreis zu beschränken. Es dauerte nicht lange und mein Entschluss stand fest – ich würde selbst ein Unternehmen übernehmen oder gründen. Auch wenn ich damals Monate gelitten habe, letztlich führte es dann zu neuen Chancen, die es mir ermöglichten, Chefin in meinem eigenen Unternehmen zu sein.

Wenn Sie ihr eigenes Muster zwischen Macht und Machtlosigkeit aufspüren, kann es sein, dass Sie ähnliche Erlebnisse aufzuweisen haben oder ganz andere Konstellationen, in denen schleichend oder plötzlich Ihre Einflussnahme beschnitten wurde. Ebenso unterschiedlich können die Reaktionen sein: Manche von uns reagieren nämlich auf Machtentzug mit Kampf, andere mit Szenenwechsel, wieder andere mit innerem und äußerem Rückzug. Immer aber fühlen wir uns abgetrennt von unserer Wirksamkeit und damit von uns selbst. Wenn das der Fall ist, nützen äußere Veränderungen wenig. Der Weg nach innen ist unumgänglich.

3.9   Rückzug als Erneuerung

Diesem Weg geht ein wichtiger Schritt voraus: Wir müssen die Realität akzeptieren, wie sie ist. Das heißt nicht, dass wir uns mit ihr einverstanden erklären, aber dass wir aufhören, im Inneren oder im Äußeren gegen sie anzukämpfen. Das Ergebnis kann eine Phase der Trauer sein, der Enttäuschung oder das Gefühl, die Welt oder Menschen in ihrer Brutalität und Negativität wahrzunehmen. Aber erst die Akzeptanz der Situation befreit uns. Das dagegen Ankämpfen macht uns zum Opfer. Das heißt nicht, dass wir uns nicht gegen

Ungerechtigkeiten zur Wehr setzen oder anderen dabei beistehen sollten. Aber die Akzeptanz der Realität (ohne sie damit zu legitimieren) bringt uns dazu, nicht nur in einer Situation zu stecken, sondern sie – und uns darin – von außen zu beobachten. Das ist der Schlüssel dazu, dass wir über die Wirklichkeit wieder Kontrolle gewinnen. Wir können selbst entscheiden, was wir wie wahrnehmen und wie wir uns fühlen. Aus der Rekonstruktion unserer Geschichte der Machtlosigkeit ergeben sich vier hilfreiche Erkenntnisse:

- Wie sehen, dass es immer Phasen gibt im Leben, in denen wir die *Kontrolle über die Gestaltung unseres Lebens verlieren.* So beunruhigend dies auch ist, es zu wissen schützt uns davor, dies jedes Mal als lebensbedrohendes Ereignis wahrzunehmen. Stattdessen können wir gelassen feststellen, dass es gerade wieder einmal so ist.
- Wir erfahren, dass *Hindernisse gelegentlich zu kreativen Umwegen führen,* die uns letztlich viel weiter bringen, als wir strategisch hätten planen können.
- Wir lernen, dass wir, wenn wir anscheinend im Äußeren die Kontrolle über unser Leben verloren haben, immer noch die *Kontrolle über unser Denken und unsere Wahrnehmung* wiedergewinnen können.
- Wir wissen, dass Macht und Machtlosigkeit zusammenhängen. Haben wir einmal Freundschaft geschlossen mit unseren Erfahrungen der Machtlosigkeit, wird dies unser Rüstzeug dafür, *anders mit unserer eigenen Macht, also mit unserer Wirksamkeit umzugehen.*

Alle vier Erkenntnisse sind praktisches Handwerkszeug auf unserer Suche nach Führung mit Sinn. Wenn wir unseren Beitrag zu dieser Welt sinnvoller gestalten wollen im Kontext dessen, was die Welt braucht, ist es hilfreich, die eigenen Veränderungsstrategien ebenso wie den eigenen Umgang mit Macht beobachtend begleiten zu können. Denn Veränderung, Macht, Einfluss und Selbstwirksamkeit liegen eng beieinander. Alle diese Elemente brauchen wir, um die Welt zu verändern und einen sinnvollen Beitrag zu leisten. Dazu gehört auch, dass wir unser Ansinnen, Macht und Einfluss haben zu wollen, nicht verwerfen oder verteufeln, sondern beobachten, welche Wirkung wir damit erzielen. Unsere geschärfte Wahrnehmung für Situationen, in denen wir uns selbst machtlos fühlten, hilft uns dabei, unsere Selbstwirksamkeit nicht so einzusetzen, dass wir andere damit überrollen.

Das Erleben von Machtlosigkeit ist – so umdefiniert – also ein Tor dahin, Wirklichkeit in allen ihren Möglichkeiten intensiver zu erleben und zu verstehen. Gelingt es uns, unangenehme Erfahrungen in unsere Identität ebenso zu integrieren wie angenehme, verändern wir uns hin zu mehr Gelassenheit dem Leben gegenüber. Wir hören auf, Barrieren zwischen dem, wie wir sind, und einem bestimmten angestrebten Bild von uns zu bauen. Damit werden wir freier und stärken unsere Verbindung zum Leben und zu uns selbst. Vertrauen wächst auf diesem Boden. Wir legen sozusagen Schicht um Schicht ab und finden mit mehr Heiterkeit zu uns selbst. Das stärkt unsere Resilienz ebenso, wie es unseren Humor darüber anregt, dass das Leben seine eigenen verschlungenen Pfade geht, von denen wir manche verstehen und andere nicht. Dies macht uns wieder menschlicher, aufnahmefähig für die Faszination Leben und konzilianter gegenüber anderen Menschen, die wie wir auf der Suche nach Führung mit Sinn sind.

Erfahrungen von Machtlosigkeit verändern die Art, wie wir führen, da sie unser Bewusstsein dafür schärfen, was Macht, wenn sie unreflektiert ausgeübt wird, anrichten kann. Sie lehren uns auch viel über unsere eigene Abhängigkeit von einem bestimmten Bild von uns selbst und darüber, dass es oft eine äußere Anerkennung ist, die unsere Identität stärkt und von der wir abhängig werden. Sobald wir merken, dass wir wirken und dass die Welt positiv auf uns reagiert, spüren wir das, was auch „Flow" genannt wird, das Gefühl, dass die Welt unserem Willen antwortet, dass die Dinge mit dem, was wir vorhaben, in Resonanz gehen und sich vor uns so ordnen, wie wir es für richtig halten. Wir spüren die Essenz von Gestaltungsfähigkeit. Das merken wir erst wirklich, wenn diese Fähigkeit aufgrund von schwierigen Erfahrungen bröckelt und wir sie mit Selbstzweifeln weiter gefährden. Das zu wissen macht uns umsichtiger in der Art und Weise, wie wir selbst Macht und Einfluss ausüben. Es wird uns nicht gelingen, der Sehnsucht nach Bedeutung und Einflussnahme zu entkommen, aber wenn wir wissen, wie die Dynamik funktioniert, können wir immer mal wieder Abstand gewinnen und uns selbst belächeln. Das Gefühl der eigenen Wirksamkeit ist ein essenzielles Lebensgefühl, das wir brauchen, um gut, zufrieden und mit Sinn leben zu können. Es ist, wenn wir es erleben, eine tiefe Bestätigung unseres Daseins und der Tatsache, dass es Sinn macht, dass wir auf der Welt sind. Wir fühlen uns geliebt, und wer will das nicht sein!

3.10   Die Verführung zur Macht erkennen

Die Verführung zur Macht liegt jedoch nur eine Handbreit neben diesem so essenziell wichtigen Lebensgefühl der Wirksamkeit. Ein Machtgefühl gibt uns Energie wie ein besonders magisches Getränk. Wenn wir zu viel davon trinken, werden wir davon abhängig. Den wichtigen Unterschied zu kennen zwischen einer Tendenz zur Omnipotenz und einer sinnvollen Selbstwirksamkeit, ist hilfreich.

Dennoch sollten wir nicht davor zurückschrecken, Macht haben zu wollen. Die Welt verändert sich nicht (auch nicht zum Guten), wenn Menschen sich davor scheuen, Einfluss zu nehmen. Macht gestaltet die Welt – nicht immer zum Positiven. Aber genau dafür entwickeln wir ja unsere Stimme und unser Potenzial. Dafür suchen wir die Verbindung zu unseren Werten, zu dem, was uns treibt, und dem, was uns als Kind oder Jugendlicher ein Anliegen war. Für einen anderen, sinnvolleren Führungsbeitrag brauchen wir alles, was wir jemals über Macht und Einfluss gelernt haben – nur dass wir es dieses Mal bewusster und mit mehr Aufmerksamkeit für die Fallen der Macht einsetzen sollten. Deswegen ist es genauso wichtig, die eigene Geschichte nicht nur im Hinblick auf Erfahrungen von Machtlosigkeit, sondern eben auch im Hinblick auf die Macht, die man selbst ausgeübt hat, zu durchforsten. Wann waren wir dem magischen Getränk erlegen so wie Mandy als Kind, als sie es – auf dem Klettergerüst sitzend – genoss, ihre Untertanen umherzutreiben?

Werfen wir einen Blick auf die Erfahrungen von Lucia. Sie gehört zu den sogenannten High Potentials in einem europäischen Konzern, der sehr auf die Förderung von jungen Talenten bedacht ist. Dazu gehört auch, dass sie in schnellen Rhythmen Aufgaben und Positionen wechseln, damit sie in kurzer Zeit einen möglichst breiten Überblick über den Konzern gewinnen. Als Italienerin mit britischem Vater fühlte sie sich immer in der internationalen Atmosphäre des Konzerns zu Hause. Dennoch fragte sie sich, ob es genau diese rasante Geschäftswelt ist, die für sie Sinn macht. Als sie nach wenigen Jahren in dem Konzern schon Karriere gemacht hatte, ergab sich eine neue Gelegenheit für sie, einen tieferen Einblick zu gewinnen in die Mechanismen, die den Konzern lenkten. Sie wurde wichtigste persönliche Assistentin eines Managers auf der zweiten Führungsebene.

Zum ersten Mal spürte ich, wie es sich anfühlt, wenn man Schulter an Schulter mit den Mächtigsten in unserem Konzern sitzt. Ich konnte das fast fühlen, als wäre die Macht ein Material im Raum, das man heraus- oder hereintragen konnte. Manchmal musste ich die Luft anhalten, wenn ich dieses Gefühl spürte, das mich wie eine Droge berauschte. Es war, als würde ich selbst wachsen, als würde ich größer in der Anwesenheit von Macht, und ich fühlte, wie sie sich auf mich und mein Denken übertrug. Ich saß in einem Raum, in dem eine kleine Entscheidung nicht nur unsere 120.000 Mitarbeiter betraf, sondern die Welt! Ich erinnere mich an diesen inneren Sog, mir vorzustellen, wie es wäre, wenn ich eines Tages hier nicht mehr als Assistentin säße, sondern als eine der ihren. Ich genoss es ja jetzt schon, wenn andere auf mich hörten. Und im gleichen Moment erinnerte es mich an den „Herrn der Ringe". Es war wie mit dem Ring: Er gibt einem unbegrenzte Macht, aber dies ist zugleich sehr gefährlich. Es gibt ja Leute, die, wenn sie den Ring berühren, vergiftet werden, selbst wenn sie eigentlich gute Menschen waren. Ich dachte, was würde wohl mit mir passieren, wenn ich den Ring aufsetzte, und es würde niemanden geben, der mich kontrollierte?

Einige Jahre später betrachtete Lucia das gleiche Thema aus einem anderen Blickwinkel. Durch ihre Arbeit mit den mächtigsten Managern im Konzern hatte sie zunehmend aufmerksamer beobachtet, was mit ihr im Sog der Macht geschah, aber auch, wie andere Manager damit umgingen. Sie stellte fest, dass es eine erschreckende und zugleich einfache Gleichung gab: Je mehr Macht Manager bekamen, desto unaufhaltsamer begann eine seltsame Dynamik. Sie hatten das Bedürfnis, genau diese Macht zu bewahren. Sie wurden auf ihrem Weg an die Spitze einsam, weil sie ihren Kollegen ebenso wenig vertrauten wie ihren Mitarbeitern. Je mehr sie an Macht, Einfluss und Verdienst erreichten, desto mehr hatten sie auch zu verlieren. Lucia resümierte Jahre später:

Der Stress der Mächtigen, ihre Einflusssphäre zu verlieren, ist enorm. Ich war schockiert zu sehen, dass einige von ihnen Entscheidungen trafen, die definitiv dem Konzern nicht nutzten, sondern nur ihnen selbst und dazu da waren, ihre Macht aufrechtzuerhalten. Ich habe erlebt, wie Macht korrumpiert und wie sich das an den Entscheidungen zeigte, in denen ihr eigenes Ich im Vordergrund stand und niemand anderes. Das hat mich ziemlich schockiert.

Das Paradox ist, dass Erfahrungen von Macht und Einfluss uns einerseits stärken, andererseits – wenn wir dies nicht reflektieren – zugleich die Verbindung zu uns selbst und unseren Werten trennen. In gewisser Hinsicht ist Lucias Beschreibung ein gutes Bild: Das

Gefühl von Macht ist wie eine Droge. Wie alle Drogen werden Machtgefühle gefährlich, wenn man sich ihnen ausliefert. Wenn wir nicht wissen, dass es sich um eine Droge handelt, haben wir kaum eine Chance, dem Mechanismus zu entkommen. Aber neben unserer wachsenden Fähigkeit, uns selbst – und andere – zu beobachten, gibt es eine brauchbare Medizin, die zumindest darin unterstützt, Macht als Droge von dem berechtigten Wunsch nach Selbstwirksamkeit zu unterscheiden.

3.11   Durch die Fallen der Macht navigieren

Um wirksam zu sein, Veränderung zu führen und in der Welt etwas zu bewegen, brauchen wir die Bereitschaft, uns mit Macht anzufreunden. Wir brauchen aber ebenso ein brillantes System der Kontrolle. In einem professionellen Umfeld ist das oft (auch wenn nicht immer wirksam genug) durch Management- und Governance-Strukturen gegeben. Im politischen Umfeld sind es demokratische Regelmechanismen, die Macht kontrollieren. Was aber können wir selbst tun, um die Fallstricke der Droge Macht zu umgehen? Hier bietet sich ein praktischer Dreiklang an, der, wenn wir uns ihn zum Prinzip machen, zumindest verhindert, dass wir zu schnell auf eine uns letztlich schädigende Droge hereinfallen.

Der *erste Schritt* ist, eine erhöhte *Aufmerksamkeit auf Warnsignale* zu entwickeln. Da wir ohnehin auf unserer Suche nach Sinn stärker unser eigener Beobachter werden, bedeutet das kaum zusätzlichen Aufwand. Als Andreas auf seine Zeit zurückblickte, als er sich „ganz oben" fühlte mit Verantwortung für 500 Mitarbeiter und starkem Einfluss auf die Konzernstrategie, resümierte er über sein Bedürfnis nach Macht und Einfluss so:

> Macht hat mich immer angezogen. Ich genoss es, in Entscheidungspositionen in traditionellen Geschäftshierarchien zu agieren. Es machte mir einfach Spaß zu merken, dass mein Wort eine enorme Wirkung hat. Es beflügelte mich fast. Wenn ich aber zurückblicke, dann war das immer auch begleitet von einem unangenehmen Gefühl, fast wie ein Warnsignal, das ich natürlich ignoriert habe.

Wir können uns der Verführung von Macht kaum entziehen, aber wenn wir herausfinden, wann und wie uns die Droge in den Bann zieht, gewinnen wir die Distanz, die wir brauchen, um die Warnsignale zu bemerken und ernst zu nehmen. Das ist der erste Schritt.

Der *zweite Schritt* baut auf dem auf, was wir auf unserer Suche nach Sinn verstärkt anwenden: die richtigen Fragen zu stellen. Es gibt eine Spanne bei unserem Drang, Einfluss zu nehmen. Sie reicht von unserem Ausgeliefertsein gegenüber der Droge Macht bis zum Vermeiden von Verantwortungsübernahme. Beide Extreme sind für die Welt wenig nützlich. Damit wir einen brauchbaren Mittelbereich finden zwischen Selbstwirksamkeit und veränderndem Einfluss, hilft es, sich *regelmäßig drei einfache Fragen* zu stellen:

- Warum mache ich das (was treibt mich)?
- Wozu soll es beitragen (was ist mir wirklich wichtig dabei, wie steht es in Beziehung zu meinem Anliegen)?

- Wie hilft es der Welt, wenn ich es tue (wem hilft es; wozu trägt es bei; welche Wirkung wird es haben)?

Mit diesen einfachen Fragen, deren Antwort wir oft nicht sofort finden, halten wir die Droge Macht auf Abstand. Wer sie in strukturierten Momenten der Reflexion regelmäßig hervorzieht und den eigenen Geist provoziert, eine Antwort zu finden, hat zwar keine Garantie, Macht nicht zu missbrauchen, aber zumindest dienen diese Fragen als Bausteine für ein inneres Kontrollsystem.

Der *dritte Schritt* ist gewagter. Wir delegieren den Blick auf unsere blinden Flecken nach außen – an Freunde, Mitarbeiter, Coaches oder Partner. Wir bitten sie, in regelmäßigem Abstand uns Feedback zu geben, wie sie unser Verhältnis zu Macht und Einfluss sehen. Das ist durchaus risikobehaftet, denn es kann sein, dass sich in das Feedback ein Urteil schleicht, das mehr mit dem eigenen, manchmal gestörten Verhältnis zu Macht und Einfluss der Feedback gebenden Person zu tun hat als mit uns. Deswegen ist es nur sinnvoll, wo eine Beziehung von hoher gegenseitiger Wertschätzung existiert. Manchmal ist es auch einfach ein von uns angeregtes Gespräch, das dazu dient herauszufinden, wie eine andere Person uns in unserem Drang, Einfluss zu gewinnen, sieht. Wer weiß, hätte Lucia die Chance gehabt, mit ihrem Chef über die Beobachtung zur zunehmenden Einsamkeit von Top-Managern zu sprechen, vielleicht hätte sich auch in diesen Kreisen ein Umdenken ergeben. Man kann den Widerstand des eigenen Geistes damit aushebeln, dass man eine Person seines Vertrauens die drei zuvor erwähnten Fragen stellen lässt – dann kann man der Antwort nicht ausweichen.

Aufgabe ist, unseren Drang nach Macht und Einfluss nicht zu negieren oder zu vermeiden, sondern kontinuierlich sicherzustellen, dass die Verbindung zu uns selbst, zu unseren Werten, unserem Anliegen, unseren Träumen – und letztlich unserem Potenzial – nicht verloren geht.

3.12   Das Gedächtnis reorganisieren

Wie die Geschichte von Andreas gezeigt hat, gibt es immer unerwartete Entwicklungen auf unserer Suche nach Sinn, die wir weder vorhersehen noch beeinflussen können. Die Klärung unseres Anliegens, die Benennung unserer Werte, die Entdeckung unserer Muster der Veränderung und das Aufspüren unserer Beziehung zu Macht und Ohnmacht sind alles Bausteine auf dem Weg zu uns selbst, dahin, einen Beitrag in dieser Welt zu leisten, der so gut wie möglich in Übereinstimmung ist mit dem, wie wir wirklich sind. Jeder Schritt zu mehr Bewusstheit und zu mehr Transparenz uns selbst gegenüber ist ein Schritt dahin, Erfahrungsschichten und uns einengende Handlungsmuster abzulegen, damit wir freier werden, selbstbestimmter im wahren Sinne des Wortes und fähiger, die Welt zu gestalten. Indem wir unser Gedächtnis reorganisieren, reorganisieren wir auch unsere Identität – wir erweitern unsere Möglichkeiten, zu handeln und zu leben. Wir bahnen uns einen Weg zu unserer eigenen Menschlichkeit, die wir dann zunehmend weniger verbarrikadieren oder in den Hintergrund drängen müssen. Manche Menschen nehmen dies als Heilungsprozess wahr. In jedem Fall bedeutet es, dass wir gelassener werden, uns selbst mehr akzeptieren können in unseren Stärken und Schwächen und anfangen, uns als Abenteurer*in in dem großen Roman der Menschheitsgeschichte zu sehen. Wir entdecken dann, dass es in unserer eigenen Transformation zu einem sinnhaften Beitrag in dieser Welt sich wiederholende Phasen gibt. Sie sind einerseits unsere individuellen Phasen, sie folgen unserem Muster. Andererseits gibt es Grundmuster von Entwicklungszyklen, die es sich zu betrachten lohnt, weil wir darin unsere eigenen wiedererkennen können.

Natürlich gibt es keine Patentrezepte für die Suche nach Führung mit Sinn. Aber sich zu vergegenwärtigen, dass Veränderungsprozesse typischerweise bestimmte Phasen durchlaufen, hilft dabei, sich zu orientieren. Das folgende Prozessmodell dient als Einladung zur Beobachtung. Es erinnert uns daran, dass nichts bleibt – weder die Höhen noch die Tiefen –, und es gibt damit eine Orientierung auf dem Weg in eine möglichst weitgehend selbstbestimmte Veränderung.

3.13   Zyklen der Veränderung

In diesem Prozessmodell gibt es vier typische Phasen. Der Übergang von einer zur anderen Phase ist meist eine kleine oder große, innere oder äußere Krise. Da wir inzwischen Krisen als Chancen wahrnehmen, wirken sie zum einen nicht mehr so beunruhigend auf uns, zum anderen bedeutet ein bewussteres Durchschreiten der vier Phasen, dass wir mit Krisen anders umgehen. Wir erkennen sie früher und damit minimieren wir ihre negative Wirkung. Insgesamt steigen dadurch die Chancen, dass wir mit weniger Dramen auf unserer Suche nach Führung mit Sinn voranschreiten. Stellen Sie sich vier Felder vor, die wir nach und nach durchschreiten.

Das *erste Feld* ist ein Zustand relativer Stabilität. Es geht uns gut, wir sind erfolgreich, es scheint keine Hürden zu geben. Diese Phase kann durchaus sehr lange anhalten. Elisabeth hat sie immer wieder erlebt, für Andreas hielt sie jahrelang an. In dieser Phase scheint alles gut zusammenzupassen. Wir stellen unsere Identität nicht infrage: Wir haben das Gefühl zu wissen, was richtig ist, wie kennen den Weg vor uns. Die Welt antwortet uns mit Erfolg. Wir haben ein bestimmtes Bild von uns selbst, mit dem wie zufrieden sind. Meistens verbringen wir nicht viel Zeit mit Nachdenken, Reflexion ist nichts, worauf wir fokussieren. Alles, was nicht ganz in unser Bild von einer zufriedenen, erfolgreichen Realität passt, ignorieren wir entweder oder betrachten es etwas anders, sodass es in den Rahmen passt. Störungen schieben wir beiseite oder managen sie erfolgreich. Und dann geschieht etwas, was wir in unser Bild von der Realität nicht mehr integrieren können. Bei Andreas geschah es nach seinem Urlaub, bei Elisabeth sowohl, als sie noch in den New Yorker Armenvierteln arbeitete, als auch später, als ihr ein unerfahrener Manager vor die Nase gesetzt wurde. Eine solche Störung weitet sich aus, und je nachdem, wie erfahren wir mit

Veränderungen umgehen, wird sie zur ausgeprägten Krise oder nicht. Eine Zeit lang versuchen wir alles in unseren Kräften Stehende, um wieder zurück in den Zustand von Stabilität zu gelangen. Wir verteidigen unsere Identität, wir ignorieren die Veränderung. Wir wollen, dass die Realität bleibt, wie sie ist. Aber irgendwann ist es so weit – wir werden aus diesem Feld herauskatapultiert. Weder Krise noch Veränderung lassen sich leugnen. Wir nähern uns dem inneren (und manchmal dem äußeren) Chaos.

Damit bewegen wir uns in das *zweite Feld,* das wir als instabil erleben. Wenn wir dort hineinrutschen, erleben wir einen enormen Stress. Manchmal haben wir den Eindruck, dass unser gesamtes Koordinatensystem ins Wanken gerät. Wir wissen nicht mehr, woran wir uns orientieren sollen. Wir verlieren Selbstvertrauen, werden von Zweifeln geplagt, finden es schwierig, die einfachsten Dinge zu entscheiden, und drücken uns vor großen Entscheidungen. Begleitet ist dieser Zustand oft von einem Gefühl der Scham. Wir trauen uns selbst nicht mehr und trauen uns mit dem, was wir als Scheitern empfinden, nicht mehr vor andere. Im Inneren fühlen wir uns abgetrennt von uns selbst und vom Leben. Schlimmstenfalls erleben wir eine erschreckende Leere und innere Unzufriedenheit. Wenn wir uns mitten in diesem Feld befinden, hält uns unsere vom Stress geprägte Sicht der Wirklichkeit gefangen. Wenn wir über die Situation reden, ist dies einerseits geprägt von Schuldzuweisungen an andere, andererseits von verzweifelten Versuchen, eine Lösung zu finden. Der Moment, in dem wir so viel Abstand gewinnen, dass wir uns in unserem Dilemma selbst beobachten können, ist die erste Bewegung, die uns in die nächste Phase schiebt. Wenn wir die Situation akzeptieren, wie sie ist, und Verantwortung für die Realität übernehmen (was nicht heißt, dass wir uns Schuld geben am Geschehenen), haben wir die Grenze zum dritten Feld überschritten.

Wir betreten *das dritte Feld,* wenn wir uns entschieden haben, Fragen zu stellen, auf die es keine einfachen Antworten gibt. Dieses Feld ist eine Phase der Suche, alleine oder gemeinsam mit anderen, die uns unterstützen. Wir wissen, dass wir etwas ändern müssen, und gewinnen zunehmend das Vertrauen, dass wir dies auch können. Wir gewinnen unseren Gestaltungswillen zurück. Langsam fangen wir an, Sinn hinter den Entwicklungen zu sehen, und betrachten, was geschehen ist, mit mehr Abstand. Dadurch sind wir in der Lage, einen größeren Kontext wahrzunehmen und eine Geschichte, die über uns als einzelne Person hinausgeht. Bausteine von Erkenntnis setzen sich zusammen. Wir beginnen, unsere Wahrnehmung und unsere Erinnerung zu reorganisieren und alte Denk- und Handlungsmuster zu überprüfen. Es mag sogar sein, dass wir beginnen, den Zustand zu genießen. Eine gewisse Instabilität begleitet von hoher Aufmerksamkeit ist wie das Reisen an unbekannte Orte, die unerwartet mit Schönheit überraschen können. Wir begegnen Menschen anders und kommen auf einer tieferen Ebene der Realität an, die uns mit uns selbst stärker in Verbindung bringt. Langsam gedeihen Antworten zu den Fragen, die Lust am Leben und an der Gestaltung von Wirklichkeit kehrt verjüngt zurück. Alles erscheint auf einmal wieder möglich. Unser Abenteuergeist ist wieder geweckt.

Die Rückkehr unserer Vitalität bringt uns in *das vierte Feld*. Wir sprudeln nur so vor neuen Ideen und planen unsere Zukunft. Endlich sind wir bereit, neue Möglichkeiten auszuprobieren und unsere neuen Wege zu testen. Dies tun wir mit einem tieferen Verständnis von Wirklichkeit und mit einer neuen Fähigkeit: die Balance zwischen aktivem Vorandrängen und beobachtendem Abwarten neu zu definieren. Unser Wunsch, Wirklichkeit zu gestalten, ist nun nicht nur in unserem Drang zu verändern verankert, sondern auch in unserer Bereitschaft, einen anderen, sinnvolleren Beitrag zu leisten. Wir begeben uns zurück in eine Phase der Stabilität, geprägt von einer neuen Identität, die die alte Identität integriert hat. Vielleicht sind wir toleranter geworden gegenüber den Stürmen des Lebens oder den Schwierigkeiten um uns herum. Die neue Stärke ist gepaart mit Kreativität. Damit können wir den Weg in unsere Zukunft gestalten. Eine neue Gewissheit macht sich breit, unterstützt von unserem gestärkten Selbstvertrauen. Wir gehen die Veränderungen an, die wir für wichtig halten, alleine oder gemeinsam mit anderen.

Der Zyklus endet hier nicht. Er ist ein Kreislauf, weil wir mit zunehmender Sicherheit und Gewissheit wieder das erste Feld betreten. Wir richten uns im Bekannten ein, wissen, was vor uns liegt, und genießen die Stabilität. Dann geschieht wieder etwas Unerwartetes und der Zyklus beginnt von vorne. Idealerweise kennen wir ihn jetzt und erkennen die Felder und Phasen wieder. Das hilft uns, keine der Phasen als unüberwindbar wahrzunehmen oder an einer der Phasen festzuhalten. Das Wiedererkennen dieses Veränderungszyklus bedeutet auch, dass wir andere Wahlmöglichkeiten haben. Wir können Reflexionsfragen viel früher einbauen, wenn wir bisher noch ignorant gegen die Veränderung der Realität gekämpft hätten. Wir können das Chaos begrüßen und die Frage stellen, wie wir die Krise zur Chance machen. Wir können uns rechtzeitig Hilfe von außen holen, uns dabei unterstützen lassen, die Felder besser zu managen. Wir können die Phasen der Reflexion viel bewusster gestalten – oder sogar in unsere Phasen der Stabilität einbauen.

Damit werden wir zu einem Künstler der Veränderung, der die Felder bewusst gestaltet. Den Veränderungszyklus intensiver wahrzunehmen und rechtzeitig zu erkennen, hilft uns zu akzeptieren, dass Wandel unausweichlich ist. Wir können gelassen die Hoffnung auf eine lineare Selbstentwicklung aufgeben und mit Heiterkeit annehmen, dass wir auch noch im hohen Alter weiter auf der Suche sein werden. Der Zyklus endet nie. Evolution entwickelt sich so, wie wir sie gestalten und zugleich auch ohne unser Zutun. Beide Kräfte – das abwartende Beobachten und das kreative Gestalten – sind Grundkräfte des Lebens, zu denen wir einen stärkeren Zugang gewinnen, wenn wir mit Heiterkeit durch die Phasen gehen. Vielleicht finden wir eine neue Balance zwischen unserer Willenskraft, unserem Streben nach Gestaltung, Macht und Einfluss und unserer Fähigkeit zu beobachten, was sich entwickeln will. Das Zusammenspiel zu erkennen zwischen dem, was wir bewirken wollen, und dem, was sich ohne unser Zutun entwickelt, ist ein Meilenstein dafür, die Welt anders zu begreifen. Deswegen widmet sich das nächste Kapitel dem Thema Achtsamkeit und Beobachtung, denn nur wenn wir beides verstärken, lernen wir, unser Wirken in der Welt anders einzusetzen.

3.14   Ein Blick in die Praxis: Heinrich Kronbichler, Vorstand der WBS Training AG

Heinrich Kronbichler ist Vorstand der WBS Training AG sowie Eigentümer des Essentis BIO-Seminarhotels, das Geschäftstagungen mit dem Fokus auf Nachhaltigkeit, dem bewussten Umgang mit Ressourcen und gesunder Ernährung verbindet. 1995 begann die Klett WBS GmBH im Bereich Weiterbildung mit fünf Standorten, 30 Mitarbeitern und 2,5 Mio Umsatz Euro, im Jahr 2015 ist der Umsatz auf 76 Millionen gestiegen. Das Unternehmen hat mittlerweile 170 Niederlassungen, 950 Mitarbeiter, 600 Trainer und engagiert sich über das eigentliche Kerngeschäft der Weiterbildung hinaus nicht nur für soziale Projekte, sondern ist auch Mitglied der Gemeinwohl-Ökonomie. Werteorientierung ist für Heinrich Kronbichler zentral. Er setzt sich zudem für die Etablierung einer ethischen Marktwirtschaft ein, in der nicht die Vermehrung von Geldkapital, sondern das Gemeinwohl und ein nachhaltig gutes Leben für alle im Mittelpunkt stehen sollen.

Wenn Sie zurückblicken auf Ihren Weg als Mensch und als Führungskraft, welchen roten Faden erkennen Sie? Was hat Sie geleitet?

Der rote Faden ist immer eine Entwicklung über die Zeit. Aber was sich bei mir durchzieht, ist Neugierde. Ich bin mit einer unglaublichen Neugierde auf die Welt gekommen und die ist mir erhalten geblieben bis heute. Ich entdecke jeden Tag wieder neue Dinge und bin total dankbar dafür. Zudem bin ich mir sicher, dass Glaube Berge versetzen kann. Die meisten Menschen wissen nicht, wie mächtig sie sind. Erst, wenn man sich dessen bewusst wird, merkt man, dass man viel mehr bewegen kann als man so landläufig denkt. Das wirklich Wichtige daran ist aber, dass man den Sinn erkennt hinter dem Tun. Wenn ich neugierig durch das Leben gehe, dann komme ich irgendwann darauf, dass ich Gestalter bin von dem, was rund um mich herum geschieht. Und dann fängt man sich an zu fragen – will ich das? Oder wenn nicht, was will ich denn? Weiter mit dem ganzen Wahnsinn den wir betreiben – immer größer, schneller, weiter in der freien Marktwirtschaft, mit möglichst wenig Aufwand möglichst viel Gewinn machen? Ich habe früh erkannt, dass es Blödsinn ist sich immer weiter abzusichern. Das, was mir keiner nehmen kann, ist immer das, was ich gelernt habe, meine Fähigkeiten und mein Wissen. Daher auch meine Begeisterung für gute Weiterbildung. Ein Projekt, mit dem ich mich deshalb auch beschäftige ist das Thema Schule im Aufbruch. Wie Kinder heute lernen ist nicht mehr zeitgemäß. Hier muss ein großes Umdenken stattfinden. Wir brauchen Menschen, die sich Gedanken machen über die Welt.

Gibt es irgendeine Erinnerung an Ihre Jugendzeit, die sie auf irgendeine Weise mit ihrem heutigen Engagement in Verbindung bringen?

Ich habe als Kind angefangen, mit Baukästen technische Geräte nachzubauen und hatte das Glück, dass meine Mutter mich dafür immer sehr gelobt hat. Das hat mich angespornt, weiter zu machen und Neues auszuprobieren. Dieses Loben und Wertschätzen als Voraussetzung für Lernen halte ich für sehr wichtig. Dann hatte ich eine Großmutter, die mir beigebracht hat, dass der Glaube Berge versetzen kann. Sie hat mir einmal gesagt: wenn du in eine Kirche gehst, in der du noch nicht warst, und dann das Vaterunser aufsagst, dann kannst du dir etwas wünschen und das geht in Erfüllung. Das habe ich als Kind natürlich geglaubt – und es hat funktioniert! Ich habe das nie infrage gestellt und es in mein späteres Leben mitgenommen. Und dann habe einmal ein Buch gelesen, das hieß ‚die Kunst der Konzentration‘. Daraus habe ich gelernt, mich auf Dinge zu konzentrieren und konsequent zu sein. Das hat dazu beigetragen, dass ich, was ich mir vorgenommen habe, auch umgesetzt habe.

Das Engagement für eine gesellschaftliche Verantwortung: wann fing es an? Was hat es befördert?

Es gibt immer Wegbegleiter, die einen auf gewisse Dinge aufmerksam machen. Ein Schlüsselerlebnis war, dass ich bei einem Persönlichkeitsentwicklungskurs war und da sind mir ein paar Wahrheiten über mich gesagt worden, die ich nicht hören wollte und die ich natürlich rund heraus abgelehnt habe. Später fing ich an darüber nachzudenken, dass sie schon auch zutrafen. Das hat dazu geführt, dass ich wacher und aufmerksamer wurde und angefangen habe, auf Dinge zu achten, die ich ansonsten ignoriert hätte, weil ich sie als unangenehm eingestuft hätte. Es war ein wichtiger Punkt, eine Weltoffenheit zu entwickeln und bewahren. Das hat mir sehr geholfen in meiner Entwicklung und dazu geführt, dass ich die Welt anders betrachtet habe. Ich habe dann irgendwann erkannt, dass es nichts nützt, wenn ich mich weiterentwickele, aber mein Umfeld dies nicht tut. Da muss ich zusehen, dass alle rundherum intelligenter werden, dann profitiere ich auch davon. Und es gibt natürlich die zentrale Erkenntnis: möchtest du die Welt verändern, dann musst du bei dir selbst anfangen. Zu erkennen, dass man Gestalter seines Umfeldes Kraft seiner Gedanken ist war für mich ein entscheidender Schritt, gesellschaftliche Verantwortung in meinem Unternehmen praktisch umzusetzen.

Wie geben Sie dieses Denken weiter?

In dem Moment, wo ich Menschen die Möglichkeit gebe, zu arbeiten und sich damit auch zu verwirklichen, schaffe ich Räume für Entwicklung. Mir erscheint es in diesem Zusammenhang wichtig, dass Führungskräfte in Unternehmen eben diese Räume schaffen, die nicht von Angst geprägt sind, sondern von Entwicklung und Erfahrung. Eine Kultur des ‚nicht in Problemen, sondern in Lösungen Denkens‘, eine offene Kultur. Bei unseren Einführungsseminaren sage ich es immer sehr deutlich: wir machen hier keine Fehler, wir machen Erfahrungen. Über Erfahrungen kann man reden, über Fehler redet man nicht so gerne. Ich wünsche mir von allen Mitarbeitern, dass sie ein Problemlösungsbewusstsein entwickeln. Eine Kultur, wo die Menschen selbst ins Tun kommen und wissen, der Chef möchte, dass ich aktiv werde. Ich habe meinen Mitarbeitern immer große Freiräume gegeben. Ich unterstütze sie und sage auch bei auftretenden Problemen, sie sollen mit mindestens einem Lösungsvorschlag zu mir kommen. Das hat dazu geführt, dass meine Mitarbeiter unglaubliche Leistung vollbracht haben und sich weiterentwickelt haben. Und irgendwie sehe ich es auch bei meinen Mitarbeitern – wenn die Grundbedürfnisse befriedigt sind, dann kommt man zur Sinnfrage.

Wie sind Sie mit den Dingen umgegangen, die sich Ihnen in den Weg stellten?

Ich finde, das einzige was erfolgreiche Menschen von nicht erfolgreichen unterscheidet, ist nicht, dass sie nicht genauso oft stürzen, aber dass sie einmal mehr aufstehen. Also ich habe in meinem Leben auch Misserfolge gehabt und diese Misserfolge haben mich reifen lassen. Aber ich habe die Erkenntnis gewonnen, dass die Energie, die einem innewohnt, sich immer Bahn bricht. Wenn Sie im Kopf klar sind, können Sie den Erfolg nicht verhindern, er stellt sich früher oder später ein. Ob das jetzt 20 Jahre, 2 Jahre oder 2 Wochen dauert, ist egal. Man muss aber auch die Geduld haben, Dinge reifen zu lassen. Der Weg ist das Ziel. Wenn man das erkennt, dass nicht das Endergebnis zählt, sondern dass der Weg das Spannende ist, dann erfreut man sich ja immer an dem Weg, und dann kommt man im Hier und Jetzt an.

Was würden Sie Führungskräften raten, die am Anfang einer Veränderung stehen zu einem möglichen Engagement für mehr gesellschaftliche Verantwortung?

Ich urteile nicht darüber, wie andere Ihren Weg gehen. Aber ich würde Menschen wünschen, dass sie merken, dass das Leben irgendwann zu Ende ist, und dass es keinen Sinn macht, das Leben auszurichten auf ein ,Immer-Mehr'. Es macht keinen Sinn, ultrareich zu sterben. Es ist irgendwann Zeit, sich den Dingen zuzuwenden, die wichtiger sind, sodass man am Ende des Lebens anders schwingt, mit mehr Liebe, mit mehr Erkenntnis, auf einer hoffentlich höheren Schwingungsebene als am Anfang. Ich habe so viele Wirtschaftsbosse kennengelernt und ihren Werdegang studiert. Es kommt vor, dass jemand, der einmal Manager des Jahres war, einige Jahre später mit Schimpf und Schande vom Hof getrieben wir und man hört gar nichts mehr von ihm. Ich denke daher, es ist wichtig, dass jeder frühzeitig seine Wertepyramide klärt. Dass man sich immer wieder aufs Neue fragt: was ist der Zweck? Wofür lebe ich? Wofür bin ich da? Und dass man sich dann immer wieder neu darüber klar wird, was die Antworten dazu sind.

3.15 Ein Blick in die Theorie: Das Chaos zum Freund machen

Warum verändern wir uns am ehesten durch positiv bewältigte Krisen? Warum ist das Chaos in unserem Leben nützlich?

Ein Einblick in die spannenden Erkenntnisse von Chaostheorie und Komplexitätstheorie lässt uns Schwierigkeiten, Hürden und Krisen im Leben anders wahrnehmen. Mehr noch, wir werden vielleicht sogar die Phasen von Instabilität in unserem Werdegang ganz anders zu schätzen wissen (Kruse 2004). Solche Phasen sind nämlich außerordentlich hilfreich, und nicht nur das, sie sind eine Quelle der Bereicherung. Das mögen wir nicht so sehen, wenn wir mitten im Chaos unseres Lebens stecken, aber es hilft, sich dann selbst einen Ausflug in die Theorie zu verschreiben.

Zunächst gilt: Je komplexer Systeme intern organisiert sind, desto weniger stabil sind sie und desto weniger vorhersehbar. Sie sind angreifbar und veränderbar von außen – man könnte sagen, sie sind verletzlich. Das gilt für uns als Menschen ebenso wie für die Organisationen – auch große Konzerne –, in denen wir arbeiten. Zugleich aber entwickeln genau diese komplexen Systeme eine nicht zu unterschätzende Fähigkeit: Je komplexer sie organisiert sind (auch: je weniger hierarchisch), desto anpassungsfähiger werden sie auch, desto schneller sind sie reaktionsfähig, desto eher können sie wahrnehmen, was geändert, was angepasst werden muss, damit das Gesamtsystem nicht zerstört wird. Joanna Macy, amerikanische Öko-Philosophin, weist uns darauf hin, dass komplexe Systeme eine Tendenz haben, nicht nur intelligent ihr Überleben zu sichern, indem sie die Ergebnisse von Entwicklungen beobachten, sondern solche Entwicklungen auch zu antizipieren. Sie nimmt dafür das Bild einer Seiltänzerin, die, während sie Schritt für Schritt auf dem Seil vorangeht, nicht nur die Balance halten muss, sondern auch stetig nach vorne sehen muss. In jedem Moment antizipiert sie schon den nächsten Schritt. Sie bleibt in keinem Moment stehen, sondern ist ständig in Bewegung und projiziert im Geiste ihre nächste Bewegung, während sie die Balance hält. Das heißt im übertragenen Sinne: Was für uns als Zuschauer der Tänzerin so aussehen mag wie ein Zustand von Harmonie und Balance, ist eigentlich ein sehr komplexer und dynamischer Zustand. Die Seiltänzerin hält eine dynamische, in feinen Bewegungen immer wieder hergestellte Balance am Rande des Chaos (dem möglichen Absturz) – und mit dieser Fähigkeit gelingt es ihr, auf dem Seil zu bleiben. Würde sie still stehen auf dem Seil, würde sie sofort fallen: Ein zu hohes Maß an Stabilität würde den Seiltanz zum Fiasko werden lassen. Würde sie sich ständig irgendwie bewegen, würde sie ebenso fallen. Erst das geschickte Ausbalancieren zwischen Ruhe und Bewegung ermöglicht es ihr, in jeder Sekunde die nötige Adaptationsfähigkeit zu bewahren, die Komplexität der unendlich vielen Bewegungsmöglichkeiten des Seils zu managen und graziös das Seil zu überqueren. Es ist das Gleichgewicht am Rande des Chaos, was wir an ihr bewundern. Genau hier, am Rande des Chaos, haben komplexe Systeme ihre größte Chance auf Nachhaltigkeit. Sie sind kreativ und innovativ, sie finden Antworten auf komplizierte Fragen, sie managen Komplexität mit Leichtigkeit und Humor. Werden sie zu starr, sind sie nicht adaptationsfähig, sind sie zu unruhig, fallen sie ganz ins Chaos. Und wir als Menschen? Wir sind solche komplexen offenen Systeme, die zwar eine sichtbare Abgrenzung zu anderen haben und doch nicht abgegrenzt sind, sondern in jedem Moment angreifbar und verletzlich. Genau diese Verletzlichkeit ist unser Potenzial – sie macht uns kreativ, agil, anpassungsfähig und erfinderisch. Das wiederum schützt uns vor dem zu großen Chaos. Je mehr wir lernen, uns am Rande des Chaos wohlzufühlen, desto größer werden unsere Möglichkeiten, uns weiterzuentwickeln.

3.16   Momente der Reflexion: Die vier Felder der Transformation

Nehmen Sie sich etwa 30 min Zeit für eine Reflexion und sorgen Sie dafür, dass Sie nicht gestört werden. Betrachten Sie die vier Felder der Transformation in der Abb. 3.1 und überlegen Sie, wo Sie sich gerade in Bezug auf eine Veränderung oder Ihr Vorhaben oder Ihre Suche nach Führung mit Sinn befinden.

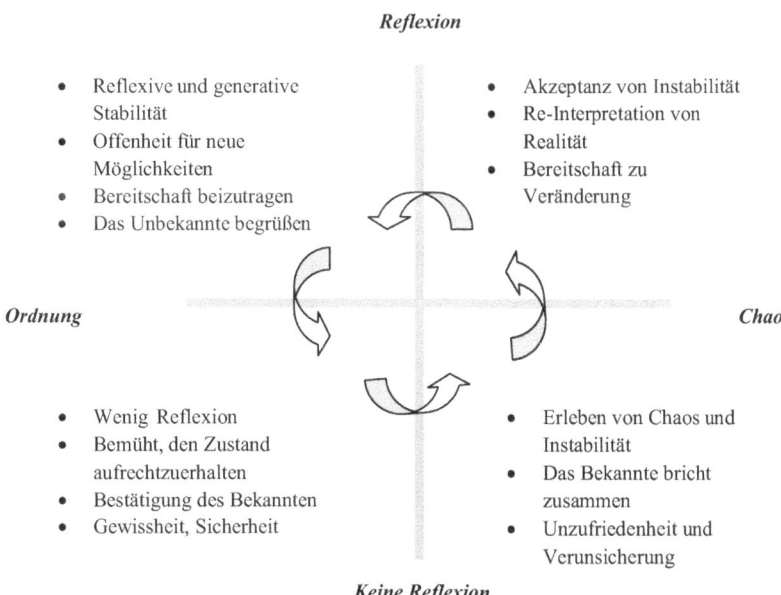

Abb. 3.1 Die vier Felder der Transformation (inspiriert von Otto Scharmer)

Zur Anregung hier einige Fragen:

Erstes Feld: *Die Ordnung bewahren*
- Was ist Ihnen wichtig?
- Was soll bleiben?
- Was genießen Sie?
- Was macht Ihnen Angst?

Zweites Feld: *Das Chaos managen*
- Was irritiert Ihr Selbstvertrauen?
- Was ist Ihre schlimmste Befürchtung?
- Was ist das Potenzial in der Krise?
- Was würden Sie tun, wenn Sie Ihrem Herzen folgen würden?

Drittes Feld: *Die Dynamik verstehen*
- Welchen Sinn sehen Sie in der Krise/Veränderung?
- Worüber beginnen Sie nachzudenken?
- Welche Veränderungsmuster erkennen Sie bei sich selbst?
- Worauf bekommen Sie Lust?

Viertes Feld: *Das Neue generieren*
- Welche neuen Möglichkeiten sehen Sie?

- Was gibt Ihnen Energie?
- Was möchten Sie bewirken/beitragen?
- Was stärkt Ihr Vertrauen in sich selbst?

3.17 Zwischen Ohnmacht, Macht und Selbstwirksamkeit

Beobachtung hat immer eine Wirkung. Nehmen Sie sich ca. 20 min Zeit und beantworten Sie für sich die folgenden Fragen. Dies kann in Gedanken geschehen oder Sie nutzen dafür ein kleines Journal, in das Sie die Antworten eintragen. Gerne können Sie diese Reflexionsübung auch zu einem späteren Zeitpunkt wiederholen.

1. Erinnern Sie sich an eine Situation, in der Sie sich wirklich machtlos oder handlungsunfähig gefühlt haben? Wie ist diese Situation entstanden? Was hat sie bei Ihnen bewirkt? Wie war Ihre Reaktion? Wie sind Sie damit umgegangen? Wozu hat das geführt?
2. Wie ist Ihr Verhältnis zu Macht und Einfluss? Was genießen Sie? Was lehnen Sie ab? Wobei fühlen Sie sich wohl?
3. Welche Warnsignale haben Sie in Bezug auf Einfluss und Macht? Wann vermeiden Sie, Einfluss zu nehmen?
4. Wann fühlen Sie sich am ehesten wirksam? Welche Voraussetzungen oder Faktoren beeinflussen Ihren Wirkungsgrad?

Literatur

Kruse, P. (2004). *Next practice. Erfolgreiches Management von Instabilität. März 2004.* Offenbach: GABAL.

Weiterführende Literatur

Künkel, P., & Grün, A. (2019). Die Warum Sinn und das Management von komplexen Veränderungsprozessen zusammengehören. Ein Beitrag zur ko-kreativen Zukunftsgestaltung. In O. Geramanis & S. Hutmacher (Hrsg.), *Der Mensch in der Selbstorganisation. Kooperationskonzepte für eine dynamische Arbeitswelt.* Wiesbaden: Springer Gabler.
Mourlane, D. (2015). *Resilienz: Die unentdeckte Fähigkeit der wirklich Erfolgreichen.* Göttingen: BusinessVillage.
Och, A., & Daniels, K. (2013). *Lust auf Macht: Wie (nicht nur) Frauen an die Spitze kommen.* Wien: Linde.
Siege, D. J. (2012). *Mindsight – Die neue Wissenschaft der persönlichen Transformation. Vorwort von Daniel Goleman.* München: Goldmann.

Kapitel 4: Achtsamkeit – Beobachtung und Erkenntnis kultivieren

Zusammenfassung

Erkenntnis ist heilsam. Das vierte Kapitel zeigt auf, wie mehr Bewusstheit über uns selbst nicht selbstgefällige Innenschau bedeutet, sondern dabei hilft, unser Handeln in der Welt mit unseren Werten in Einklang zu bringen.

Unser Lernprozess als Führungskraft ist das Ergebnis von Momenten innerer Einsicht, sei es als Folge von Krisen oder als Resultat von Nachdenken. Ein wichtiger Aspekt auf der Suche nach Führung mit Sinn ist unsere Fähigkeit, die eigene Geschichte als eine von vielen Geschichten zu sehen und dadurch mehr Empathie für uns selbst und andere zu erreichen. Wir beginnen uns mehr in der Welt zu Hause und mehr zugehörig zu fühlen. Unsere Ich-Zentriertheit tritt in den Hintergrund. Die Ängste, die dennoch gelegentlich an unserer Türschwelle sitzen, ans Tageslicht zu bringen und zu respektieren, trägt dazu bei, dass sie uns nicht unbewusst in der Gestaltung von Realität beeinflussen. Mit mehr innerer Klarheit entsteht auch innere Heiterkeit. Damit wächst das Bedürfnis, einen Beitrag zu leisten, der der Welt weiterhilft. Auch wenn genau diese Welt sehr komplex ist – es zählt dennoch, was wir beitragen und wie wir dies tun. Führen ist ein kreativer Prozess, der dem Wandel des Lebens folgt im Erschaffen, Bewahren und Transformieren. In diesem unendlichen Tanz gilt es, die Leidenschaft für die Sache, das Engagement für Veränderung und die Reflexion des eigenen Weges in Balance zu halten.

4.1 Rückblick als Ausblick

Unseren bisherigen Weg als Führungskraft bewusster zu rekonstruieren ist keine Zeitverschwendung, die uns von unseren eigentlichen Aufgaben abhält, sondern eine Investition in unsere Zukunft. Wir gewinnen eine neue Freiheit, indem wir alte Interpretationsmuster unseres Lebens ablegen und Erinnerungen und Erfahrungen neu zusammensetzen. Damit

© Springer Fachmedien Wiesbaden GmbH, ein Teil von Springer Nature 2020
P. Künkel, *Führung mit Sinn*, https://doi.org/10.1007/978-3-658-30846-9_4

erweitern wir nicht nur unsere Denkmöglichkeiten, sondern auch unsere Handlungsoptionen. Die eigene Geschichte beginnt, auf neue Weise Sinn zu machen, die Logik hinter Entwicklungen und Ereignissen zu finden, befreit oft. Wir sind nicht mehr Opfer des Schicksals, sondern werden noch mehr zum Gestalter unserer Wirklichkeit. Damit werden wir mehr wir selbst. Es ist, als ob wir einen tieferen Bezug zur Wirklichkeit erwerben. Das führt dazu, dass wir anders wahrnehmen – fast als ob unsere Sinnesorgane trainiert würden. Hier ist das Paradox: Eine bewusste Beschäftigung mit der eigenen Geschichte, eine erhöhte Wahrnehmungsfähigkeit für den eigenen Entwicklungsweg führt nicht zu mehr Ich-Zentriertheit, sondern zu weniger. Wenn wir wissen, wer wir sind und was unser Potenzial ist, stehen wir uns selbst und der Welt weniger im Weg. Wir stolpern nicht über Steine, die wir zur Verteidigung unserer Identität uns selbst in den Weg legen. Wir bauen weniger Mauern zwischen uns und andere oder zwischen uns und die Welt. In einer gegebenen Situation fällt uns mehr auf, was geschieht, welche Dynamiken sich entwickeln und vor allem – was eine Situation braucht, jenseits dessen, was wir selbst brauchen. Diese wachsende Offenheit lässt uns auch andere anders (an)erkennen. Wir entwickeln die Fähigkeit, eine Situation als Ganzes, als Muster wahrzunehmen, und sehen uns selbst darin als Beobachtende und zugleich Mitwirkende. Nicht zuletzt verstehen wir unser eigenes Entwicklungsmuster besser – und können es nutzen und zugleich bewusst verändern.

4.2   Wege entstehen, wenn man sie geht

Nachdem Andreas, der Top-Manager in einem global tätigen amerikanischen Energiekonzern, seine Irritation darüber, dass man ihm seinen Einflussbereich im Konzern halbiert hatte, etwas überwunden hatte, war ihm klar, dass die Krise eine Einladung war zu einer gravierenden Veränderung. Anders als bisher, als er immer versucht hatte, aus einer Schwierigkeit durch einen neuen Karriereschritt schnell herauszufinden, ließ er sich dieses Mal Zeit. Das behagte ihm nicht immer, denn er fühlte sich wohler mit schnellen Entscheidungen. Als Ingenieur war er gewohnt, eine Situation oder ein Problem schnell zu analysieren und ebenso schnell Lösungsschritte zu entwickeln. Er fragte sich zum ersten Mal seit Jahren, welchen Einfluss er wirklich haben wollte und was ihm an seiner Rolle als Top-Manager immer am meisten Spaß gemacht hatte. Das Resultat war für ihn irritierend. Es waren weder die finanziellen Ergebnisse noch die Ausweitung der Konzernaktivitäten gewesen, sondern am meisten Spaß hatte ihm seine Zusammenarbeit mit anderen gemacht – gute Teamarbeit hatte ihm Energie gegeben. Zum einen liebte er es, zu sehen und zu unterstützen, wie junge Manager an Herausforderungen wuchsen, und zum anderen fühlte er sich am vitalsten, wenn er in einem guten Führungsteam gemeinsam Unmögliches möglich machte oder Probleme löste, die unlösbar erschienen. Später resümierte er es so:

> Ich fing an mich zu fragen, was ich unter Führung verstand, nicht nur meine als Manager, sondern auch die Art von Führung, die eine ganze Firma ausübt in der Form, wie sie sich in

die Welt ausdehnt. Mussten wir uns nicht viel mehr fragen, wann unsere Geschäftsaktivitäten welche Wirkung auf andere hatten? Jedenfalls begann ich, den Fokus auf Ergebniszahlen alleine als viel zu einseitig anzusehen. Zugleich wurde mir bewusst, dass ich in meiner Führung von Mitarbeitern intuitiv immer einem kollegialen Prinzip gefolgt war – es lief immer dann gut, wenn ich die Leute als gleichwertig betrachtete, egal in welcher Hierarchiestufe sie waren. Das wurde schließlich zum Ausgangspunkt meiner Suche. Genau das wollte ich in Zukunft ausbauen, obwohl ich noch keine Ahnung hatte, wie.

Krisen zwingen uns in die Reflexion, die dann wieder der Ausgangspunkt dafür ist, unsere Erfahrungen zu dekonstruieren und neu zusammenzusetzen. Andreas entdeckte das, was ihm schon seit Jahren hätte auffallen können, erst nach einer Phase massiver Irritation. Die Strukturen, in denen wir arbeiten, fördern nicht unbedingt Reflexion. Wenn Veränderung von außen an uns herangetragen wird, erscheint uns unser Leben für eine Zeit lang nicht mehr selbst gestaltet. Wir sind in unserer Wahrnehmung zu Opfern einer Situation geworden, die wir nicht oder nur wenig beeinflussen konnten. Die natürliche Tendenz ist dagegen anzukämpfen, den Zustand von zuvor wiederherzustellen oder zu flüchten – d. h. eine andere Realität zu suchen. Wenn wir aber genau beobachten, sehen wir im Rückblick Muster, die sich wiederholen. Sie haben ihren eigenen Rhythmus und ihre Gesetzmäßigkeiten – und wir erkennen sie meist nur in der Retrospektive. Über die Zeit werden wir jedoch aufmerksamer. Bestimmte Konstellationen kommen uns bekannt vor, wir erkennen nicht nur unsere eigenen Muster wieder, sondern können beginnen, sie selbst zu gestalten. Damit sind wir einen Schritt weiter auf der Suche nach Führung mit Sinn. Wir erleben die Wirklichkeit anders – als gestaltbar, aber nicht immer beeinflussbar. Wir verstehen, dass die Suche nach Sinn ein bewussterer Prozess des Werdens ist, der vielleicht ein Ziel hat, bei dem aber der Weg ebenso wichtig ist wie das Ziel.

4.3   Neu definieren, was Führung heißt

Auf diesem Weg des Werdens gehen wir selbst durch einen Prozess der inneren Integration. Unsere Erfahrungen liegen dann nicht mehr lose und durcheinander wie in einer unaufgeräumten Schatzkiste, sie sind eher aufgefädelte Juwelen und Erinnerungsstücke, die wir zurückverfolgen können – aufgefädelt auf dem roten Faden, der sich durch unser Leben zieht. Zugleich wissen wir, dass wir die zukünftigen Erfahrungen, Einsichten und Ereignisse bewusster erleben können und dass wir – mit dem roten Faden als Orientierung – eine Zukunft gestalten können, die uns mehr und mehr entspricht. Sie wird dem, was wir geworden sind aufgrund unserer Erfahrungen ebenso gerecht wie unseren noch nicht genutzten Potenzialen, unseren Werten und dem, was wir einmal vorhatten im Leben. Das, was wir führen, und wie wir führen, finden damit in einem ganz neuen Kontext statt.

Ich möchte Sie daher zu einem Perspektivwechsel einladen. Führung wird in unserer wachstumsorientierten Wirtschaft ebenso wie in der Politik in der Regel mit einer Seite von Macht verbunden, die für viele Menschen eine negative Konnotation hat in dem Sinne, dass wenige Menschen das Schicksal vieler Menschen bestimmen. Damit das nicht in größtmöglichen Unsinn ausartet (und dafür gibt es in der Geschichte der Menschheit und auch heutzutage zahlreiche Beispiele), gibt es natürlich eine ganze Menge Maßnahmen, die Macht eindämmen, in sinnvolle Bahnen lenken oder zumindest einer gewissen Kontrolle aussetzen. Ein Teil der Maßnahmen ist *struktureller Art* – etablierte Formen von „Checks and Balances". In der Gesellschaft und im politischen Raum ist es unter anderem unser demokratisches System, aber auch Dialog- und Konsultationsprozesse, die diese Kontroll- und Berichtigungsfunktion haben. In der Wirtschaft, vor allem in mittleren und größeren Unternehmen, sind es zum Beispiel Aufsichtsräte auf der einen Seite, Betriebsräte und Mitarbeiterbeteiligung auf der anderen Seite. Hinzu kommen Feedbacksysteme für Führungskräfte, von denen immer wieder neue und verbesserte Varianten entwickelt werden. Der andere Teil der Maßnahmen ist *persönlicher Art.* Der Annahme folgend, dass Macht nicht missbraucht wird, wenn der einzelne Mensch sich positiv entwickelt, gibt es Literatur, Weiterbildung und Führungskräfteentwicklungsprogramme, die sich die Persönlichkeitsentwicklung der Führungskraft vorgenommen haben. Zwar soll eine Führungskraft Macht und Einfluss auszuüben – Zukunft gestalten und Ziele erreichen –, dies aber in einer ethisch vertretbaren Form tun. Wenn das nicht erfolgreich ist, kommen die strukturellen Maßnahmen zur Anwendung. Die Rücktritte diverser Politiker oder Top-Manager von Unternehmen sind dafür beredtes Zeugnis. Beide Formen von Maßnahmen sind wichtig und im Großen und Ganzen wirksam. Dennoch gibt es ein zugrunde liegendes Dilemma, das dann in der einzelnen Führungskraft zum Vorschein kommt. Führen unter den gegebenen gesellschaftlichen und wirtschaftlichen Ansprüchen heißt, sich widersprüchlichen Ansprüchen auszusetzen – und diesen Widerspruch auszuhalten. Der eine Anspruch ist, Macht aufzubauen und eine Einflusssphäre auszuweiten, um vorgegebene oder selbst gesetzte Ziele zu erreichen, die in der Regel mit Wachstum verbunden sind. Wer hierbei gut punktet, dem wird noch mehr zugetraut, also wird ihm Macht zugeschrieben. Das wiederum ermutigt zu mehr, was wiederum die Erwartungen erhöht, was wiederum den Weg bereitet in die Verführung zur Macht usw. Der andere Anspruch ist, eine ideale Person zu werden, wenn man eine Führungsposition hat, also Macht ausübt. Es wird erwartet, dass man sich ständig weiterentwickelt – auch und gerade im ethischen Handeln beispielhaft glänzt. Je mehr Macht man aufgebaut hat, desto mehr steht man im Rampenlicht und wird dahingehend beurteilt. Im Extremfall – vor allem, wenn man in Unternehmen führt, in denen Wachstum vor Ethik rangiert – ergeben sich daraus aber paradoxe Anforderungen, zum Beispiel: *Gewinnen Sie um jeden Preis, aber sorgen Sie dafür, dass niemand zu Schaden kommt!* Oder auch: *Bauen Sie bei Ihren Mitarbeitern Begeisterung für die Sache auf, aber denken Sie daran, dass Ihre Gehaltszulagen allein aus den Ergebniszahlen entstehen!* Diese Diskrepanz zwischen dem, was man als gefordertes Verhalten wahrnimmt, und der eigenen Sehnsucht nach Wirksamkeit oder der Wiederbelebung der eigenen Werte wirkt täglich auf uns ein. Aber oft nehmen wir die Unvereinbarkeiten erst in einer Phase der Reflexion wirklich wahr.

Dianes Karriere als Personalmanagerin im multinationalen Konzern verlief stetig bergauf. Innerlich erlebte sie jedoch immer mehr Fragezeichen. Die Anspannung zwischen der

Seite ihrer Identität, die Macht und Einfluss liebte – und die sie ja auch schätzte –, und ihrer Sehnsucht nach menschlicher Verbindung nahm stetig zu.

> Ich genoss die Ausweitung meines Einflusses sehr, es war spannend und interessant und ich liebte es, meine Expertise einzusetzen und gehört zu werden. Dennoch sah ich die Fragmentierung im Konzern. Es gab eine ausschließlich zahlen- und technologiegetriebene Kultur, die zu Machtkämpfen und Territoriengerangel einlud und an der immer mehr Menschen litten. Der Personalbereich versuchte wieder und wieder, Kulturveränderungen in Gang zu setzen, die ja auch von der Konzernleitung unterstützt wurden, die aber nicht fassen konnten, weil letztlich doch nur der nächste Akquiseerfolg oder steigende Quartalszahlen zählten. Wir waren in einem Paradox gefangen.

Diese paradoxen Anforderungen muss jede einzelne Führungskraft in sich selbst ausbalancieren, denn in der Regel wird der Widerspruch weder offen thematisiert noch strukturell aufgelöst. Natürlich gibt es zahlreiche Versuche, einen Ausweg aus dem Dilemma zu finden. Von Modellen, bei denen Mitarbeiter strukturell am Wachstum ihrer Unternehmen beteiligt sind, über eine Orientierung von Unternehmen an gesellschaftlicher Verantwortung bis hin zu den Forderungen nach einer Verabschiedung von unserem ökonomischen Wachstumsmodell. Auf der mehr persönlichen Seite gibt es einen ganzen Berufszweig von Coaches und Beratern, die Führungskräfte darin unterstützen, mit diesem Paradox sinnvoll umzugehen. Viele Führungskräfteentwicklungsprogramme in Unternehmen stellen Werte, partizipative Mitarbeiterführung und Persönlichkeitsentwicklung in den Vordergrund. Aber im Managementalltag wird das zugrunde liegende Paradox nicht angetastet und damit obliegt es dem Einzelnen, einen Ausweg zu finden – was oft als Suche nach Sinn beginnt und die Sehnsucht nach der Auflösung des Dilemmas in sich trägt. Hier also der entscheidende Perspektivwechsel:

Angenommen, wir würden Führung folgendermaßen umdefinieren und sie bezeichnen als:

- die Fähigkeit, das eigene Potenzial zu entdecken und auszubauen, und
- genau dieses Potenzial gemeinsam mit anderen so einzusetzen, dass es der Welt weiterhilft und
- einen positiven Einfluss auf andere Menschen und den Planeten hat.

Was würde sich ändern? Dann wären Macht und Erfolg immer noch messbar, aber wir müssten nach anderen Daten fragen – und nicht zuletzt eine Rückmeldung von genau den Menschen einholen, um die es uns geht. Auch der positive Einfluss auf unseren Planeten müsste definiert (und immer wieder im Dialog mit Experten re-definiert) und messbar sein. Es kann sein, dass es dann immer noch darum geht, Wachstum voranzutreiben, weil diese Ausweitung und Ausdifferenzierung ein essenzieller Bestandteil von Evolution ist. Aber was Wachstum ist, wäre sicherlich auch anders definiert. Sie könnten jetzt argumentieren, dass eine solche Re-Definition von Führung gänzlich unrealistisch, naiv und zu weit weg von unserer gegenwärtigen Realität ist. Dass es zudem nicht die Rolle von

Unternehmen in der Welt ist, Gutes für die Welt zu tun. Aber warum eigentlich nicht? Warum sollte es nicht möglich sein, zu wirtschaften im Sinne des Gemeinwohls? Wir werden diese Fragen in den nächsten Kapiteln wieder aufnehmen.

In jedem Fall sind wir auf unserer Suche nach Führung mit Sinn mit dem erwähnten nicht aufgelösten Paradox konfrontiert und müssen als Person, als Individuum die ersten Schritte zu einer Auflösung gehen. Wir müssen unser eigenes Koordinatensystem von Macht und Einfluss neu ordnen. Wäre es möglich, dass wir uns an die positiven Konnotationen von Macht herantasten und zugleich ein paar strukturelle Maßnahmen als „Checks and Balances" für unseren eigenen Weg installieren? Denn selbst die besten Absichten führen bekanntlich nicht immer zu den besten Ergebnissen, wenn wir nicht im Dialog mit den Menschen bleiben, die uns umgeben oder die von dem, was wir vorhaben, betroffen sind.

4.4   Heilen und Führen gehören zusammen

Deswegen ist der nächste Schritt auf der Suche nach Führung mit Sinn, zunächst das Paradox als solches zu akzeptieren (wir müssen ja alle in der gegebenen Realität existieren) und danach zu fragen, was Elemente sein können, die uns helfen, den Widerspruch zumindest zum Teil in uns selbst aufzulösen. Erst dann lohnt es sich, dass wir die Welt mit unseren neuen Ideen und Aktivitäten beglücken und gegebenenfalls auch aktiv werden, das Paradox auf struktureller Ebene aufzulösen. Aber auch der Weg, der zunächst nach innen geht, kann einen heilenden Effekt haben. Denn wenn wir an unsere Anliegen aus der Jugendzeit, der Welt weiterzuhelfen, denken, haben wir damals anscheinend geglaubt, dass dieses Paradox gar nicht existieren muss. Diese Dekonstruktion und Rekonstruktion unseres eigenen Weges wirken sich auf uns heilend aus. Es ist, als ob wir uns auf den Weg nach Hause aufgemacht hätten, nachdem wir unser Heimweh zu lange ignoriert hatten.

Als Elisabeth ihr Telekommunikationsunternehmen in den USA verkaufte, brauchte sie für genau diesen Prozess der Integration und der Rückverbindung zu ihrem roten Faden eine Auszeit, die sie mit Reisen nach Chile, Indien und Südafrika verband. Sie sah sich die Welt an mit den Augen einer Person, die ihre Leidenschaft für Toleranz und Gerechtigkeit mit ihren Erfahrungen als erfolgreiche Geschäftsfrau verbinden wollte. Je mehr sie reiste, desto mehr nahm sie ihre eigene Spaltung zwischen ihren Werten und der Geschäftswelt, in der sie so erfolgreich mitgespielt hatte, als Spiegel dessen wahr, was sie in der Welt sah.

> Mir wurde etwas klar, das vielleicht banal klingt, aber für mich war es eine bahnbrechende Erkenntnis: Es gibt eine ganz enge Verbindung zwischen Heilen und Führen. Wenn man mit anderen Augen durch die Welt reist, sieht man die Diskrepanz zwischen dem menschlichen Potenzial und Strukturen – global ebenso wie lokal –, die dieses Potenzial mit den Füßen treten. Dabei haben wir ja selbst diese Strukturen geschaffen. Wenn wir auf unserem Planeten eine Zukunft haben wollen, braucht das Heilung auf allen Ebenen. Und wir selbst sind der Anfang dazu. Dafür gibt es keine Abkürzung.

Anders als in der modernen Medizin gibt es hierfür kein Rezept und keine Medikamente. Aber wie Heilungsprozesse funktionieren, wissen wir alle recht gut: den Zustand akzeptieren, wie er ist, uns Ruhe und Reflexion gönnen, die richtige Behandlung finden, nach Unterstützung fragen, eine innere Möglichkeit für eine Re-Definition der Situation auftun, das Ereignis als Lernchance sehen, mit dem Verbindung aufnehmen, was uns wichtig ist (unseren Werten Raum geben) und uns Genesungszeit gönnen. Zu den eigenen Heilungsprozessen gehört auch, dass wie durch Einsichten unsere Erinnerungen transformieren. Begegnungen mit anderen Menschen oder dem, was sie in die Welt gebracht haben – Wissen, Literatur, Musik und Kunst –, sind ein wichtiger Beitrag zur inneren Veränderung. Ein Indikator für unsere eigene Heilung ist unsere wachsende Fähigkeit, uns selbst und anderen zu verzeihen. Demut und Empathie entstehen, wenn die Kränkungen unserer Seele heilen. Versöhnung ist eine zutiefst menschliche Erfahrung. Sie hilft uns ein Stück weiter zu uns selbst und dahin, Verbindung aufzunehmen mit dem, was die Welt im Innersten zusammenhält.

Der eigene Heilungsprozess, der so essenziell ist für die Suche nach Sinn, weitet unsere Perspektive auf die Welt, nicht nur auf uns. Er lässt uns Verbindungen sehen, die wir zuvor ignoriert haben. Achtsamkeit als stetig wachsende Bewusstheit über uns und die Welt ist der Zugang zu einer anderen Form von Heiterkeit, die nicht durch schnelllebige Vergnügen gespeist wird, sondern aus der Erweiterung unserer Wahrnehmungsfähigkeit für die Welt. Dies ist selten ein plötzliches Ereignis, wie manche religiöse Lehrer glauben machen wollen, sondern ein langer Weg, der wie ein Fluss immerfort zwar in dieselbe Richtung fließt, aber dies in vielen mäandernden Schleifen tut. Das Ermutigende dabei ist, dass wir, je weiter wir darin fortschreiten, desto mehr Energie wiedergewinnen dafür, unseren Führungsbeitrag in neuer Definition und anders in die Welt zu bringen, ohne dabei unsere Expertise und Erfahrung zu vernachlässigen.

4.5   Die inneren Drachen bezähmen

Dennoch fließt der Fluss unseres veränderten Bewusstseins an vielen Hindernissen vorbei. Einige davon mögen so bedrohlich erschienen wie Skylla und Charybdis für Odysseus auf seiner großen Suche. Denn jenseits der vielen Hindernisse auf unserem Weg, die wir als äußere Hindernisse betrachten und die wir gewohnt sind zu überwinden, gibt es innere Hindernisse, denen wir nicht ausweichen können. Diese inneren Drachen übernehmen gerne die Führung, wenn wir es nicht merken, und erscheinen oft in Form von Ängsten. Wir sind gewohnt, sie zu ignorieren, beiseitezuschieben oder kleinzureden. Vielleicht ordnen wir unsere Identität auch so an, dass der Teil, der vor etwas Angst hat, von uns in einen abgeschlossenen Raum gesperrt wird, denn auf unserem Weg zum Erfolg als Führungskraft können wir Ängste sicher nicht gebrauchen. Meine Einladung ist es, dass wir diese Räume aufschließen und die kleinen und großen Drachen eher zähmen als wegschließen. Unbewusst ausgelebte Ängste bestimmen unser Führungshandeln mehr, als wir denken – auch und gerade, wenn wir nach einer neuen Orientierung suchen. Bewusst angenommene

Ängste – gezähmte Drachen – können zu Freunden werden, die uns auf unserem Weg in die Zukunft positiv begleiten.

Die Personalmanagerin Diane, die sich zu fragen begann, ob ihre Werte in ihrer Arbeit ausreichend zur Geltung kommen, tauchte in ihren Überlegungen, wo und wie sie ihre Expertise in Zukunft einsetzen wollte, tiefer in die Welt ihrer kleinen und großen Drachen ein und resümierte das Folgende:

> Wenn ich darüber nachdenke, wovor ich persönlich Angst habe, dann ist es immer Einsamkeit, also das Gefühl, von anderen abgeschnitten zu sein. Das paart sich mit der Angst, dass das, was ich beitragen kann, irgendwie irrelevant und unbedeutend ist. Ich fühle mich am wohlsten, wenn ich in enger Verbindung zu anderen Menschen bin. Wenn so etwas zu Ende geht, im Kleinen wie im Großen, nehme ich es sehr bewusst wahr und empfinde es als schmerzhaft. Das macht mir Angst. Ich weiß heute, dass diese Angst dazu beigetragen hat, dass ich in meiner Art zu führen Beziehungen oder Situationen, die ich hätte beenden sollen, zu lange durchgehalten habe – nicht immer zum besseren Ergebnis. Also hat mich meine Angst geleitet, ohne dass ich es in dem Moment wahrgenommen habe. Ich kann heute mein Muster besser sehen: Verbindungen zu lange aufrechtzuerhalten, nur um nicht mit diesem Gefühl des Abgetrenntseins, der Einsamkeit konfrontiert zu sein.

Auf der Suche nach unseren typischen Ängsten entdecken wir, dass wir uns darin sicher nicht allzu sehr von anderen unterscheiden, auch wenn der jeweils individuelle Werdegang dies zusätzlich beeinflusst. Logischerweise werden wir auf Trennungsangst, Angst vor Einsamkeit, Angst vor Dominanz von anderen, Angst vor Vernichtung, Angst vor dem „Unbedeutend-Sein" oder Angst vor Ablehnung stoßen. Denn dies sind zutiefst menschliche Ängste, die wir als Menschheit gemeinsam haben. Ängste im Unbewussten können allerdings mächtig sein. Sie zwingen uns in bestimmte Reaktionen oder Handlungsweisen, die unseren Werdegang versteckt beeinflussen, wenn wir nicht anhalten und sie kurz fühlen können. Deswegen ist es praktisch, unser Muster von Ängsten zu kennen und die Drachen zu zähmen. Es hilft uns, bestimmte Situationen besser einschätzen zu können oder neue und andere Handlungsoptionen zu entwickeln. Die Frage *„Wovor habe ich hier Angst?"* sollten wir in unser Führungsinstrumentarium integrieren, auch wenn sie zu den Fragen gehört, die man üblicherweise nicht in der Öffentlichkeit stellt und zudem manchmal einige Zeit brauchen, um beantwortet zu werden.

4.6   Neue Freiheiten gewinnen

Bei der erfolgreichen Unternehmensberaterin Mandy führte das Stellen dieser Frage dazu, dass sie erkannte, wie sehr – durchaus im positiven Sinne – sie ihre Angst, nicht dazuzugehören, im Aufbau ihrer Karriere geleitet hatte. Schon wenige Monate, nachdem sie in London eine Managementposition bei einer Bank angenommen hatte, stelle sie fest, dass ihre frühe Leidenschaft, im Chor zu singen, nicht mehr mit den beruflichen Anforderungen zu vereinbaren war. Sie gab damit ein Hobby auf, das mehr war als eine unwichtige

Nebenbeschäftigung. Im Chor singen war immer eine essenzielle Ausdrucksweise für ihre Stimme gewesen. Zugleich war die Chor-Erfahrung für sie ein Symbol für eine Form des Führens, bei der die einzelne Stimme ebenso zählte wie der gemeinsame Erfolg – die Musik, die nur klang, wenn sich alle optimal einbrachten, und die doch zugleich ihre eigene Magie entfaltete, die mehr war als die Addition der Stimmen. Im Chor zu singen, war für sie ein Ausdruck von Zugehörigkeit zu einer Gruppe und zugleich zu einer über die Gruppe hinausgehenden Aufgabe: der Musik. Das Singen im Chor gab ihr Vertrauen. Jahre später erst stellte sie fest, dass der Ausstieg aus dem Chorgesang eine viel größere Wirkung auf sie hatte, als sie jemals wahrhaben wollte. Eine gehütete Sehnsucht nach Zugehörigkeit hatte sich mit der Angst vermischt, dass die eigene Stimme alleine nicht zählte. Im Rückblick stellte Mandy fest, dass sie in allen ihren Projekten als Unternehmensberaterin intuitiv und zugleich effektiv dafür sorgte, dass Menschen gehört wurden – sie sich also zugehörig fühlten und ihr Beitrag anerkannt wurde. Interessanterweise suchte sie sich unbewusst dafür eine sehr hierarchisch strukturierte Bank aus, in der nur Zahlen zählten, ein Unternehmen also, in dessen Kultur die Kunst des Zuhörens und Einbindens vernachlässigt wurde. Jahre später, nachdem sie sich schon längst als Unternehmensberaterin selbstständig gemacht hatte, reflektierte sie:

> Meine Angst, nicht dazuzugehören, hat mich unbewusst beeinflusst, indem ich dafür gesorgt habe, Unternehmenskulturen so zu verändern, dass Mitarbeiter sich mehr gehört fühlten. Zugleich wurde mir klar, dass ich selbst nicht gerne als Expertin wahrgenommen werde. Ich stehe nicht gerne im Rampenlicht, sondern bin gerne eine Begleiterin, eine unterstützende Mitreisende. Wenn ich im Mittelpunkt stehe, setzt die Angst ein, nicht dazuzugehören, mir fehlt sozusagen der Chor. Ich habe dann Angst, alleine mit meiner Stimme nicht gehört zu werden und nicht wirklich dazuzugehören.

Zu wissen, warum wir wie handeln, welche Ängste wir haben und wie sie unser Verhalten beeinflussen, kann befreiend sein. Mandy hat es geholfen, flexibler zu werden darin, in manchen Situationen die unterstützende Begleiterin zu sein und in anderen die Expertin, die auch Ansichten äußert, die nicht immer auf Zustimmung stoßen. Letzteres, die Fähigkeit, auch einmal zu provozieren, hat wiederum ihre Wirksamkeit als kulturverändernde Beraterin erhöht. Unbewusste Ängste machen uns zu Gefangenen, bewusst erkannte Ängste sind Begleiter auf unserem Weg, die uns daran erinnern, dass wir uns selbst treu bleiben müssen. Wir gewinnen den nötigen Abstand, der es uns ermöglicht, eine andere Wahl zu treffen. Das erweitert unseren Weg zu mehr Selbstwirksamkeit, die wiederum eine Voraussetzung dafür ist, dass wir aus unserer Suche nach mehr Sinn unseren Beitrag neu definieren können. Wenn wir die Dämonen kennen und mit ihnen im Gespräch sind, werden sie weniger gefährlich. Wir haben sie gezähmt. Anzuerkennen, dass unsere Ängste nicht nur unsere eigenen sind, sondern dass andere Menschen ganz ähnliche haben, das heißt, dass es sich hier – auch wenn in unterschiedlicher Ausprägung – nicht nur um ein individuelles Phänomen, sondern um ein kollektives handelt, hilft uns zudem dabei, die Handlungsweisen anderer Menschen anders einzuschätzen. Ohne dieses Bewusstsein nehmen Ängste Einfluss, mit diesem Bewusstsein tun sie es zwar auch, aber immerhin merken wir es – das eröffnet neue Handlungsoptionen.

4.7   Den Geist kultivieren

Diese vermehrten Handlungsoptionen brauchen wir auf der Suche nach Führung mit Sinn und unserem veränderten Beitrag zu einer zukunftsfähigenr Welt. Sie machen uns zunehmend resilient und letztlich vitaler. Hindernisse können leichter akzeptiert werden und manchmal umgangen werden, ein anderes Mal genutzt werden. Veränderungen, die von außen auf uns einwirken, können schneller verstanden oder leichter gemanagt werden. Das Erkennen unserer eigenen Muster, die Resultat unserer eigenen Persönlichkeitsentwicklung sind – der selbst gestalteten und der nur erfahrenen –, macht uns freier, unseren Weg zugleich zu sehen und zu verändern. Das bewusster zu erleben und bewusster zu tun, wird zum Handwerkszeug unserer Reise. Die Entwicklung zu mehr Bewusstsein kann man weder vorhersagen noch planen. Hier geht es nicht nur darum, eine bessere Führungspersönlichkeit zu werden, sondern vor allem darum, sich selbst treu zu sein. Wenn der Erfolg sich einstellt, ist das nicht verwunderlich, weil nun zwischen unserem Inneren und dem, was außen passiert, mehr Stimmigkeit entstanden ist. Wahrscheinlich wird aber der Erfolg ein anderer sein als vorher, oder wir nehmen etwas anderes als Erfolg wahr. Wir freuen uns weniger über die materiellen Erfolge oder fangen zumindest an wir zu überlegen, wie wir sie nicht nur für uns selbst, sondern vor allem für andere besser nutzen können. Das Gefühl von Erfolg stellt sich ein, wenn wir wirksam im Sinne von nützlich gewesen sind, wenn wir sehen, dass andere Menschen von unseren Handlungen profitiert haben oder wir etwas dazu beitragen konnten, das dem größeren Ganzen besser nützt. Erfolg gründet sich damit weniger auf äußere Anerkennung, sondern auf eine bessere Übereinstimmung zwischen dem, was uns wichtig ist und uns am Herzen liegt, und dem, was wir bewirken. Wenn wir diesen Zustand einmal erreicht haben, wird klarer, dass ein Mangel an Bewusstsein ebenso wie ein Mangel an Reflexion der Welt nicht nützt. Fehler zu machen ist wichtig, aber ebenso wichtig ist es, Fehler nicht ständig zu wiederholen. Jedoch geht es um mehr als Fehler zu vermeiden oder von ihnen zu lernen. Wenn wir unseren Geist kultivieren (und dabei auf unser Herz hören), sehen wir klarer, wie unser eigenes Werden zum Lauf der Welt beiträgt. Es macht einen Unterschied, wie wir sind, was wir tun und vor allem – *wie* und *was* wir denken.

Mit dieser Erkenntnis haben wir einen kleinen Einblick in eine andere Realität gewonnen, die doch zugleich die ist, die wir täglich leben. Vitalität und damit Leben – für uns und andere – entsteht dort, wo unser Herz im Spiel ist. Sobald wir es beiseiteschieben, für eine kürzere oder längere Zeit, trennen wir uns von dieser Quelle der Erneuerung. Nicht umsonst sind wir glücklich, wenn wir verliebt sind. Zu wissen, dass dies ein Grundgefühl des Lebens ist, das auch bei vielen anderen Gelegenheiten zum Vorschein kommen kann, nicht nur, wenn es um einen anderen Menschen geht, ist eine Entdeckung, die uns in die Zukunft trägt. Es ist fast so, als wären wir in der Lage, durch ein kleines Fenster in die

Gesetzmäßigkeiten der Evolution zu schauen. Leben rearrangiert sich immer wieder zu Leben, selbst nach Phasen von Dekonstruktion. Das Herz setzt sich auch bei Menschen schließlich immer wieder durch. Wenn wir lernen, ihm früher und bewusster die Aufmerksamkeit zu schenken, die es verdient, ändert sich nicht nur unser Leben, wir sind auch nützlicher für andere.

Die Arbeit am eigenen Geist, durch Reflexion, Meditation oder Kontemplation, ist so alt wie die Menschheit. Dennoch ist dies immer noch eine Baustelle, die mehr Aufmerksamkeit braucht – auch in unserer modernen Welt. Nicht umsonst gibt es einen enormen Zuwachs an Literatur und Forschung zum Thema Achtsamkeit und Meditation. Längst ist das Thema im Management und in der Führungskräfteentwicklung angekommen. Es ist inzwischen nachgewiesen, dass Manager, die regelmäßig meditieren, nicht nur effektiver sind, sondern auch zufriedener mit ihrem Leben. Aber ist es nur das, worum es geht? Ist Meditieren ein weiteres Instrument der Selbstoptimierung? Ich meine Nein. Denn die Kultivierung des eigenen Geistes ist keine narzisstische Selbstschau und dient nicht dem Zweck der Profitsteigerung. Achtsamkeit ist ein Weg dahin, unseren eigenen individuellen Geist mit dem zu verbinden, was man als kollektives Bewusstsein bezeichnet. Je mehr wir in uns selbst eintauchen, desto mehr Zugang finden wir zu einem größeren Ganzen. Es gibt Mönche, die davon überzeugt sind, dass es in ihren strengen Meditationsriten nicht um sie selbst geht, sondern um die Welt. Sie gehen davon aus, dass, wenn sie selbst ihren Geist reinigen, sie dadurch einen ganz wichtigen Beitrag zur Welt leisten, weil sich dies auf die Gesamtheit des vorhandenen Bewusstseins auswirkt. Das mag man für Unsinn halten, aber der Gedanke ist keineswegs absurd. Wer einmal tief in meditative Praktiken eingestiegen ist, weiß, dass sie Schichten um Schichten von relativ nutzlosen täglichen Gedankenkonstruktionen durchdringen und sozusagen ein anderes Lebensgefühl freilegen. Nach einer zehntägigen Meditation fühlt man sich dadurch wie ein neuer Mensch. Man ist nicht mehr der Sklave seines eigenen Geistes, sondern hat ihn gezähmt und kultiviert. Um es vereinfacht darzustellen: Meditation ernsthaft praktiziert ist wie Zähneputzen und Duschen. Beides würden wir nicht dauerhaft vernachlässigen, ohne mit unseren Mitmenschen anzuecken. Unseren Körper regelmäßig zu reinigen, erscheint uns selbstverständlich. Unseren Geist regelmäßig von allerlei Unsinn zu befreien und zu reinigen, wird noch immer als das Privileg einiger verrückter Überzeugungstäter angesehen. Dabei ist der Effekt, den Geist zu reinigen, ungleich wirksamer als die Pflege des Körpers. Es ist, als würden wir nur die Schichten gedanklichen Unrats beseitigen, um unseren wahren Kern freizulegen. Was wir dann finden, sind Herzensangelegenheiten, Werte, ein glücklicherer Blick auf die Welt und mehr Verständnis für andere. Menschen, die regelmäßig meditieren, berichten aber nicht nur, dass sie viel mehr Ideen haben, kreativer sind, schneller Lösungen finden, resilienter gegenüber Krisen sowie allgemein zufriedener und glücklicher sind. Sie berichten auch, dass sie mehr Zuneigung zu anderen und zur Welt empfinden. Nicht jeder mag daran glauben, dass es so etwas gibt. Es ist sicherlich wert, Meditation auszuprobieren. Denn ohne eine Zunahme unserer Bewusstheit bringen wir unsere Muster in die Welt auch in der Art, wie wir führen, das heißt wie wir Realität gestalten – und dann wundern wir uns über das Ergebnis. Da Gedankenmuster wesentlich dazu beitragen, wie Zukunft entsteht, lohnt es sich, den Geist zu kultivieren. Diese Erkenntnis ist so alt wie das Denken der Menschheit.

Als Diane ihre Phase des Nachdenkens abgeschlossen hatte, wurde ihr klar, dass sie sich in ihrer Arbeit zunehmend auf das konzentrieren wollte, was ihr nicht nur am meisten Energie gab, sondern aus ihrer Sicht ein wesentlicher Baustein dafür war, den Konzern zu verändern hin zu einer anderen Führungskultur. Ihr Verantwortungsbereich Diversity gab ihr klare zahlengetriebene Vorgaben für den Anstieg von weiblichen und nicht-europäischen Führungskräften, die aber immer wieder schwierig umzusetzen waren, weil die Führungskultur des Konzerns nicht nur männlich, sondern sehr europäisch geprägt war. Schließlich setzte sie um, was sie sich vorgenommen hatte: ein Mentoring-Programm für junge weibliche Führungskräfte. Sie brachte diese jungen Frauen in Workshops zusammen, damit sie Gelegenheit hatten, nicht nur alleine, sondern gemeinsam zu reflektieren, wie sie die Balance zwischen ihrem eigenen Potenzial und den Anforderungen der technologiegetriebenen Unternehmenskultur halten konnten. Diane beobachtete, wie sehr sich durch die Reflexion die Handlungsoptionen der jungen Frauen erweiterten.

> Je weniger bewusst man ist, desto mehr handelt man automatisch so, wie man es gewohnt ist, ohne das überhaupt zu bemerken oder infrage zu stellen. Mit zunehmender Bewusstheit ist man mehr man selbst, man kann andere Entscheidungen darüber treffen, wie man sich entwickeln will. Bewusstheit ist, als würde man die Schnelligkeit unserer Wirklichkeit auf einmal auf Zeitlupe stellen und jede Bewegung beobachten, als ob man sie zeichnen wollte. Diese Fähigkeit zu erlernen, ist ein enormes Zukunftskapital.

Bewusstheit ist eben manchmal wie eine Handbremse ziehen. Wenn wir nicht wissen, wie und wann wir diese Bremse ziehen müssen, laufen wir Gefahr, in der Schnelllebigkeit unseres Alltags im wahrsten Sinne des Wortes unter die Räder zu geraten. Unser Leben ist dann eine Aneinanderreihung von Handlungen und Reaktionen, die uns wie ein Strudel vorantreibt, ohne dass wir die Richtung entschieden selbst bestimmen. Wir fühlen uns wie ein Opfer im Sturm der Ereignisse, das herumgewirbelt wird von den Winden des Lebens. Wir bekommen das Gefühl, alleine zu sein, alleine kämpfen zu müssen – gegen Krisen, Hindernisse und Misserfolge. Bewusstheit lässt uns wieder bei uns selbst ankommen. Dies gezielt zu nutzen, ist eine hohe Kunst. Sie zu lernen fast eine weitere Lebensversicherung auf der Suche nach Führung mit Sinn.

4.8   Generative Energien besser nutzen

Ein Blick darauf, wie in der Natur Entwicklungsprozesse stattfinden, kann uns helfen, der hohen Kunst der Bewusstheit ein Stück näher zu kommen. Wenn es uns zum Beispiel gelingt, die Jahreszeiten wieder als Zyklus des Lebens wahrzunehmen und nicht nur als von unserem Smartphone angegebene Wetterinformation und Verkehrslage, finden wir in diesem Zyklus immer eine Zeit des Entstehens (der Frühling), eine Zeit des Bewahrens und der Ernte (der Sommer und der Herbst) und eine Zeit der Ruhe und des Umbaus (der

Winter). So unangenehm uns auch manche Jahreszeiten erscheinen, ohne sie würde die Natur nicht funktionieren. Ein dauerhafter Sommer würde uns ins Desaster führen. Wir selbst aber leben oft, als sollte der Sommer nie enden oder als müsste der Frühling nie in den Sommer übergehen. Wir erwarten entweder dauerhafte Erfolgssträhnen, ein immer-währendes Gefühl von Glück und Zufriedenheit oder zumindest die Abwesenheit von Pha-sen der Desintegration und Dekonstruktion. Wenn wir einmal ein Tief haben, müssen wir es bekämpfen und können kaum abwarten, bis es zu Ende ist. Dabei ist genau dieser Wandel genuin ein Merkmal des Lebens. Er setzt sich immer durch, auch dann, wenn wir für uns den dauerhaften Sommer proklamiert haben. Deswegen macht es mehr Sinn her-auszufinden, was unser eigener innerer Jahreszeitenzyklus ist: Welcher Rhythmus zwi-schen Entstehen, Bewahren und Umbau ist für uns typisch?

Lassen Sie uns einen Blick auf ein einfaches Modell werfen, das dabei hilft, nicht nur den eigenen Rhythmus zu identifizieren, sondern ihn auch so weit wie möglich in eine nützliche Balance zu bringen. Gehen wir einmal von Folgendem aus: Der Prozess des Werdens in der Evolution ist ein kontinuierlicher Rhythmus zwischen Kreation, Stabilisa-tion und Desintegration – oder Reintegration. Wir sind Teil dieses sich unendlich wieder-holenden Zyklus. Indem wir diesen Zyklus immer wieder durchschreiten, entsteht die Welt. Wir können daraus nicht wie aus einem Zug aussteigen. Deswegen lohnt es sich, bewusster, mit mehr Aufmerksamkeit daran teilzunehmen. Wenn wir diesen Zyklus in unsere Welt des Geistes übersetzen, ergeben sich drei wichtige energetische Zustände, mit denen wir unser Leben (und Leben allgemein) ebenso wie unsere Selbstwirksamkeit vo-ranbringen. *Begeisterung* ist der erste Zustand. Denn es ist die Art und Weise, wie wir mit Leidenschaft Wirklichkeit gestalten, die unsere Selbstwirksamkeit maßgeblich beeinflusst. Ob es ein Brennen für eine Sache ist oder das Verliebtsein in ein Ziel. Wer mit Begeiste-rung führt, bekommt nicht nur viel Energie zurück, sondern spendet sie auch anderen. Man kann diesen Zustand mit dem Frühling vergleichen, in dem die Natur sprießt. Der zweite energetische Zustand ist *Entschiedenheit,* ein Durchhaltewillen, der es uns möglich macht, das zu Ende zu führen, was wir angefangen haben. Mit Entschiedenheit zu führen hilft uns, Hürden zu überwinden, sowie Krisen oder schwierige Phasen durchzustehen ohne aufzugeben. Wir stehen das eine Mal mehr auf, das wir brauchen, um unsere Ziele zu erreichen. Man kann diesen Zustand mit dem Sommer und dem Herbst vergleichen, in denen die Früchte reifen. Der dritte Zustand ist der des Anhaltens, des Raums für *Erneue-rung.* Wenn wir mit Raum für Erneuerung führen, stellen wir nicht nur uns selbst Fragen, sondern lassen sie auch bei anderen zu. Wir laden ein zur Reflexion. Man kann diesen Raum für Erneuerung mit dem Winter vergleichen, in dem die Natur ruht und sich auf den nächsten Frühling vorbereitet. Alle drei inneren Zustände sind mit Gefühlen und Gedan-ken verbunden. Es lohnt sich, genauer herauszufinden, wie wir diese drei energetischen Zustände in einer Balance und in einem für uns und die Welt sinnvollen Rhythmus halten. Denn darum geht es: Wenn diese drei Lebensenergien in einer angemessenen Balance sind, das heißt jede ihren Raum in unserem Leben bekommt, dann macht es unsere Suche nach Sinn leichter. Es hilft uns nämlich, die Verbindung zu unserem Faden aufrechtzuer-halten, und damit hilft es uns, unser Potenzial besser in die Welt zu bringen. Diese Balance

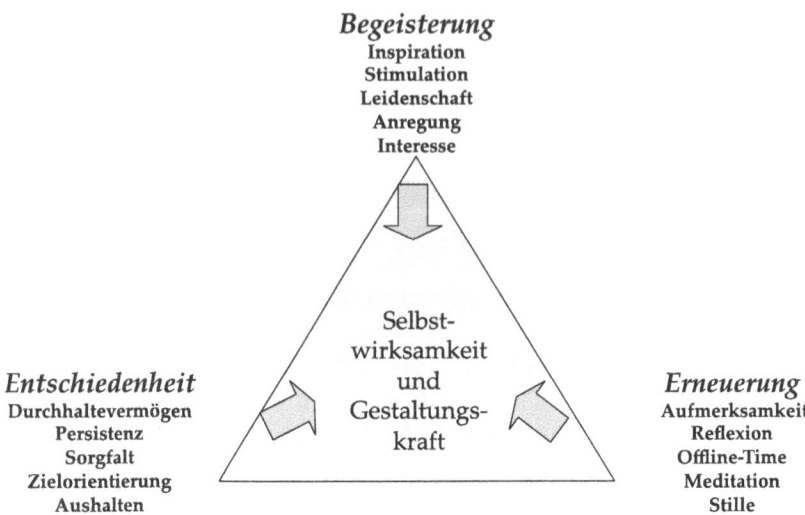

Abb. 4.1 Die drei generativen Energien in Balance halten

der drei Lebensenergien erhöht also im Laufe der Zeit unsere Selbstwirksamkeit. Mit einer verbesserten Balance werden wir vitaler und als Resultat davon eben wirksamer – und zufriedener. Den richtigen Rhythmus zwischen Begeisterung, Entschiedenheit und Erneuerung zu finden, ist fast eine Garantie dafür, dass wir nicht vom Weg abkommen auf der Suche nach Führung mit Sinn, sondern immer mehr zu uns selbst und zu unseren genuinen Möglichkeiten finden (siehe Abb. 4.1).

4.9   Begeisterung wiederfinden

Wir kennen das: Es gibt Menschen, die sich völlig für eine Sache begeistern können. Das mag auf Sie auch zutreffen oder nicht. Der Durchschnittsmensch kann Leidenschaft fühlen, aber muss man immer für eine Sache brennen? Ja und Nein. Nein, weil die Liebe zu dem, was man tut, nicht immer so offensichtlich sein muss, und Ja, weil es diese zutiefst wirklichkeitsverändernde Energie ist, die wir brauchen, um unser Potenzial so herauszubringen, dass es der Welt nützt. Wenn unser Herz nicht für das schlägt, was wir tun, sollten wir es bleiben lassen. Ist das zu radikal? Nein. Auch wenn es vielleicht zunächst unrealistisch klingt und Sie herausfordert. Die Leitfrage, um diese generative Energie ins Leben zu bringen, heißt immer (und immer wieder): *Schlägt mein Herz dafür?* Eine Beantwortung dieser Frage fordert manchmal radikale Veränderungen. Entweder müssen wir etwas anderes tun, das dann unser Herz begeistert, oder wir müssen das, was wir tun, so tun, dass es unser Herz berührt. Beides ist möglich und beides zählt. Aber diese Frage müssen wir uns regelmäßig beantworten, daran führt kein Weg vorbei auf der Suche nach Führung mit Sinn. Nur wenn wir inspiriert sind, werden wir kreativ. Wenn wir ein ausreichendes Maß an Leidenschaft empfinden, wissen wir, warum wir hier sind, warum wir tun, was wir tun, und wofür wir es tun. Diese Energie gibt uns die Kraft, Hindernisse zu überwinden und das Unmögliche zu wagen. Was als Jugendlicher einmal unser Anliegen war, hatte diese Kraft. Leidenschaft ist eine wichtige Form, Leben voranzubringen. Manchmal geht sie uns über lange Strecken unseres Lebens verloren. Wir wissen dann kaum mehr, wie sie sich anfühlt. Wenn wir die Verbindung zu unserer Leidenschaft verloren haben (und dies geschieht häufiger, als wie wollen), verliert der Beitrag, den wir zur Welt leisten können, an Kraft. Unsere Selbstwirksamkeit wird schwach. Wir verlieren die Verbindung zu einer Quelle, die unseren Lebensgeist nährt. Unser Herz rückt in den Hintergrund.

Manche Menschen tendieren dann dazu, sich unbewusst einen Ersatz für Leidenschaft zu suchen – Stimulation. Das ist nicht grundsätzlich schlecht, aber es kann gefährlich werden, wenn wir diesen unbewussten Mechanismus nur ausleben und gar nicht als Symptom für etwas Tieferes wahrnehmen. In leichter Form führt das Bedürfnis nach Stimulation dazu, dass wir ständig neue Herausforderungen suchen, unsere Karriere wie Hemden wechseln, immer neue Anerkennung im Beruf suchen, von Macht und Einfluss abhängig werden oder zu einem stressigen Job zusätzlich noch Extremsport machen. In schwerer Form führt dieses Bedürfnis dazu, dass wir Substanzen einnehmen, die uns stimulieren – Alkohol, Zigaretten oder Drogen. Es lohnt sich, all dies als oberflächliches Symptom zu sehen für eine tiefere, oft unbewusste Suche nach der Quelle ehrlicher Leidenschaft, die dann auftaucht, wenn unser Herz in Resonanz tritt mit der Wirklichkeit, die wir erleben oder gestalten wollen. In der Essenz ist es nicht mehr als die zutiefst menschliche Sehnsucht danach, das Herz zu spüren und zu lieben – die Welt, uns selbst, andere und was wir tun.

Bis zu einem gewissen Grad ist jedoch unser Hang zu Stimulation, den unsere informationsgetriebene Welt natürlich befördert, einfach menschlich. Neues zu entdecken, Orte zu wechseln, Herausforderungen anzunehmen, dient ja auch unserer Suche und unserer eigenen Entwicklung. Aber die schleichende Abhängigkeit von Stimulation birgt die Gefahr in sich, dass wir die Verbindung zu unserem Herzen, zu unserem roten Faden verlieren und uns von unserem wirklichen Potenzial nur weiter entfernen. Dann dauert es umso länger und ist umso schwieriger, die Verbindung wieder aufzunehmen. Deshalb hilft hier Beobachtung. Niemand muss sich alle Dinge versagen, die ihn anregen. Aber wenn wir die Frage, was uns daran begeistert, was wir beruflich tun, nicht oder nur schwer beantworten können, ist es Zeit, mehr Fragen zu stellen und sich auf die Suche nach Sinn zu machen. Als Menschen sind wir sinngetrieben. Was unser Herz zutiefst berührt, bringt uns unsere Lebenskraft zurück.

4.10 Entschiedenheit leben

Ohne Stadien des Reifens kann die Natur kein Leben aufrechterhalten. Es gibt ein afrikanisches Sprichwort: *Man kann einen Baum nicht zum Wachstum zwingen, man muss ihm Zeit geben und ihn nähren.* Prozesse des Reifens müssen gehalten, manchmal ausgehalten werden. Das bedeutet auch, dass solche Prozesse nicht beschleunigt werden können. Das ist natürlich ein eklatanter Widerspruch zu unserer schnelllebigen Zeit, die eine kollektive Ungeduld erzeugt, als müsste immer alles schon gestern erledigt und abgeschlossen sein. Sich diesem Druck zu entziehen, ist kaum möglich. Aber mit etwas mehr Wahrnehmung für notwendige Reifeprozesse – in uns selbst, um uns herum, in Beziehungen und beruflichen Vorhaben – können wir eine ganze Menge Vertrauen in die Zukunft aufbauen. Der generative Prozess des Lebens braucht wie in der Natur eine Zeit, in der wir uns kümmern und unsere Vorhaben quasi ernähren. Dazu ist eine tief verankernde Entschiedenheit vonnöten. Dabei lassen wir uns nicht von Schwierigkeiten aus der Bahn werfen oder geben an jedem nächsten Hindernis auf. Diese Fähigkeit zum Durchhalten, die Kunst, das, was wir wollen, auch über Hürden hinweg voranzubringen, ist eine Fähigkeit, die wir kultivieren müssen auf der Suche nach Führung mit Sinn. Denn das, was wir in die Welt bringen wollen und können, braucht diese Verpflichtung zur Umsetzung. Es ist diese Energie der Entschiedenheit, des sich Einsetzens für eine Sache, die unsere Selbstwirksamkeit nährt und zu Erfolgen führt. Menschen sind unterschiedlich, daher ist diese Kompetenz zur treibenden Verpflichtung, zum Durchhaltewillen, unterschiedlich ausgeprägt. Bei wem sie geringer ausgeprägt ist, der lässt sich von Schwierigkeiten schneller vom Weg abbringen, bei wem sie stark ausgeprägt ist, den kann niemand aufhalten. Auch hier hilft es, sich zunächst der eigenen Art und Weise bewusst zu werden, mit einer einfachen Frage: *Ziehe ich das durch, was ich mir vorgenommen habe?* Damit kennen wir unsere Tendenz und können mit ihr arbeiten. Das ist deswegen wichtig, weil wir auf der Suche nach Führung mit Sinn unweigerlich verändern werden, was wir in die Welt bringen oder wie wir etwas in die Welt bringen. Das wird nicht immer bei anderen auf Zustimmung stoßen. Wir können nicht erwarten, dass, nur weil wir selbst uns auf einmal von Sinn erleuchtet fühlen, nun andere dies begeistert begrüßen. So ist die Welt nicht konstruiert. Deswegen brauchen wir Geduld, eine Bereitschaft, uns für eine Sache verpflichtend einzusetzen, und die Ruhe für Reifungsprozesse. Fehlt uns diese Voraussetzungen, wird unser Beitrag zur Welt unstet und verliert seine Wirkung.

Bei manchen ist das Phänomen der Selbstsabotage zu beobachten: Durch Mangel an Geduld und den nötigen Durchhaltewillen gehen Chancen verloren. Bevor etwas reif genug ist, gibt man auf. Bei anderen ist es die Angst vor zu viel Verpflichtung, vor einem grauen und nicht inspirierenden Alltagszwang, die Menschen daran hindern, etwas zur Reife zu bringen. Bei anderen wiederum ist es genau umgekehrt: Sie stecken so tief in Verpflichtungen, die sie rund um ihre Identität gebaut haben wie ein enges Gefängnis, dass ihnen das Leben so erscheint, als könnten sie aus der Tretmühle nicht heraustreten, vor allem dann, wenn genau diese Situation das Bedürfnis nach Sicherheit befriedigt. Nicht selten zeigt sich das dauerhafte Zuviel ohne Inspiration als Burn-out. Dann ist unsere Kreativität verbannt und unsere Vitalität eingeschränkt. Menschen sind jedoch unterschiedlich und wir alle kreieren ebenso verschiedenartige Muster rund um unsere Fähigkeit, etwas zur Reife zu bringen. Die Suche nach Führung mit Sinn setzt ein, wenn wir uns in Verpflichtungen verlaufen haben, wenn das, was wir tun, sinnentleert erscheint und unser Herz nicht anspricht. Wir müssen dann zurück in eine andere Balance, einen anderen

Rhythmus zwischen den drei generativen Energien. Denn für unseren zukünftigen Führungsbeitrag brauchen wir diese Entschiedenheit, ohne sie in tretmühlenartigen Zwang abgleiten zu lassen. Wir müssen sie kultivieren und zugleich die Verbindung zu unserem Herzen wiederherstellen. Meist braucht dies eine Zeit des Rückzugs – die dritte Energie der Erneuerung.

4.11 Reflexion ritualisieren

Ohne *Erneuerung* und Reflexion sind wir fremdgesteuerte Avatare und Opfer unserer eigenen Handlungen. Am deutlichsten wird dies, wenn es erst Krankheit oder Krise ist, die uns schließlich zu dem zwingt, was wir eigentlich in unser Leben fest einbauen sollten – Reflexion. Zeiten von innerem und äußerem Schweigen oder guten Gesprächen, allein oder gemeinsam mit anderen sind eine wichtige Gelegenheit, das zu verarbeiten, was wir mit den beiden anderen Energien – Leidenschaft und Entschiedenheit – erschaffen und erleben. Die Energie der Reflexion, die für Erneuerung notwendig ist, hat nicht nur eine regenerative, sondern auch eine transformative Wirkung. Wir erlauben es unserem Prozess des Werdens einfach stattzufinden und unterstützen unseren Geist darin, Sinnzusammenhänge zu finden, neue Ideen zu generieren und Kraft zu schöpfen. Erkenntnisse brauchen einen Raum, in dem sie entstehen können. Nur dann tauchen sie auch in unserem Geist auf. Das Warten, das die Natur uns im Winter so eindrucksvoll vorlebt, sollten wir von ihr abschauen und für uns als Fähigkeit kultivieren. Stille – im buchstäblichen wie im übertragenen Sinne – und ein regelmäßiges Anhalten der schnelllebigen Wirklichkeit sind nicht etwa ein Luxusprivileg oder ein merkwürdiges Hobby, sondern schlicht Notwendigkeit. Wenn wir diesen Aspekt in unserem Rhythmus vernachlässigen, zahlen wir auf Dauer einen hohen Preis. Entweder schleichen sich Krankheiten leichter ein, wir werden unwirksamer oder wir verlieren unseren roten Faden. Auch hier hilft es, sich zunächst der eigenen Art und Weise bewusst zu werden, mit der einfachen Frage: *Wie und wann komme ich zu Erkenntnissen?* Damit kennen wir unsere Tendenz und können mit ihr arbeiten. Denn wie wir die Energie der Erneuerung konsequent in unser Leben integrieren, kann so unterschiedlich sein, wie Menschen unterschiedlich sind. Für manche ist es der tägliche Spaziergang mit dem Hund, die Reise für ein Wochenende ans Meer, das Besuchen eines besonderen Ortes, der Gang in die Kirche oder die Moschee, ein gutes Gespräch mit einer Freundin oder der Meditationsplatz im eigenen Haus. Der Kreativität für Phasen der Erneuerung sind keine Grenzen gesetzt. Wichtig ist allerdings, dass wir auf unserer Suche nach Sinn diese Erneuerungsphasen nicht mehr nur dem Zufall überlassen, sondern auch in unser Leben einbauen wie alle anderen Dinge, die wie machen müssen oder machen wollen.

In den vorangegangenen Kapiteln habe ich die Bedeutung von Reflexion und Rückblick immer wieder herausgestellt. Natürlich sollten wir es damit nicht übertreiben. Die eigene Selbstschau sollte nicht zum Ego-Trip werden, sondern Sinn machen im wahrsten Sinne des Wortes. Es geht darum, dass wir uns selbst und die Welt besser verstehen und erkennen – damit wir mit dem, was wir sind und wie wir sind, einen Beitrag in die Welt bringen, der genau diese Welt sinnvoll weiterbringt. Dafür müssen wir uns manchmal selbst überlisten, denn Phasen der Erneuerung durch Reflexion sind nicht gleichbedeutend mit Entspannung. Letztere ist immens wichtig, aber führt nicht immer dazu, dass wir zu neuen Erkenntnissen kommen. Es ist nichts dagegen einzuwenden, wenn wir in unser Leben eine Fülle von Anregungen, Ablenkungen oder Vergnügungen einbauen. Was immer uns vital macht und unsere Lebensgeister anregt, ist nützlich. Aber nicht jeder Fernsehabend (oder YouTube-Abend), nicht jede Feier und nicht jeder gelesene Krimi zahlen auf das Konto reflektierter Erneuerung ein. Wir müssen bewusst dafür Raum schaffen und brauchen dafür die beiden anderen Formen der generativen Energien – Leidenschaft und Entschiedenheit. Es muss Spaß machen, uns in einen Raum der Reflexion zu begeben, sonst werden wir es auf die Dauer nicht tun, und zugleich brauchen wir Entschiedenheit dafür, dass wir es regelmäßig tun. Es lohnt sich daher, Reflexion zu ritualisieren. Rituale sind Handlungen, die wir immer wieder gerne tun, weil sie uns gut tun, und die damit zu nützlichen Gewohnheiten werden. Das Wichtigste dabei ist zunächst, dass diese Zeiten der Kontemplation Teil von unserer Planung werden – genauso wie wir unsere Managementstrategien oder unsere Aktivitätslisten planen. Sie müssen ihren Weg finden auf genau diese Listen und in diese Strategien. Dabei können wir grob zwischen drei Formen von Erneuerungsphasen unterscheiden (die wir alle planen sollten):

- Die regelmäßige „Auszeit": Dies ist das Zeitfenster von einem bis fünf Tagen alleine an einem Ort der Stille. Manchen reicht dies einmal im Jahr als Rückblick und Ausblick, andere fühlen sich dichter an ihrem roten Faden, wenn sie sich ein solches Zeitfenster alle drei Monate einräumen. In jedem Fall gilt die Regel, dass es die Konfrontation mit der Stille, der Leere und dem Nichtstun ist, die den Raum dafür schafft, Erfahrenes und Erlebtes in Erkenntnis und neue Vorhaben zu transformieren. Manche besuchen hierfür einen Meditationskurs – dort sind sie zwar nicht allein, aber da Schweigen dort in der Regel auch zum Programm gehört, hat dies eine sehr eindrucksvolle Wirkung.
- Die tägliche „Auszeit": Dies ist das kleine Zeitfenster, das täglich reserviert ist für uns allein. Für manche von uns ist es schwierig, überhaupt daran zu denken, noch etwas in den ohnehin schon zu vollen Tagesplan zu integrieren. Zwischen beruflichen und familiären Verpflichtungen noch ein Zeitfenster für das Ich zu finden, ist für viele eine Herausforderung. Manche schaffen es immerhin zum Joggen, zum Yoga oder ins Fitnessstudio, was schon ein bahnbrechender Erfolg sein kann. Aber die Energie der Erneuerung ist noch etwas anspruchsvoller – sie verlangt einen kleinen Raum des Nichtstuns und der Stille. Manche stehen morgens eine Stunde früher auf als alle anderen und ziehen sich zum Meditieren und Nachdenken zurück, andere reservieren sich zumindest eine Viertelstunde pro Tag zum Meditieren. Wenn es ganz und gar knapp wird mit der Zeit, dann sind es vielleicht nur drei Minuten am Abend, die einem kurzen Rückblick auf den Tag gewidmet sind. Was immer es auch ist, was zählt, ist die Regelmäßigkeit. Nur dann fangen wir nach und nach an, unseren Geist zu zähmen, und entdecken neben

unseren eigenen Entwicklungsmustern auch, wie viele neue Handlungsoptionen und Möglichkeiten wir haben.

- Die gemeinsame „Auszeit": Die Führungskräfte, die die gemeinsame Auszeit praktizieren, berichten, dass es sie nicht nur bereichert, sondern ihre Wirksamkeit erhöht – sich Zeit zu nehmen für eine gemeinsame Reflexion im Gespräch mit anderen. Mit anderen professionellen Kollegen oder Freunden bewusst einen Raum zu schaffen, der nicht von Planungs- und Strategiediskussionen besetzt ist, kann sehr befreiend sein. Wenn eine unstrukturierte Zeit gemeinsam möglich ist, in der man gemeinsam denken kann, ohne zwingend zu einem Ergebnis kommen zu müssen, strukturieren sich in spannender Weise die eigenen Gedanken neu.

Alle drei Formen von Erneuerung werden über die Zeit ihre Wirksamkeit entfalten. Es geht nicht darum, ein schnelles Ergebnis zu produzieren oder perfekt zu werden. Es geht darum, menschlicher zu werden und damit mehr die Person, die wir wirklich sind oder sein können.

4.12   Den Fluss in Gang halten

Je mehr wir im Laufe der Zeit die Abwesenheit oder Anwesenheit dieser drei generativen Energien bemerken, desto größer werden auch unsere Chancen, sie in einem für uns brauchbaren Rhythmus zu halten. Auch hier geht es in keiner Weise um Perfektion, sondern darum, den Tanz der Energien zu finden, der uns unseren roten Faden so in die Zukunft spinnen lässt, dass für uns selbst und andere daraus mehr Sinn entsteht. Wie der Fluss dieser Energien für uns persönlich aussieht, ist natürlich nicht nur von uns selbst beeinflusst, sondern auch von der Welt, in der wir leben, agieren, unseren Lebensunterhalt verdienen müssen und etwas bewirken wollen. Die meisten Leistungsbeurteilungen in Unternehmen nehmen keine Rücksicht darauf, wie wir diese Energien in Gang halten, sie messen höchstens das Ergebnis für das Unternehmen, alles andere ist unsere private Angelegenheit. Wenn wir uns an die Anforderungen anpassen, was wir in der Regel müssen, kann es schon einmal sein, dass wir eine bewusste Balance der Energien über eine lange Zeit vernachlässigen. Allerdings können wir uns auf die Muster des Lebens verlassen. Ignorieren wir zu lange die Balance dieser Energien, weil die Realität es vielleicht von uns fordert, kommt irgendwann irgendetwas, das die Balance wieder zurückbringt. Manchmal ist dies eine schmerzhafte Erfahrung und meistens ist sie begleitet davon, dass wir uns fragen, was wirklich zählt und was uns wirklich wichtig ist. Dennoch hilft es, auf typische Konstellationen zu achten. Sobald sie uns bekannt vorkommen, können wir selbst Schritte zu einer neuen Balance einleiten, bevor das Leben dies ohnehin für uns tut.

Wenn wir zum Beispiel Lust und Leidenschaft verloren haben und wir unser persönliches oder professionelles Umfeld als eine Aneinanderreihung von nie enden wollenden Pflichten erleben, ist es Zeit zum Rückzug. Die Warnsignale sind meistens dann schon lange deutlich: Wir freuen uns nicht mehr, morgens aufzustehen, wir erleben alles als zu viel, wir haben Angst, die Arbeitslast nicht mehr bewältigen zu können, wir fühlen uns von unserem eigenen Wesen abgetrennt, wir stehen nicht mehr hinter der Art und Weise, wie unser Unternehmen agiert. Alles, was unterstützt, kleine oder große Auszeiten, tägliche oder tageweise, in Gang zu setzen, ist dann hilfreich. Manchmal brauchen wir sogar eine längere Auszeit, um uns zu regenerieren. Bevor Leidenschaft wiederkehrt, die sich in solchen Situationen oft für eine unendlich lange Zeit verkriecht, müssen wir viele und manche unbequemen Fragen stellen und aushalten, dass es keine schnellen Antworten gibt. Aber wir können uns auf das Leben verlassen – irgendwann taucht auch die Lust am Leben wieder auf und etwas spricht unser Herz an.

Das deutlichste Symptom einer unausgeglichenen Balance ist in der Regel Orientierungslosigkeit – wie wissen nicht mehr, was wir wirklich wollen oder was uns wichtig ist. Oder wir entdecken, dass das, was wir als wichtig definiert hatten, plötzlich unwichtig wird. Es ist, als würden wir das Steuer unseres Lebens aus der Hand geben und unseren Weg verlieren. Eine undurchdringliche Nebelwand stellt sich zwischen uns und unsere Möglichkeiten. Wir tun, was wir tun, aber es macht nicht mehr wirklich Sinn für uns. Auch das gilt es auszuhalten, weil es Teil der Suche nach Sinn ist. Sobald wir aber wissen, dass wir immer auf unterschiedlichste Weise am Rad dieser drei Energien drehen können, sind auch solche Phasen nicht bedrohlich, sondern heiter zu belächeln. Manche Dinge müssen reifen und andere müssen „herbeigewartet" werden. Das ist beides nicht Teil unserer modernen Kultur, aber praktisch zu wissen, damit wir uns nicht auch noch auf unserer Suche nach Führung mit Sinn ständig überfordern. Gelegentlich helfen wie so oft dann Fragen, die man am besten eine Weile mit sich herumträgt, weil die Antworten reifen müssen:

- *Was macht mir Spaß? Was gibt mir Energie?*
- *Wofür würde ich mich wirklich gerne einsetzen?*
- *Was regeneriert mich und gibt mir Lebenskraft?*

Allein diese Fragen bringen schon Bewegung in die drei Elemente – auch wenn die Antworten noch fern sind. Fragen ärgern unseren Geist. Er ist darauf trainiert, Antworten zu finden, und deshalb begibt er sich sofort auf die Suche danach. Das bringt den Nebel um uns herum in Bewegung und uns näher zu uns selbst. Die Suche nach Antworten macht die Welt Schritt für Schritt wieder zu einem Platz, den wir mitgestalten können und nicht nur erfahren. Antworten stellen sich ein und wir können neue Möglichkeiten ausprobieren.

Nach und nach unseren uns eigenen Rhythmus zu finden, hat eine nicht zu unterschätzende Wirkung – wir kommen wieder in Verbindung mit unserer Kreativität und damit unserer Suche nach Sinn. Der nächste Schritt von Klarheit stellt sich ein. Wir probieren erst in Gedanken, dann in Taten neue Wege aus. Wo wir zuvor Hindernisse gesehen haben, entdecken wir jetzt Chancen. Wir werden mutiger und lebenslustiger, bereit, etwas Neues zu wagen – nämlich umzubauen, anzupassen oder neu zu definieren, wie und wo und mit wem wir unsere Expertise zu dieser Welt beitragen wollen und was wir bewirken wollen. Wenn die generativen Energien in einem angemessenen Rhythmus fließen und halbwegs in Balance sind, begegnet uns das Leben anders und wir begegnen dem Leben anders. Sinn – das, was wir tun wollen in der Welt –, wird klarer. Wir steuern unseren Weg bewusster.

Dies ist selten ein plötzlicher Umbruch, der alles anders werden lässt. Es ist viel häufiger ein Weg, der graduell mehr der unsere wird. Je mehr wir die Energien sinnvoll in Balance halten, desto stabiler wird das, was im Zentrum ist – unser generativer Beitrag in der Welt. Es ist die Mischung zwischen unserem Potenzial und unserer Expertise. Auch hier geht es darum, den Weg zu genießen. Denn die Arbeit an unserer eigenen Zukunft hört nie auf. Statt die Welt mit einer plötzlichen überwältigenden Erkenntnis zu beglücken, ist es viel realistischer und sinnvoller, dass wir den ersten Schritt in ein anderes Leben bewusst gehen und dann den zweiten und dann den dritten. Das Gehen ist wichtiger als das Ankommen. Mit dieser Erkenntnis können wir erste Antworten wagen – was denn nun der Beitrag sein soll, den wir in Zukunft in die Welt bringen wollen. Damit wird sich das nächste Kapitel beschäftigen.

4.13   Ein Blick in die Praxis: Kathrin Wieland, Hauptamtlicher Vorstand und Geschäftsführerin von Save the Children Deutschland

Kathrin Wieland ist studierte Betriebswirtin und leitete bis 2008 die Internationale Marketingabteilung bei Herlitz, einem der führenden Papier- und Schreibwarenproduzenten Europas. Während ihrer Tätigkeit bei Herlitz baute sie den gemeinnützigen Verein „BildungsCent e. V." auf, der sich für die nachhaltige Förderung der Lehr- und Lernkultur in Deutschland einsetzt. Anfang 2008 wechselte sie dann als Vorstand und Geschäftsführerin zu Save the Children Deutschland, einer NGO, deren Anliegen es ist, die Rechte und das Wohl von Kindern global voranzubringen. Zu diesem Zeitpunkt hatte der gemeinnützige Verein 11 Mitarbeitern und ein Spendenaufkommen von 2,3 Mio. EUR. Innerhalb von 7 Jahren stieg die Anzahl der Mitarbeiter auf 80 und das Spendenaufkommen auf über 20 Mio. EUR. Im Laufe ihrer Tätigkeit bei Save the Children hat sie unter anderem innovative Kooperationen mit der Privatwirtschaft angestoßen und dadurch einen wertvollen Beitrag zur Verankerung von gesellschaftlicher Verantwortung in Unternehmen geleistet.

Wenn Sie zurückblicken auf Ihren Weg als Mensch und als Führungskraft, welchen roten Faden erkennen Sie? Was hat Sie geleitet?
Mir sind Werte wie Respekt und Vertrauen sehr wichtig – als Mensch und als Führungskraft. Ich sehe meinen eigenen Führungsstil als sehr kooperativ und partizipativ auf Wertschätzung und Gemeinschaft aufbauend. Ich habe schon sehr früh – mit 25 – die Chance gehabt, ein Team zu leiten. Das war nicht immer einfach, denn gerade in Unternehmen

wurde mir oft gespiegelt, ich sei zu weich, um mir Respekt zu verschaffen, ich sei zu kooperativ.

Wie ist bei Ihnen der Entschluss zu einem Karrierewechsel entstanden?

Was mir gefehlt hat in den Unternehmen, in denen ich gearbeitet habe, waren die soziale Komponente und sehr oft eine gute Führungs- und Unternehmenskultur. Deswegen fand ich es damals spannend eine eigene Organisation aufzubauen, die kooperativ ist, nicht hierarchisch allein auf Ergebnisse und Kennzahlen bezogen, mit Freiräumen für Mitarbeiter, um ihnen die Möglichkeit zu bieten sich auszuprobieren und mitzugestalten. Ich wollte genau die Organisationskultur entwickeln, die ich bis dahin in der Privatwirtschaft vermisst hatte. Dort ging es oft nur darum, weitere Effizienzgewinne zu nutzen, sodass jede Menschlichkeit verloren ging. Bei einem Unternehmen musste man nahezu jedes Quartal eine Liste mit Mitarbeiter aufstellen, die man zur Kündigung freistellte. Gelegentlich wurde ich aus Sitzungen ausgeladen, weil ich die einzige Frau im Management war und die Männer unter sich sein wollten. So wollte ich auf Dauer nicht arbeiten. Dabei wollte ich nicht unbedingt zu einer NGO wechseln, weil ich finde, dass Führungskräfte sich auch in Unternehmen mehr für Ethik und Nachhaltigkeit einsetzen sollten. Aber die Position bei Save the Children passte dann einfach. Hier zu arbeiten, empfinde ich immer noch als Privileg. Es hat mich unglaublich weitergebracht. Ich habe die Chance gehabt, eine kleine Organisation in Deutschland zu etablieren und zum Wachsen zu bringen. Das war fantastisch. Aber als ich damals mein Unternehmen verließ haben meine Kollegen gedacht, ich wäre verrückt, wie ich zu so einem unbekannten Verein gehen könnte obwohl ich doch genauso gut hätte Vorstand werden können. Natürlich habe ich mein Gehalt damals halbiert, aber man bekommt hier so viel mehr, man hat die Chance mit fantastischen Menschen zusammenzuarbeiten.

Was konnten Sie mitnehmen an Erfahrungen aus der Privatwirtschaft?

Ich finde, dass eine NGO gar nicht anders zu führen und zu managen ist als ein privatwirtschaftliches Unternehmen. Ich wusste, wie man ein Produktkonzept oder eine Marke aufsetzt, wie man gute Kommunikation macht, auch wenn es sich dabei um ein Projekt handelt zur Unterstützung von Flüchtlingen. Auch da muss ich natürlich genau überlegen: „Was ist die Zielgruppe? Für wen könnte das interessant sein?", etc. Dann konnte ich natürlich den Bereich Finanzmanagement einbringen, das ist auch in einer NGO ein ganz wesentlicher Teil. Zudem haben wir viele Unternehmenspartnerschaften, da konnte ich natürlich auch meine Erfahrungen einbringen. Ich habe gemerkt, dass ich in beiden Sektoren kommunizieren kann. Wir arbeiten stark über verschiedene Sektoren hinweg. Wir bringen ganz unterschiedliche Parteien an einen Tisch für das, was wir vorantreiben wollen. Das bringt viele Konflikte mit sich, weil man immer wieder unterschiedliche Werte und Interessen zusammen aushandeln muss, aber am Ende haben wir immer eine gute Lösung für Kinder gefunden.

Auf dem Weg in ein stärkeres gesellschaftliches Engagement, welche Hürden mussten Sie überwinden?

Als ich bei Save the Children angefangen habe, konnte ich kaum Entwicklungszusammenarbeit von humanitärer Hilfe unterscheiden. Meine Lernkurve war unglaublich steil.

Die ersten Jahre war ich in der NGO-Branche ein Fremdkörper. Damals war ich noch Anfang 40 und bei den ersten Geschäftsführertreffen waren nur Männer da zwischen 55 und 60, alle mit 30 Jahren Erfahrung in der deutschen Entwicklungszusammenarbeit. Da hatte ich schon Probleme ernst genommen zu werden. Ich habe ganz viel gelesen, um sprechfähig zu sein. Aber natürlich gab es dann mal Treffen, wo ich mich ausgegrenzt gefühlt habe und keiner mit mir sprechen wollte. Da habe ich schon ganz schön gekämpft. Der Anfang war wirklich herausfordernd. Ich musste viel reisen, und habe erst nach und nach erkannt, wie anspruchsvoll so ein Job ist, auf wie vielen Ebenen ich mich als Geschäftsführerin auskennen musste. Was ich für mich selbst nicht optimal hinbekommen habe, ist ein vernünftiger Spagat zwischen Job und Familie. Das ist noch immer meine Frage: Wie bekomme ich es hin Gutes zu tun, aber mich nicht aufzubrauchen? Nicht ständig mit einem schlechten Gewissen im Job zu sein und beiden Welten nicht gerecht zu werden.

Gibt es irgendeine Erinnerung an Ihre Jugendzeit, die sie auf irgendeine Weise mit ihrem heutigen Engagement in Verbindung bringen?

Was mich geprägt hat, ist mein Vater gewesen. Er war Chefarzt und Klinikleiter, und wenn ich als junges Mädchen mit ihm durch die Klinik ging, dann fiel mir auf, dass er jeden Namen kannte, von jedem Mitarbeiter, auch der Reinigungskraft. Er hat mir damals schon gesagt: Jeder hat hier einen ganz wichtigen Beitrag zu leisten. Dieser Respekt vor der individuellen Leistung, das hat mich unglaublich geprägt. Der Beitrag mag in unseren Augen noch so klein sein, er ist wichtig.

Eine andere Sache war das Thema Ungerechtigkeit. Schon sehr früh hat es mich wütend gemacht, wenn ich als Mädchen etwas nicht durfte. Als ich vier war, wollte ich auf einer Kirchenfreizeit unbedingt bei den Jungs schlafen und das habe ich dann auch durchgesetzt. Sie haben mich eben Klaus genannt und dann ging das durch. Wenn mein Gerechtigkeitssinn verletzt war, habe ich schon seit frühester Kindheit sehr gekämpft. Das ist sicherlich auch ein Grund der mich zu *Save the Children* gebracht hat. Eigentlich wollte ich Journalistin werden, für Wahrheit und Gerechtigkeit kämpfen. Aber als die Journalistenschule in Hamburg mich nicht genommen hat, dachte ich, wenn ich kritisch gegenüber der Wirtschaft bin, wäre es doch auch gut zu wissen, wie das funktioniert. Ich habe dann Betriebswirtschaft studiert. Aber sowohl der medizinische Familienhintergrund als auch mein Interesse am Journalismus haben mich sehr geprägt in dem Sinne als dass ich helfen wollte und mich in kritische Themen schnell einarbeiten musste. Das hat die Basis gelegt für das, was ich heute tue.

Wenn Sie einen Blick in die Zukunft werfen, wo geht dann die Reise hin?

Was mich für die Zukunft interessiert, ist die Schnittstelle zwischen NGOs und Wirtschaft, das Zusammenwirken der Sektoren, das ist sicherlich inzwischen meine größte Stärke. Ich würde auch gerne auf Unternehmen einwirken, dass sie das Thema Nachhaltigkeit konkreter auf die Agenda setzen

Außerdem beschäftige ich mich mit dem Thema transformationell Führung. Ich sehe schon, was immer noch an Führungsstil bei Unternehmen vorherrscht, wie mit Mitarbeitern umgegangen wird. Mich da mit meinen Erfahrungen einzubringen, das kann ich mir gut vorstellen. Einen dritten Schwerpunkt sehe ich in der Organisation internationaler NGOs oder auch Unternehmen. *Save the Children* ist ja eine Föderation, da habe ich in den letzten Jahren viel gelernt: Wie setzt man da Zielerreichung um, wenn man keine hierarchische Organisation hat, wie kommen wir zu guten Entscheidungen? Das sind spannende Themen, weil viele internationale Probleme und Herausforderungen ja auch nicht anders gelöst werden können als im Konsens.

Was würden Sie Führungskräften raten, die am Anfang einer Veränderung stehen zu einem möglichen Engagement für mehr gesellschaftliche Verantwortung?

Was für mich funktioniert hat in solchen Zeiten war, mir Zeit für mich selbst zu nehmen. Man muss auch mal mutig sein und einen Job beenden, um sich Zeit zu nehmen. Mich fragen oft junge Menschen, wie sie sich engagieren können und ich sage dann, dass sie versuchen sollen, in dem Job etwas zu verändern, in dem sie sind. Wenn man erkannt hat, was der eigene rote Faden ist, was der eigene Kompass ist, dann sollte man aktiv werden. Das kann sein, dass man die Unternehmenskultur verändert, sich für Nachhaltigkeit im Unternehmen engagiert oder versucht, auf die Strategie Einfluss zu nehmen. Ich glaube, die Zeit reif ist für solche Veränderungen von innen heraus. Nicht jeder muss den Job wechseln. Wir bekommen viele Bewerbungen von Leuten aus Unternehmen, die in einer NGO wie unserer arbeiten wollen. Da würde ich mir manchmal wünschen, dass sie das veränderte Denken eher innerhalb der Unternehmen umsetzen. Denn wir müssen in den Unternehmen den Paradigmenwechsel angehen. Es kann nicht nur um Gewinnstreben gehen. Wir müssen gemeinsam unsere Welt gestalten. Die Herausforderungen der Zukunft liegen ja auf der Hand. Dafür brauchen wir Allianzen zwischen NROs, Unternehmen und staatlichem Handeln. Wenn dafür viele kleine Fünkchen auch in Unternehmen brennen, bekommen wir den Paradigmenwechsel eher hin. Ich glaube, dass gerade die jungen Leute große Chancen haben, dass sie da heute Sachen durchsetzen können, die man vor 20 Jahren nicht hätte durchsetzen können.

4.14   Ein Blick in die Theorie: Achtsamkeit als Weg nach Hause

In der wissenschaftlichen Literatur findet man zunehmend Beiträge zum Thema Achtsamkeit und Glücklichsein. Dabei wird oft unterschieden zwischen einem Zustand, der Hedonie genannt wird – beschrieben als Glücksempfinden durch Vergnügen, Befriedigung von Wünschen und Selbstbelohnung –, und einem Zustand, der Eudämonie genannt wird – beschrieben als Glücksempfinden durch körperliches und geistiges Wohlbefinden, allerdings verbunden mit einem tieferen Sinn des eigenen Tuns als Beitrag zum Wohlbefinden anderer. Beiden, vor allem aber dem Letzteren, wird in der Literatur eine gesundheitsfördernde Wirkung zugeschrieben: sozusagen ein Schutz gegen verschiedene Erkrankungen wie z. B. Arthritis, Herzinfarkt oder Virusinfektionen. Barbara Fredrickson, eine Psychologieprofessorin aus den USA, kam in ihren Forschungsarbeiten zu dem Ergebnis, dass ein sinnstiftendes Leben zu einer langfristig stabileren Gesundheit führen kann (Frederickson 2011). Auch die Forschungen zur Auswirkung von Meditation auf die Lebensperspektiven und Leistungen von Managern haben seit der Jahrtausendwende enorm zugenommen. Nachdem zunächst Kognitionswissenschaftler sowie Forscher, die sich buddhistischen Studien zugewandt hatten, die Bedeutung von Meditation betont haben, sind in den letzten Jahren auch mehr und mehr Neurophysiologen und Molekularbiologen auf die Auswirkungen von Meditation auf das Gehirn aufmerksam geworden (Congleton et al. 2015). Man kann Meditation als eine besondere Form der Selbstregulation des eigenen Geistes bezeichnen, die allerdings erst wirksam wird durch die Regelmäßigkeit meditativer Praxis. Erst dann verändert sie die Plastizität des Gehirns positiv und dies bleibt uns bis ins hohe Alter erhalten – wenn wir weiter trainieren! Da sich inzwischen auch die „Harvard Business Review" der Thematik annahm (2014 ersetzen durch Congleton et al. 2015)), spricht für die Relevanz des Themas auch für Unternehmen. Also was bewirkt Meditation? Regelmäßig praktiziert hat sie positive Auswirkungen auf unsere Fähigkeit der Selbstregulation im Umgang mit Komplexität, Stress, unerwarteten Ereignissen und Informationsflut. Sie hilft nicht nur zu fokussieren, sondern steigert auch unsere Fähigkeit, sinnvolle Entscheidungen zu treffen. Damit scheint sie unverzichtbar zu sein in einer Geschäftswelt, die immer schneller, unsicherer, unvorhersehbar und labiler wird. Aber ist das alles, wozu Meditation nützt?

Regelmäßige Meditation hat einen Einfluss darauf hat, wie wir wahrnehmen. Hier setzt auch die Kognitionswissenschaft an. Wer die Wahrnehmung verändert, sieht nicht nur die Welt anders, sondern auch sich selbst. In seinen Schriften zum ethischen Wissen, die auf eine Vortragsreihe in Rom im Jahre 1991 zurückgehen, stellt der Philosoph und Kognitionsforscher Francesco Varela die These auf, dass es unser Ich nicht wirklich gibt, sondern dass wir es fortlaufend konstruieren (Varela 1999). Es ist sozusagen ein virtuelles Selbst – quasi ein Avatar. Wir bauen es immer wieder auf und um – und halten uns dann an dieser Vorstellung fest. Das Selbst lässt sich jedoch nicht wie vielleicht ein Organ des Körpers lokalisieren – wir vermuten, dass es im Gehirn lokalisiert ist, aber ist das Gehirn nicht nur die Hardware, auf der unsere Konstruktionssoftware läuft? Denn wir konstruieren das Selbst ununterbrochen als Ergebnis unserer Wahrnehmungsprozesse. In einer Art kollektiver, nicht explizit thematisierter Vereinbarung nennen wir diese Konstruktion dann „Ich". Wenn also Meditation Wahrnehmung verändert, verändert sie auch die Art und Weise, wie wir unser Selbst konstruieren. Was bei Meditation Schritt für Schritt geschieht (ohne dass es ein endgültiges Ziel dieses Prozesses gibt), ist, dass wir immer mehr hinter den Vorhang dieser Konstruktion schauen. Wir betreten damit eine Welt, die uns sanft und graduell davon befreit, auf genau diese von uns so meisterhaft hergestellte Konstruktion zu bestehen. Wir werden weniger abhängig von einer ganz bestimmten Vorstellung unseres Selbst und damit offener dafür, die Welt nicht mehr nur aus den Augen unseres virtuell konstruierten Ichs zu sehen. Wir schreiben sozusagen die Software um, mit der wir konstruieren. Nun könnte man annehmen, das sei alles zu theoretisch und nicht praktisch nützlich. Es hat aber einen Grund, warum Francesco Varela seine These vom virtuell konstruierten Selbst so vehement vertreten hat. Er ging nämlich davon aus, dass es eine sehr simple Formel gibt: Je weniger wir mit der ständigen Konstruktion und Verteidigung unseres virtuellen Ichs beschäftigt sind, desto mehr haben wir Zugang zu dem, was unter der Oberfläche des Selbst liegt – das, wie er es nennt, zutiefst menschliche ethische Wissen. Zu diesem Wissen gelangen wir durch die Praxis der Achtsamkeit, vor allem der Meditation. Das Wissen zeigt sich in einem tiefen befreiten Mitgefühl für andere und alles, was es in der Welt gibt. Damit wird es zu einem Seinszustand, der zu einem anderen Handeln führt. Diesen geistigen Zustand finden wir z. B. bei berühmten Persönlichkeiten wie dem Dalai Lama. Nach Varela, und das ist das Faszinierende an der Entwicklung von Achtsamkeit durch Meditation, ist dieser Seinszustand nicht eine Fähigkeit, die einige wenige sich durch eine besondere Gabe oder viel Übung angeeignet haben. In seiner These ist die Zuneigung zur Welt (und damit ein tiefes Mitgefühl für alle Lebewesen) der natürliche Zustand des Menschen. Wir müssen ihn uns nicht aneignen, sondern nur die natürliche Disposition, die wir alle haben, freisetzen – sozusagen die Schichten, die das tiefere Selbst überlagern, wegräumen. Varela verdeutlicht das mit einem Bild: Es ist, als würden wir mit der Fähigkeit, perfekt Geige zu spielen, auf die Welt kommen, und sie dann im Laufe des Lebens verlernen unter dem Einfluss unseres Lebensweges. Schließlich bleibt uns nichts anderes übrig, als intensiv zu üben, damit wir das, was wir ohnehin schon einmal konnten, wieder praktizieren können – virtuos zu spielen. Je mehr wir übern, desto mehr erinnern wir uns aber auch an unser virtuoses Spiel.

Meditation dient also dazu, uns von den uns selbst auferlegten Zwängen des Selbst zu befreien und uns ein Stück weiter an das heranzubringen, was darunter liegt – den Menschen, der an der Welt so teilhaben will, dass es ihm selbst und der Welt als Ganzem nützt. Aus Francesco Varelas Sicht ist dieser Gemütszustand der natürliche und man kann ihn als ein Ergebnis von Meditation gar nicht verhindern. Wir sollten es daher als Ansporn nehmen, wenn die „Harvard Business Review" auf die Bedeutung von Meditation für Manager hinweist. Dies ist ein Anfang für ein Umdenken in Unternehmen (und in der Politik) – ein wichtiger Schritt in Richtung auf eine Welt, die für alle ein besserer Ort wird. Meditation macht uns sicherlich auch leistungsfähiger und wirksamer, vor allem aber eröffnet sie uns Wege zu mehr Sinn.

4.15   Momente der Reflexion: Generative Energien in Balance halten

Die drei generativen Energien *Begeisterung, Entschiedenheit und Erneuerung* in Balance beziehungsweise in einem für uns sinnvollen Rhythmus zu halten, ist im Leben eine Daueraufgabe, die wir nicht immer bewusst umsetzen müssen. Über große Strecken hinweg entwickelt sich eine unsere Lebenskraft unterstützende Dynamik ganz von selbst.

Sollten wir aber typische Symptome entdecken, die dafür sprechen, dass die Energien nicht mehr in Balance sind, ist es Zeit, sich bewusster damit zu beschäftigen. Solche Symptome können zum Beispiel sein: ein Gefühl von Sinnlosigkeit, Kraftlosigkeit, Unlust, Überforderung, Langeweile, Gehetztsein; oder ein Gefühl der Leere, ein Anflug von Depression, Angst und mangelnde Lebensfreude usw. In diesen Fällen lohnt es sich, einen Blick auf die gegenwärtige Konstellation unserer generativen Energien zu werfen. Hierfür gibt es zwei Möglichkeiten:

Begeisterung
- Wie kann ich das, was ich tue, von Herzen tun?
- Was liegt mir am Herzen?
- Was ist mir wirklich wichtig?
- Was begeistert mich?
- Wovon träume ich?

Entschiedenheit
- Wofür bin ich bereit, mich wirklich einzusetzen?
- Welcher Sache/Organisation/ Person stehe ich wirklich zur Seite?
- Wie sehr bin ich bereit, das, was ich mir vorgenommen habe, auch durchzuziehen?
- Welche eigenen Ziele habe ich definiert?

Selbst- wirksamkeit Gestaltungs- kraft

Erneuerung
- Wann weiß ich, dass ich eine Auszeit brauche?
- Wie organisiere ich mir off-line und Reflexions-Zeit?
- Was ist meine Form der strukturierten Reflektion?
- Wie beobachte ich meinen Energiezustand?

Abb. 4.2 Reflexionsfragen für die Balance der regenerativen Energien

Nehmen Sie sich dafür ca. 30 min Zeit und ziehen Sie sich an einen Ort zurück, an dem Sie ungestört sind.

Schritt 1
Wenn Sie insgesamt 100 % zu vergeben hätten, wie würden Sie gegenwärtig die Prozentzahlen zwischen den drei generativen Energien *Begeisterung, Entschiedenheit* und *Erneuerung* verteilen? Wenn Sie auf die letzten drei Monate oder das letzte Jahr zurückblicken – wie waren die drei Energien dann verteilt? Welche Auswirkungen hatte das?

Schritt 2
Nehmen Sie die Fragen in der Abb. 4.2. als Anregung auf für eine Vertiefung zu jeder Energie. Schreiben Sie sich Gedanken und Notizen dazu auf.

Schritt 3
Notieren Sie ein bis zwei nächste Schritte, die Ihnen helfen, Ihre Energien wieder etwas mehr in Balance zu bekommen bzw. sie alle in Ihrem Leben angemessen zu integrieren.

Alternativ können Sie diese Übung auch in einem gemeinsamen Gespräch mit einem Partner durchführen.

4.16   Reflexion ritualisieren

Den eigenen Geist zu kultivieren, ist ebenso wichtig wir Duschen, Zähneputzen und unsere Beziehungen zu pflegen. Meistens gerät dies jedoch in den Hintergrund. Hier sind fünf Anregungen, wie Sie Ihre Reflexionszeiten ritualisieren können. Sie beginnen mit dem kleinsten Zeitaufwand.

1. **Tagesrückblick:** ·

   Zeitbedarf: drei bis fünf Minuten

   Jeden Abend, entweder schon im Bett oder zu irgendeiner Zeit vorher, erstellen Sie im Kopf folgende zwei Listen:

   - Welche fünf (kleinen oder großen) Schritte oder Erlebnisse haben mich heute auf meinem Weg weitergebracht?
   - Für welche fünf (kleinen oder großen) Dinge bin ich heute dankbar?

2. **Gedankenfreiheit:**

   Zeitbedarf: 15–20 min

   Sorgen Sie dafür, dass Sie einen Platz haben, an dem Sie für diese Zeit alleine sein können, und nutzen Sie diese Zeit, um entweder Ihre Gedanken einfach „hängen" zu lassen oder um zu meditieren. Erkundigen Sie sich nach Anleitungen zum Meditieren oder besuchen Sie einen Meditationskurs. Es lohnt sich, dies an einem Ort der Stille zu machen: Das kann bei Ihnen zu Hause sein, in einem Hotelzimmer, in einer Kirche oder in der freien Natur.

   Natürlich können Sie Meditationszeiten auch ausdehnen.

3. **Kleine Auszeit:**

   Zeitbedarf: mindestens ein bis zwei verlängerte Wochenenden pro Jahr

   Planen Sie am Anfang des Jahres diese kleinen Auszeiten als Zeiten für Sie selbst. Bereiten Sie sie mit Fragen vor, die Sie sammeln und aufschreiben. Bauen Sie nicht zu viel Stimulation ein (eher keine Städtereisen mit Vergnügungstouren), sondern ausreichend Naturerlebnisse (ohne Extremsport). Nehmen Sie unbeantwortete Fragen mit in die Auszeit und warten Sie in die Antworten hinein. Zwingen Sie sich nicht zu Lösungen, aber bleiben Sie an den Themen dran, die für Sie wichtig sind.

Variante: Wenn Sie sich vor einer unstrukturierten Zeit alleine eher fürchten – buchen Sie ein angeleitetes Meditationswochenende.

4.17   Gemeinsam weiterdenken

Zeitbedarf: ein- bis zweimal pro Jahr ein bis zwei Tage

Suchen Sie sich einen kleinen Kreis von Personen, mit denen Sie regelmäßig über Ihren inneren und äußeren Weg reflektieren möchten. Diese Personen sollten weder enge Freunde sein noch Kollegen.

Arrangieren Sie schon am Anfang des Jahres die Zeitfenster und begeben Sie sich an einen Ort, der Ruhe zulässt, zu Spaziergängen einlädt und Ihnen Abstand vom Alltag ermöglicht.

Fall es schwierig ist, einen solchen Kreis zu finden, erkundigen Sie sich nach Seminaranbietern, die derartige Angebote haben.

4.18 Die inneren Drachen zähmen

Angst zuzugeben passt weder in unser Leben noch zu unserer Rolle als Führungskraft. Selbst wir es nicht offen zugeben, wir haben nicht nur Angst, wir fürchten uns auch davor, Angst zu haben, und so sind wir bemüht, sie gar nicht erst aufkommen zu lassen. Und dennoch sind es oft Ängste, die uns mehr führen, als uns lieb ist, vor allem, wenn wir sie nicht benannt haben. Ein wichtiger Ausweg scheint zu sein, sie zu überwinden und loszuwerden. Mein Vorschlag ist ein anderer: Machen Sie sich Ihre Ängste zu Freunden. Sehen Sie sie als Drachen, die gezähmt werden wollen. Dann entpuppen sie sich oft als Beschützer unseres größeren Potenzials und als hilfreiche Begleiter auf unserer Suche nach sinnerfülltem Tun und größerer Selbstwirksamkeit.

Nehmen Sie sich etwas Zeit, über die folgenden Fragen nachzudenken:

- Vor welchem Gefühl habe ich in meinem Leben (beruflich oder privat) am meisten Angst?
- Zu welchen positiven Entwicklungen hat diese Angst in meinem bisherigen Leben beigetragen?
- Wenn ich auf meinen Werdegang zurückblicke: Woran hat mich diese Angst gehindert?
- Wenn Sie in die Zukunft blicken und darin diese Angst ein kleiner gezähmter Drachen wäre und zugleich ein treuer Begleiter, wie würden Sie anders handeln?

Menschen sind unterschiedlich. Manche von Ihnen mögen in der Lage sein, diese Fragen sofort zu beantworten. Dann beantworten Sie die Fragen am besten in kurzen schriftlichen Notizen. Andere brauchen für eine solche Art Fragen mehr Zeit. Nehmen Sie sich also die Fragen zu Herzen, aber tragen Sie sie dann erst eine Zeit lang mit sich herum. Wenn die Zeit reif ist, machen Sie sich Notizen zu den möglichen Antworten.

Literatur

Congleton, C., Hölzel, B. K., & Lazar, S. W. (2015). Mindfulness can literally change your brain. *Harvard Business Review*. https://hbr.org/2015/01/mindfulness-can-literally-change-your-brain. Zugriff am 13.8.2020.

Frederickson, B. (2011). *Die Macht der guten Gefühle: wie eine positive Haltung Ihr Leben dauerhaft verändert*. Frankfurt a. M.: Campus.

Varela, F. J. (1999). *Ethical Know-how: Action Wisdom and Cognition*. Stanford: Stanford University Press.

Weiterführende Literatur

Harvard Business Review Staff. (2014). Ein Interview mit Ellen Langer. https://hbr.org/2014/03/mindfulness-in-the-age-of-complexity?cm_sp=Article-_-Links-_-Top%20of%20Page%20Recirculation.

Kuenkel, P. (2019). What corporate strategists can learn from international multi-stakeholder collaboration – A conceptual architecture for transformative change. In T. Wunder (Hrsg.), *Rethinking strategic management. Sustainable strategizing for positive impact*. Cham: Springer.

Langer, E. J. (2015). *Mindfulness: Das Prinzip Achtsamkeit: Die Anti-Burn-out Strategie*. München: Vahlen.

Rosman, N., & Kohtes, P. J. (2014). *Mit Achtsamkeit in Führung: Was Meditation für Unternehmen bringt. Grundlagen, wissenschaftliche Erkenntnisse, Best Practices*. Stuttgart: Klett-Cotta.

Watzlawick, P. (2009). *Anleitung zum Unglücklichsein*. München: Piper.

Witzer, B. (2005). *Die Zeit der Helden ist vorbei – Persönlichkeit, Führungskunst und Karriere: Anleitung zu einem postheroischen Management*. Frankfurt: Redline. Manager Magazin Edition.

Kapitel 5: Sinn – den eigenen Führungsbeitrag neu definieren

5

Zusammenfassung

Das fünfte Kapitel zeigt einen Weg auf, die eigenen Ziele und damit den eigenen Beitrag für eine nachhaltige Zukunft neu zu definieren. Es erinnert uns daran, dass wir als Menschen täglich Evolution gestalten. Wir verändern die Welt, unabhängig davon, ob wir uns entscheiden, einen bestimmten Beitrag zu leisten oder ihn zurückzuhalten, eine Sache voranzutreiben oder geschehen zu lassen.

Wie die vorangegangenen Kapitel gezeigt haben, ermutigt uns mehr Bewusstheit über uns und über die Interdependenz allen Lebens, zur Welt auf eine Weise beizutragen, die Ganzheit fördert und Zerrissenheit mindert. In gewisser Hinsicht tragen wir zur Heilung in der Welt bei, indem wir selbst heilen – das heißt unsere eigenen Erfahrungen neu integrieren. Mit gegenseitiger Unterstützung wird die Veränderung, die wir gemeinsam in Gang setzen, größer und wirksamer. Wir nehmen viel stärker wahr, wie viele Menschen davon getrieben sind, die Welt weiterzubringen. Wenn wir dem Leben aufmerksam zuhören, finden wir erstaunlich viel Anregung und Aufforderung, unseren Führungsbeitrag neu zu gestalten. Die Frage „Wie würde ich führen, wenn ich mich von meiner tieferen Intention leiten ließe?" wird zu einem Ansatzpunkt für einen Suchprozess. Das Vorhaben, unseren Führungsbeitrag neu zu definieren, befreit uns nicht von den Höhen und Tiefen des Lebens, aber es ermutigt uns, Chaos als Bestandteil unseres Wegs zu akzeptieren. Unser neu definierter Beitrag braucht Widerstandskraft und Resilienz in einem Mittelweg zwischen Empathie, Demut, Vision und Entschlossenheit. Um im Sinne des Gemeinwohls zu führen, müssen wir die Realität aktiv beeinflussen. Wir müssen all unser Führungskönnen nutzen. Mit unserer wachsenden Aufmerksamkeit darauf, wie Menschen gemeinsam Zukunft ko-kreieren, wächst auch unsere Fähigkeit zu spüren, wann dies konstruktiv und im Sinne des Gemeinwohls geschieht. Dabei hilft es, wenn wir im Dialog mit uns selbst, mit anderen und mit dem Leben bleiben.

© Springer Fachmedien Wiesbaden GmbH, ein Teil von Springer Nature 2020
P. Künkel, *Führung mit Sinn*, https://doi.org/10.1007/978-3-658-30846-9_5

5.1   Den Wendepunkt nicht verpassen

Vor einigen Jahren hatte ich einen Besucher aus Indien in meinem Haus. Er hatte in seinem Heimatland erfolgreich eine Unternehmensgruppe in der Baubranche aufgebaut. Als Ingenieur war er ein sehr rationaler Mensch, der zielsicher das Wachstum seiner Geschäfte gemanagt hatte. Ein Freund machte ihn mit Meditation vertraut und empfahl ihm, sich einmal die Zeit zu nehmen, an einem zehntägigen Meditationskurs teilzunehmen. Die Erfahrung ließ ihn nicht mehr los, denn sie hatte ihn mit dem in Verbindung gebracht, wovon er als Kind immer geträumt hatte – Land zu besitzen und Landwirtschaft zu betreiben. Wenige Jahre später entschloss er sich, seine Geschäfte seinen Kindern zu übertragen und eine Farm zu erwerben. Er entwickelte ein spezielles ökonomisches Konzept für seine erste Farm. Der Anbau sollte ökologischen Prinzipien folgen, den Farmarbeitern neben der Arbeit auf den Feldern zugleich optimale Selbstversorgung ermöglichen, und die Gewinne wurden zu einer Hälfte in den Erwerb neuer Farmen gesteckt und zur anderen Hälfte an Meditationszentren gespendet. Alle seine Arbeiter wurden ermutigt, einmal pro Jahr an einem Meditationskurs teilzunehmen. Dafür erhielten sie Sonderurlaub. Nach wenigen Jahren hatte er bereits mehrere Farmen erworben und sich einen Namen in der Region gemacht als eine Person, die die Landwirtschaft, die Wirtschaft und die Rolle der Farmarbeiter auf den Kopf stellte. Er selbst verbrachte viel Zeit in einem selbst gebauten kleinen Holzhaus auf seiner ersten Farm und meditierte dort. Einmal pro Jahr besuchte er selbst einen Meditationskurs gemeinsam mit seinen Arbeitern. Als er bei mir zu Hause auf dem Sofa saß, sagte er etwas, das ich nicht vergessen habe:

> Die erste Hälfte Deines Lebens verbringst Du Deine Zeit damit, die Welt zu entdecken und zu erobern. Du nimmst das, was Du brauchst, und die Welt dient Deinem eigenen Wachstum und Deiner Entwicklung. Die zweite Hälfte Deines Lebens ist es umgekehrt. Du gibst zurück und dienst der Welt und den Menschen bis ans Ende Deiner Tage. Es ist wichtig, dass man diesen Wendepunkt nicht verpasst. Was also ist Dein Beitrag? Wie dienst Du der Welt?

Ich hatte keine sofortige Antwort auf seine Frage, aber dieses Gespräch hat mich lange begleitet. Seine Frage war wie ein Ansporn, Schritt für Schritt eine Antwort zu finden.

Wenn wir anfangen, uns Gedanken darüber zu machen, ob wir vielleicht anders oder mehr zu einer besseren Weltentwicklung beitragen könnten, treffen uns solche Fragen wie eine unbequeme Erinnerung an etwas, das wir noch eine Zeit lang beiseiteschieben wollten. Die Frage fordert heraus. Sie wühlt auf und setzt sich in unseren Gedanken fest. Begegnet sie uns mitten in unserem schnelllebigen Alltag, möchten wir sie am liebsten ignorieren. Vielleicht verteidigen wir uns auch, indem wir uns selbst erklären, dass das, was wir tun, schon längst ausreicht. Oder wir zweifeln den Sinn der Frage an – warum sollte es so wichtig sein, dass ausgerechnet wir mehr zu einer besseren Welt beitragen? Warum sollten wir uns so wichtig nehmen? Außerdem fragen wir uns, ob das nicht eine zu idealistische Sicht der Welt ist. Würden die meisten Menschen diese Einstellung nicht für Unsinn halten?

Und dennoch ist die Frage nach unserem Beitrag immer auch eine Erinnerung an den Anfang unserer Reise, als wir intuitiv wussten, dass die Welt uns braucht. Damals, was immer es auch war, klein oder groß, wichtig oder unwichtig, war tief in uns das Anliegen verankert, irgendwie die Welt zu ändern. Über die Jahre sind wir realistischer geworden, vielleicht sogar zynischer. Aber unter all den Schichten des Hineinwachsens in die Wirklichkeit unserer Welt liegt genau das, was mein indischer Bekannter „unbequem" benannte – wir sind hier, um die Welt sinnvoll weiterzubringen und um nicht nur unserer eigenen Entwicklung, sondern auch der anderer Menschen zu dienen.

Wie immer wir diese Frage verarbeiten, irgendwann kommen wir an den Punkt, an dem wir sie zumindest nicht mehr leugnen können. Tun wir etwas Sinnvolles für die Welt? Bringen wir unser Potenzial so in die Welt, dass es der Welt und anderen nützt? Wenn wir an dem Punkt sind, diese Frage zuzulassen, ist es Zeit, auf die Frage, ob wir bereit sind, unseren Beitrag zu schärfen oder neu zu definieren, mit einem klaren Ja zu antworten – auch wenn wir noch nicht genau wissen, wie dieser zukünftige Führungsbeitrag aussehen wird.

5.2   Zukunftsfragen aufnehmen

Diese Bereitschaft hat mit den großen und komplexen Herausforderungen unserer Welt des 21. Jahrhunderts einen anderen Rahmen. Kleine Beiträge zählen ebenso wie große, lokale genauso wie internationale. Aber was immer wir auch anders tun, hat in unserem Zeitalter einen deutlicheren Bezug zur Zukunft der Welt. Die Megatrends, die auf uns alle in den nächsten Jahren und Jahrzehnten einen enormen Einfluss haben werden, sind nicht mehr zu leugnen: dazu gehören die Herausforderungen des Klimawandels ebenso wie die der sozialen und wirtschaftlichen Ungleichheit. Die Folgen einer Übernutzung natürlicher Ressourcen haben, wie Forscher*innen seit langem betonen, erhebliche Auswirkungen nicht nur auf das Artensterben, sondern auch insgesamt auf die Planetaren Grenzen. Darunter versteht man die ökologischen Belastungsgrenzen des Planeten Erde. Werden sie überschritten durch das Verhalten der Menschheit ist die Stabilität des globalen Ökosystems gefährdet und damit die Lebensgrundlagen der Menschheit. All diese Themen werden uns über viele Jahre intensiv beschäftigen und fordern uns auf, eine neue Verantwortung und eine andere Form des Wirtschaftens und des sozialen Engagements zu entwickeln. Es geht dabei um globale und nationale Strategien zur Wahrung der Planetaren Grenzen, eine Aufmerksamkeit der Politik auf diese essenziellen Zukunftsthemen und die Neuausrichtung von Wirtschaftsakteuren auf eine enkeltaugliche Zukunft. Ebenso wichtig sind lokale Aktivitäten und Verantwortungsübernahme zur Eindämmung des Klimawandels, Erhalt von Biodiversität, Energiesicherheit, das Management natürlicher Ressourcen, Nahrungssicherung, Wasserverfügbarkeit und ein empathischer Umgang mit Migration. Alle diese Themen haben einen Einfluss auf unsere Wirtschaft ebenso wie auf unsere Gesellschaft – lokal, national und global. Damit verknüpft sich unsere Suche nach Führung mit Sinn mit den großen Fragen der Zukunft der Menschheit. Wir fangen an, unseren ganz persönlichen Entwicklungsweg ebenso wie die Weiterentwicklung unseres individuellen Potenzials in einem größeren Zusammenhang zu sehen. Das bereichert und verpflichtet zugleich. Es hat etwas Forderndes und etwas Beruhigendes. Fordernd ist es, weil wir in einer Welt, in der wir uns als Menschen dringend gemeinsam um den Erhalt unserer Lebensgrundlagen kümmern müssen, mehr tun müssen, als uns unserer eigenen ganz persönlichen Sinnsuche zu widmen. Wir müssen uns die Frage stellen lassen, wie denn der Sinn, den wir finden möchten, zu einer besseren Situation in der Welt beitragen wird. Das setzt uns potenziell unter Zugzwang. Beruhigend ist es, weil wir wissen, dass wir nicht alleine auf dem Weg sind. Kaum jemals in der Geschichte der Menschheit waren so viele Menschen zur gleichen Zeit in unterschiedlichsten Gebieten und Themen für eine bessere Welt engagiert – und wussten zumindest zum Teil voneinander durch das Internet als Vernetzungsmöglichkeit. Die Suche nach Sinn ist nicht mehr ein individuelles, sondern zunehmend ein kollektives Phänomen. Wir sind nicht isoliert in dem Wunsch, etwas Sinnvolles zur Welt beitragen zu wollen. Das macht unseren eigenen und ganz speziellen Weg nicht weniger wichtig und nicht weniger kompliziert, aber es zeigt uns, dass wir nicht isoliert von anderen Menschen unseren Führungsbeitrag rekonstruieren müssen.

5.3   Nicht auf die Erleuchtung warten

Der rote Faden von Erfahrungen und Erkenntnissen, der sich durch unser Leben zieht und verlässlich unsere jugendlichen Träume mit unserer reiferen Suche nach Sinn verbindet, bringt uns in Kontakt mit zutiefst menschlichen Werten – dem Bedürfnis zu helfen, der Sehnsucht nach Gemeinschaft und dem Wunsch nach Begegnung. Die Auseinandersetzung mit unserem Entwicklungsweg ist daher weniger ein Versuch, Ursachen und Wirkungen unseres Werdens im Detail zu analysieren oder Erfolgs- und Misserfolgsfaktoren zu finden. Der Blick in unsere Vergangenheit hilft uns, Muster zu erkennen. Das Verständnis unserer Lebensmuster hilft uns dann nicht nur zu einem pragmatischen Ansatz für die Neudefinition unseres Führungsbeitrags. Es hilft und auch dabei, den neu zu definierenden Beitrag sinnvoll umzusetzen, ohne über unsere eigene Ignoranz zu stolpern. Aus Erfahrung Sinn zu machen und Erkenntnisse zu integrieren, heißt jedoch nicht, dass wir fieberhaft nach unserer Berufung suchen müssen. Für manche Menschen zeigt sich diese in unmissverständlicher Eindeutigkeit, für die meisten anderen ist die Suche nach Sinn nie abgeschlossen. Beides ist möglich. Auf die plötzlich durchschlagende Erkenntnis der eigenen Berufung zu warten, ist nicht immer empfehlenswert. Im Rückblick aus unserem Lebensweg Sinn zu machen, heißt nicht, dass unser Weg vorherzusehen gewesen wäre oder von einer unsichtbaren Hand geplant war. Bei Wegkreuzungen, an die wir gekommen sind, gab es Möglichkeiten, die wir gewählt haben und die dann in den darauf folgenden Begegnungen und Erfahrungen unseren weiteren Weg beeinflusst haben. Wir alle bringen besondere Fähigkeiten mit, die auf unserem professionellen und privaten Weg gereift sind. Genauso wie glückliche und unglückliche Umwege in unserem Leben zu wichtigen Erfahrungen destillieren, wird auch der tatkräftige Entschluss, mehr Sinn in unser Leben zu bringen, dauerhaft eine Baustelle sein, deren Abschluss nicht wie ein zeitbegrenztes Projekt geplant werden kann – selbst, wenn wir meinen, unsere Berufung gefunden zu haben.

Deswegen sollten Sie nicht auf die große Erleuchtung warten, denn es mag sein, dass sie nie kommt – oder nur in Begleitung einer radikalen Erfahrung wie einem Unfall, einer Krankheit oder einer professionellen Krise, die uns aufrüttelt. Für manche ist erst eine solche Erfahrung der entscheidende Moment, etwas zu ändern im Leben. Für andere sind es die zahlreichen tastenden Versuche, mit sich selbst wieder enger in Kontakt zu kommen und damit zugleich mit der Poesie des Lebens, die immer von zwischenmenschlicher Begegnung bereichert wird. Sehen wir den Versuch, unseren (Führungs)Beitrag zur Welt zu re-definieren, als eine Art inneren und äußeren Befreiungsprozess. Während wir mehr wir selbst werden, nützen wir der Welt auch mehr. Dass wir dabei in die Zukunft gehen mit einem gestärkten Blick auf die eigenen Veränderungsmuster in der Vergangenheit, macht uns aufmerksamer dafür, wie wir Wirkung erzielen – und wie nicht.

5.4   Veränderungsmuster wahrnehmen

Denn es sind genau diese Muster, die uns auch in die Zukunft begleiten werden. Sie zu kennen, schützt uns davor, uns in Enttäuschungen darüber zu verirren, dass die Welt nicht überschwänglich positiv reagiert auf unsere Versuche, uns und unsere Kompetenz anders in die Welt zu bringen. Nachfolgend zwei Beispiele, die illustrieren, wie das Erkennen der eigenen Muster vor Enttäuschung schützt und zugleich einen Weg in die Zukunft bahnt.

Das erste Beispiel ist Doris: Sie studierte in Großbritannien und Frankreich Betriebswirtschaft, arbeitete im Finanzbereich eines großen deutschen Automobilkonzerns in den USA. Sie war bekannt und geschätzt dafür, dass sie Verantwortung ernst nahm und selbst bei extremer zeitlicher Belastung nichts aus den Augen verlor. Ihre Karriere ging steil bergauf, und noch bevor sie ihr viertes Lebensjahrzehnt begann, fand sie sich in einer einflussreichen Managementposition im Marketingbereich wieder. Zugleich war sie immer überarbeitet. Der Anfang einer notwendigen Veränderung zeigte sich in immer deutlicher werdenden Symptomen der Überlastung. Erst waren es nur die Schlafstörungen, die dazu führten, dass sie manchmal nachts Nachrichten auf ihren Anrufbeantworter im Konzern sprach, damit sie wichtige Dinge nicht vergaß. Dann nahmen die Anzeichen von Sinnentleerung zu. Sie war so stark in dem Hamsterrad der Konzernrealität eingebunden, dass das, was ihre immense Stärke war, nämlich der Aufbau von tragfähigen Arbeitsbeziehungen und guten Teams, immer mehr in den Hintergrund geriet. Sie begann, sich nach Menschlichkeit zu sehnen, und fing an, das, was sie seit mehr als zehn Jahren unhinterfragt tat – Fahrzeuge zu vermarkten –, nach und nach infrage zu stellen. Die Leichtigkeit, mit der sie ihre eigenen Grenzen und ihren Einflussbereich erprobt und ausgeweitet hatte, wich einer schleichend stärker werdenden Müdigkeit. Wo wenig Sinn im Produkt zu finden war und auch die menschliche Begegnung in den Hintergrund geriet, breitete sich zunächst erst undifferenziert der Wunsch aus, einfach mal Zeit zu haben, um die eigene Situation mit Abstand zu betrachten. Doris verhandelte mit ihrem Chef ein Sabbatical und bewarb sich für einen Freiwilligeneinsatz bei einer UN-Organisation in Brasilien. Der Wechsel in eine für sie völlig andere Welt füllte ihre inneren Batterien wieder auf, die Begegnung mit Menschen, die unter schwierigsten Umständen das Unmögliche wagten, inspirierte sie so sehr, dass sie bereit war, ein Risiko einzugehen, das ihr noch wenige Monate zuvor undenkbar erschienen war. Sie entschloss sich, den Konzern zu verlassen und sich bei einer UN-Organisation zu bewerben.

In ihrer Reflexion zu ihren Veränderungsmustern nahm Doris die folgende Erkenntnis mit: Ihre Neigung dazu, Verantwortung auch da zu übernehmen, wo andere sie gerne mal geflissentlich übersahen, gepaart mit einem gewissen Hang zur Perfektion, war der Wegbereiter von Überlastungssyndromen. Wenn zwischenmenschliche Begegnung rar wurde und ihr eigener Beitrag zu einem irgendwie gesellschaftlich relevanten Ziel aus dem Blick geriet, trat unweigerlich ein Energieverlust ein, der – zunächst unbemerkt – dazu führte, dass sie die gleichen Aufgaben immer mühevoller erledigte, was wiederum zu stärkerer Erschöpfung führte. Diese Abwärtsspirale erforderte dann einen radikalen Schnitt und eine Umorientierung – auf ihre eigentlichen Stärken, eine Unmittelbarkeit in der menschlichen Begegnung, einen Ortswechsel und eine Tätigkeit, bei der ein positiver Einfluss auf die Leben von anderen Menschen schneller sichtbar wurde. Doris' Erkenntnis führte nicht dazu, dass sie ein für alle Mal wusste, was die bessere berufliche Tätigkeit für sie sein würde, aber dazu, dass sie auf ihrem Weg in die Zukunft folgende Aspekte besser beobachten wollte:

- Ihren Hang zu Perfektion und Verantwortungsübernahme etwas mehr zu zähmen, indem sie eine „80-Prozent-reicht"-Devise für sich selbst ausgab.
- Darauf zu achten, dass in allem, was sie tat, menschliche Begegnung und Beziehungsaufbau ausreichend berücksichtigt wurden.
- Sich in einen bewussten Erkundungsprozess zu begeben bezüglich dessen, was sie mit expliziter gesellschaftlicher Relevanz beruflich tun und als ihren Beitrag in die Welt bringen wollte, ohne im nächsten Schritt schon zu erwarten, dass alle ihre Träume erfüllt würden.

Das zweite Beispiel ist Andreas, dem wir zuvor auch schon begegnet sind – der Top-Manager in einem global tätigen amerikanischen Energiekonzern, dessen Einflussbereich nach einer Akquisition radikal reduziert wurde. Nachdem er seine Wut und Enttäuschung darüber zunehmend in den Griff bekommen hatte und sich abzeichnete, dass man ihn versetzen wollte, trieb er proaktiv eine berufliche Veränderung voran. Er definierte die Krise um in eine Chance mit unbekanntem Ausgang und bemühte sich zunächst um eine Position im Personalbereich. Nach eingehender Reflexion, für die er seine Freizeit extensiv nutzte, begann er, ein Herzensprojekt zu planen, das schon monatelang in seinem Kopf herumschwirrte – ein Mentoring-Programm für junge Führungskräfte. Das kam bei seinem Vorgesetzten gut an und passte ohnehin in die Strategie bzw. er war in der Lage, diese Verbindungen optimal aufzuzeigen. Was als Mentoring-Programm für junge Führungskräfte begann, weitete sich aber zu einem Projekt aus, dessen Wirkung auf den Konzern in keinster Weise vorhersehbar gewesen war. Andreas hatte Feuer gefangen. Er beschäftigte sich intensiv mit innovativen Führungsansätzen. Die Aussicht darauf, dass netzwerkbasiertes Führen, mehr Menschlichkeit und mehr gesellschaftliche Verantwortung in seinem Konzern jemals umsetzbar sein würden, stufte er zwar als gering ein. Aber das hielt ihn das nicht davon ab, in kleinen Schritten auf die Inhalte und Methoden der Führungskräfteentwicklung des Konzerns Einfluss zu nehmen, auch wenn dies zunächst in seinem Verantwortungsbereich nur für die jüngeren Führungskräfte möglich war. Er entwickelte ein internes Programm, das genau das aufnahm, was ihm in der Reflexion seines eigenen Weges aufgefallen war. Es ermöglichte aufsteigenden und karrierebewussten jungen Führungskräften einen Reflexionsraum, um ihre beruflichen Ambitionen, die Auseinandersetzung mit globaler Zukunftsverantwortung und die eigene Selbstwirksamkeit in Balance zu halten.

Aus der Reflexion seiner eigenen Veränderungsmuster nahm Andreas folgende Erkenntnisse mit: Seine Stärke war schon immer Veränderungsmanagement gewesen, nur, dass er dies zuvor immer mit wirtschaftlich messbaren Ergebnissen verknüpft hatte. Da, wo er sich ein Ziel in den Kopf gesetzt hatte, hatte er es meistens auch erreicht. Dabei war eine seiner Stärken gewesen, andere zu inspirieren und in ihnen das Potenzial zu wecken, sich engagiert für das Ziel einzusetzen. Er liebte es, Macht und Einfluss zu spüren, und war sich seiner Durchsetzungskraft sehr bewusst. Deswegen schlug er damit auch gelegentlich über die Stränge und im Nachhinein wunderte er sich nicht mehr über seine so plötzliche Entmachtung im Zuge der Fusion. Das Nachdenken über seine Veränderung brachte ein Muster zutage:

Andreas konnte sich gerne auch mal in dem Gefühl der Wirksamkeit verlieren, dann verlor er das „Warum und Wofür" aus den Augen und sonnte sich an seinem Einfluss. Wenn es sein musste, ging er mit dem Kopf durch die Wand und war damit auch durchaus erfolgreich gewesen. Immer war er aber in der einen oder anderen Form an eine Mauer geraten, die er nicht durchdringen konnte. Andreas' Erkenntnis führte dazu, dass er für seinen zukünftigen Weg beschloss, auf folgende Aspekte stärker zu achten:

- Seinen Durchsetzungswillen für eine Sache mitzunehmen, aber mehr Reflexionsschleifen einzubauen, zu fragen, was ihn mehr befriedigte: der eigene Einfluss oder die sinnvolle Wirkung?
- Auf seinen Stärken aufzubauen, nämlich auf seiner Fähigkeit, andere zu inspirieren, dies aber so einzusetzen, dass die Inspiration sich nicht nur auf seine eigenen Ziele bezog, sondern darauf, das Potenzial der jeweiligen Menschen anzuregen – für ihre eigenen Ziele.
- Warnsignale einzubauen, damit er schneller erkannte, wann er sich den Genuss von Einfluss gönnte und Gefahr lief, in die Abhängigkeit eines Machtsogs zu geraten. Die Indikatoren, auf die erachten wollte, waren: Wenn er die Frage, ob ein Erfolg wirklich zählte im Sinne seiner Werte, nicht mehr aus vollem Herzen mit Ja beantworten konnte, war es Zeit nachzudenken.

5.5   Einen Gang zurückschalten

Beide Beispiele zeigen die ersten Schritte auf einer Reise an, deren Ende nicht planbar ist. Nicht jede Führungskraft hat die Chance, sich einen ausreichend langen Zeitraum zum Nachdenken zu nehmen und Abstand zur gegenwärtigen Realität zu gewinnen. Ein befreundeter Manager drückte es einmal so aus:

> Unseren Führungsbeitrag grundsätzlich zu überdenken, ist wie der Umbau des Frankfurter Autobahn-Kreuzes bei laufendem Verkehr – man muss es parallel zu den Anforderungen des Arbeitslebens hinbekommen. Aber man kommt um eine gewisse Verlangsamung nicht herum.

Dies ist eine entscheidende Erkenntnis, die zu vernachlässigen oft dazu führt, dass einem das Leben eine plötzliche Verlangsamung wie zum Beispiel eine Krankheit verschreibt. Daher ist es sinnvoll, bewusst Schritte zu gehen, die Raum für Nachdenken, Abstand, Veränderung, andere Perspektiven oder Begegnung mit anderen Menschen ermöglichen.

Dies kann wie im Fall von Doris eine Reise sein oder ein Sabbatical. Für andere sind es Meditationskurse, für wieder andere inspirierende Seminare, bei denen sie Menschen aus ganz anderen Umfeldern begegnen. Es können aber auch regelmäßige kurze Reisen alleine sein oder ein Kreis von Freunden, mit denen man sich regelmäßig zur Reflexion trifft. Die Kombination von Reflexion und Inspiration ist ebenso wichtig wie die Gelegenheit, aus der eigenen Welt und Weltsicht auszusteigen und die Realität aus der Perspektive von anderen zu betrachten. Beides zählt und unterstützt etwas, das für die Re-Definition des eigenen Beitrages entscheidend ist – die Lust darauf, Neues auszuprobieren. Es bringt genau das Maß an Vitalität zurück, das wir brauchen, um den entscheidenden Schritt in die Veränderung zu gehen. Erst die Verlangsamung unseres Lebens lässt uns wieder spüren, was für die Suche nach Führung mit Sinn so entscheidend ist – unser Herz. Erst wenn wir die inneren Türen zu unseren Träumen, unseren Sehnsüchten und unseren Wünschen, in der Welt zu sein, öffnen, verbinden wir uns wieder mit unserem roten Faden. Das gibt uns Kraft und versorgt uns mit der Energie, die wir für die Veränderung brauchen. Auf dem Weg zur Re-Definition unseres Führungsbetrages ist also Verlangsamung ein entscheidender Schritt. Dafür gibt es zahlreiche Möglichkeiten, aber es lohnt sich, bewusst auf eine Kombination von folgenden Aspekten zu achten:

- *Den Tiger der Zeit in Maßen zähmen,* d. h. Möglichkeiten zu eröffnen, kleine oder große Auszeiten zu organisieren. Für die innere Veränderung, die der äußeren vorangeht, braucht man Zeit zum Denken. Dies kann klein anfangen und muss nicht immer eine längere Auszeit sein, aber wir müssen sie bewusst angehen.
- *Quellen der Kraft und Inspiration aufsuchen,* d. h. sich innerlich auf die Suche zu begeben, was uns Energie gibt, was uns inspiriert und anregt. Wir müssen schlafende Lebensgeister wecken und Kraft schöpfen für einen neuen Weg. Erst dann können wir

die kleinen oder großen Auszeiten zu dem machen, was sie werden sollen – Raum für Wandlungsprozesse. Begeisterung, eine der generativen Energien, braucht die Stimme des Herzens, um sich zu entfalten.

- *Unsere Komfortzone verlassen,* d. h. uns an Orte zu begeben, die wir nicht kennen oder die ungewohnt für uns sind. Wir müssen an unserem eigenen Koordinatensystem rütteln, damit wir neue Denkmöglichkeiten auftun und nicht zum Sklaven unserer festgefahrenen Gedankenwelt werden. Andere Orte, neue Menschen, spannende Begegnungen, eine Auseinandersetzung mit einer Perspektive, die wir nicht kennen – dies alles sind ganz praktische Möglichkeiten, unseren eigenen Denkraum zu erweitern, und sie werden positiv auf unsere eigene Suche nach Sinn wirken.
- Und schließlich das, was auch schon im vorangegangenen Kapitel erwähnt wurde: *Reflexion ritualisieren.* Die innere Transformation ist das wichtigste Instrument der selbst gewählten Veränderung. Wir müssen sozusagen unseren Geist ebenso fit halten wie unseren Körper. Das wird zur kontinuierlichen Basis dafür, dass wir unsere Zukunft mit mehr Sinn *gestalten* und nicht nur die Veränderung der Zeit einfach *erleben.*

5.6   Verantwortung und Demut gehören zusammen

Zukunft wird von Menschen gemacht. Unsere eigene Veränderung – und damit die Re-Definition unseres Führungsbeitrages – fängt meistens mit kleinen Schritten an. Dennoch ist es wichtig, sich jeden Tag klarzumachen, dass wir die Welt verändern können. In seinem Roman „Extrem Laut und unheimlich nah", der sich mit den menschlichen Auswirkungen des 11. September 2001 – der Zerstörung des World Trade Centre – beschäftigt, beschreibt Jonathan Safran Foer (2007), wie ein Vater seinem Sohn erklärt, dass er sich immer wieder klarmachen muss, dass er eine Wüste verändern kann, selbst wenn er nur ein einziges Sandkorn an einen anderen Platz legt. Dieses Bild hat mich sehr beeindruckt, denn es steht für eine wichtige Grundeinstellung auf unserer Suche nach Führung mit Sinn: die Kombination von *Verantwortung* und *Demut*. Kein Schritt, den wir in der Welt gehen, ist ohne Auswirkungen auf genau diese Welt. Keine Entscheidung, die wir treffen oder nicht treffen, ist wirkungslos. Daher macht es Sinn, bewusster dazu beizutragen, dass das, was wir tun, eine positive Wirkung auf die Welt hat, auch wenn uns das nicht jedes Mal gelingt. Der Entschluss zählt. Die innere Intention – täglich wiederholt – ist das, was zählt. Zugleich hilft uns die Erkenntnis, dass unser Beitrag vielleicht nur ein einzelnes Sandkorn sein wird und dass es ganz viele Sandkörner braucht, um eine sichtbare Veränderung zu erzeugen. Das macht unser Sandkorn nicht weniger wichtig, aber es erinnert uns daran, dass wir nur gemeinsam mit anderen die Welt verändern können. Es fordert uns dazu auf zuzuhören, was die Welt braucht. So sehr auch unsere Welt von Gier und Selbstbereicherung geprägt ist, ein ebenso vorhandenes menschliches Grundbedürfnis ist es, anderen zu helfen, für andere einzustehen, Bedingungen für andere zu verbessern, Möglichkeiten für andere Menschen zu schaffen. Nichts ist in der Welt so untrennbar verbunden mit Mitgefühl wie Sinn. Wir erkennen ein Gefühl von Sinnhaftigkeit an einem Gefühl des Dienen-Wollens, des Beitragen-Wollens. Ist unser Herz angesprochen, fühlen wir uns als Teil eines größeren Ganzen, für dessen Verbesserung wir unseren kleinen Beitrag zu leisten bereit sind. Das gibt uns Kraft und Energie. Es macht uns vitaler.

Viele Changemanagement-Programme in Unternehmen machen sich diese Prinzipien zunutze. Nur wenn Menschen emotional angesprochen sind, wenn das, was das Unternehmen vorhat, auch eine emotionale Resonanz erzeugt, wenn die Vision für die Zukunft auch die Herzen der Mitarbeiter anspricht, werden Veränderungsprozesse mit dem nötigen Engagement umgesetzt. Unternehmensberater und Organisationsentwickler wissen das. Sie machen sich das Bedürfnis nach Sinn durchaus im positiven Sinne zunutze. Aber wenn das, worum es geht, nicht groß genug ist, wenn es zu kurzsichtig ist, wenn es zu egoistisch nur dem Shareholder Value eines Unternehmens dient oder schlimmstenfalls nur dem Erreichen der monetären Ziele eines Führungsteams, eines CEOs oder auch nur dem eigenen Gehaltsanstieg – dann reicht das nicht mehr für das Gefühl von Sinnhaftigkeit.

Als Guy, der aus einem großen internationalen Ölunternehmen ausgestiegene Top-Manager, über seine eigene Suche nach mehr Sinn reflektiert, stellte er Folgendes fest:

> Ich habe mich irgendwann gefragt, wem ich hier eigentlich diene, wem ich nütze. Alles, was ich vorangebracht habe, war etwas, womit ich beauftragt wurde, und dafür galt für mich immer die Devise: Was ich tue, mache ich mit meinem bestmöglichen Einsatz. Ich sah mich als Top-Performer, ich wollte etwas nicht nur gut, sondern exzellent machen und die Ergebnisse sehen. Aber es ging nicht darum, anderen zu helfen, sondern darum, mich in ein gutes Licht zu rücken und mich voranzubringen – und damit natürlich auch die Sache, um die es ging. Natürlich habe ich alle diese Worthülsen verwendet – dass es um den gemeinsamen Erfolg ging, dass unser Team und unsere Abteilung gemeinsame Erfolge erreichen sollte –, aber so richtig gefühlt habe ich das nicht. Ich hätte ja auch jederzeit etwas anderes machen können, wenn sich die nächste Karrieremöglichkeit ergeben hätte. Irgendwann kam mir das leer vor – als wäre ich ein Söldner, der Kriege für andere führt, Erfolge für andere einfährt, ohne mit dem Grund für einen Einsatz wirklich emotional verknüpft zu sein. Ich fing an, was ich tat, anders zu betrachten, und stellte fest, dass das ganze System so funktionierte. Jeder diente sich selbst und seinem eigenen Vorankommen. Ich meinem Chef und der seinem Chef und der dem CEO. Jeder wollte sich ins bestmögliche Licht stellen. Nie ging es um etwas Größeres, etwas, das es wirklich wert gewesen wäre, sich einzusetzen. Das ganze System funktionierte so und irgendwann war mir das zu wenig. Ich wollte mein Herz zurück.

Wirkliches Beitragen-Wollen braucht genau dieses Engagement des Herzens. Es ist die Mischung aus Verantwortung und Demut, die uns auf unserem Weg in einem strategischen Korridor hält, der auf der einen Seite von der Frage begrenzt wird, wie das, was wir tun, die Menschheit sinnvoll in die Zukunft bringt, und auf der anderen Seite von der Frage, wofür unser Herz schlägt. In diesem Korridor reifen unsere eigene Identität und unser Beitrag. In diesem Korridor bringen wir unseren neuen Führungsbeitrag voran und damit die Welt.

5.7   Jedem Anfang wohnt ein Zauber inne

Nicht immer haben wir dabei klare Sicht und nicht alles, was wir tun, trägt auch die Früchte, die wir zu ernten beabsichtigen. Gerade am Anfang einer Re-Definition unseres Führungsbeitrages müssen wir mit Nebelfeldern rechnen und auf wenige Meter Sicht fahren. Was zählt, ist die Entscheidung, sich in diesen Korridor zu begeben, durch den Nebel zu navigieren, wenn es sein muss, und nicht vorschnell aufzugeben. Auch diese Entscheidung treffen wir nicht aus heiterem Himmel. Nicht umsonst gibt es in der deutschen Sprache den Ausdruck: Es reifte der Entschluss. Sich dessen bewusst zu bleiben, d. h. sich die Zeit für diesen Reifeprozess zu nehmen, erhöht vielleicht auch seine Qualität. Die Kunst, den Unterschied zu kennen zwischen einem notwendigen Reifungsprozess und dem Hinauszögern einer wichtigen Entscheidung, erlernen wir mit dem Maß an Reflexion, die wir in unserem Leben etablieren. Dennoch geht jedem Entschluss zu einer Veränderung ein langes inneres Ringen voran, begleitet von Phasen der Angst, der Unsicherheit oder der Leugnung, dass sich offensichtlich etwas in unserem Leben verändern will.

Wenn wir dann die Zeichen am Weg nicht mehr ignorieren können und wollen, stellt sich in der Regel nicht sofort eine Klarheit über den neuen Weg ein. Das auszuhalten und als normal zu akzeptieren, ist eine wichtige Stütze dafür, trotzdem weiterzugehen und den Korridor der oben erwähnten Fragen zu finden, den wir für die Suche nach Führung mit Sinn brauchen. Manchmal ist der nächste Schritt noch gar nicht der richtige und dennoch müssen wir ihn gehen, weil sich dadurch oder danach ein anderer ergibt, der noch mehr Sinn macht. Auf den Weg in die Re-Definition unseres Führungsbeitrages gehören Testfelder – wir dürfen neue Identitäten, neue Kontexte, neue Themen ausprobieren, reflektieren und daraus lernen.

Nachdem Doris von ihrem Sabbatical in Brasilien zurückgekehrt war und sich entschlossen hatte, ihren hoch dotierten Posten im Automobilkonzern aufzugeben, entschied sie, sich bei einer Entwicklungshilfeorganisation zu bewerben, die genau zu diesem Zeitpunkt Personen suchte, die aus dem Privatsektor kamen. Es ging darum, die Perspektive der Wirtschaft stärker in die Planung und Umsetzung von Projekten der Entwicklungszusammenarbeit einzubringen. Dies erschien Doris eine ideale Kombination ihrer bisherigen Erfahrungen und ihrer neuen Perspektive zu sein, Sie erhielt den Job und stürzte sich in die neue Aufgabe mit all ihrem neu gewonnenen Enthusiasmus, ihrem Verantwortungsbewusstsein und ihrer im Automobilkonzern so perfekt geschulten Ergebnisorientierung. Umso überraschter war sie, als ihr im Privatsektor kultivierter Pragmatismus und ihre Stärke darin, Ergebnisse in schnellen unkomplizierten Abstimmungsrunden zu erreichen, auf wenig Begeisterung stieß. Sie eckte an, weil die Kultur der Organisation weder Schnelligkeit im Ergebnis im Fokus hatte, noch geprägt war von Pragmatismus. Formal richtige Ablaufprozesses standen Doris' Ergebnisorientierung im Wege. Nach einem Jahr des Versuchs, sich einer ganz anderen Organisationskultur anzupassen und dennoch ihre Begeisterungsfähigkeit zu behalten, gab Doris auf. Sie beschloss, sich zunächst als Beraterin selbstständig zu machen und währenddessen neue Kontexte, neue Begegnungen und neue

Themen zu suchen, die sie auf ihrer Suche nach Sinn voranbringen würden. Dennoch war das Jahr wichtig für ihren Weg gewesen – das Netzwerk, das sie aufgebaut hatte, gab ihr die Möglichkeiten, in Kontexten im Ausland zu arbeiten, zu denen sie ohne diese Zeit keinen Zugang gehabt hatte. Ihr Weltverständnis war exponentiell gewachsen – und sie hatte ein besseres Verständnis davon, wie sie in ihrem eigenen strategischen Korridor zwischen dem Beitrag zur Welt und der Stimme des eigenen Herzens navigieren konnte.

5.8   Mut als Begleiter

Den eigenen Führungsbeitrag neu zu definieren braucht einerseits sowohl klare Entschlüsse als auch Zeit. Nichts unterminiert unsere Intention zu einer Veränderung mehr als das ständige Hinausschieben der Umsetzung. Wenn wir uns in der eigenen Trägheit verlieren, kostet uns das die Energie, die wir für die Veränderung brauchen. Und andererseits braucht der Veränderungsprozess Zeit und Geduld. Den Unterschied zu erkennen zwischen verhindernder Verzögerung von klaren Entschlüssen und der Geduld, die das langsame Hineinwachsen in eine Veränderung braucht, ist entscheidend. Der Weg in die Zukunft zeigt sich selten in einer plötzlichen Klarheit, die keine Zweifel erlaubt. Eher ist es ein Gefühl für eine Richtung, das dazu einlädt, neue Wege auszuprobieren, die dann entstehen, wenn man sie geht. Losgehen und Weitergehen sind wichtiger als ein Drängen auf Klarheit. Zugleich ist es gut, sich daran zu erinnern, dass wir uns selbst immer mitnehmen in die Zukunft. Wir sind nicht wegen eines Entschlusses, etwas anders zu machen, auch eine andere Person. Wir nehmen unsere inneren Hindernisse, unsere Muster von Ängsten und Zweifeln ebenso mit wie unsere Sehnsüchte, Träume, Ideen, Gewissheiten und Fähigkeiten. Aber es ist durchaus möglich, sich selbst neu zu erfinden und oft ist genau dieser Moment des Entschlusses der entscheidende, weil wir damit nichts anderes tun, als die Verbindung zu uns selbst wieder aufzunehmen, die Verbindung zu unserem Potenzial – und damit setzen wir es frei. Wir schaffen Möglichkeiten, die wir zuvor im Hamsterrad der wahrgenommenen Realität ignoriert hatten. Damit schreiben wir unsere eigene Geschichte um und – wenn wir an das Bild mit dem Sandkorn denken – auch die Geschichte der Welt. Wir haben eine Wahl, wie wir Zukunft gestalten, und genau diese Erkenntnis ist der befreiende Schritt. Der Rest ist Mut, von dem wir eine ganze Menge brauchen auf unserer Suche nach Führung mit Sinn, vor allem, wenn sich um uns herum Mutlosigkeit und Zynismus ausgebreitet haben. Wir brauchen Mut, um unsere eigene Geschichte neu zu ordnen, zu re-interpretieren und anders in die Zukunft weiterzuerzählen. Wir brauchen Mut, um das Sandkorn aufzunehmen und an einen anderen Platz zu legen, wir brauchen Mut, um andere zu finden, die ähnlich handeln wollen. Und wir brauchen Mut, um das, was wir in der Welt verändern und was wir beitragen wollen, auch gezielt voranzutreiben. Wie sich ein solcher Mut nach und nach entwickelt, soll das Beispiel von Elisabeth zeigen.

Nachdem die erfolgreiche Unternehmerin ihr Telekommunikationsunternehmen verkauft hatte, erlaubte sie sich ausgiebige Reisen durch die Welt, um herauszufinden, zu welcher Gesellschaft in der Welt sie wie beitragen wollte. Zugleich suchte sie den Platz, an dem sie sich am wohlsten fühlen würde. Ihre Wahl fiel auf Südafrika. Hier gab es enge Anknüpfungen zu ihrer Arbeit als Sozialarbeiterin in den Armenvierteln von New York. Hier konnte sie ihre Sehnsucht nach Integration von Unterschieden, nach gesellschaftlicher Toleranz und nach Stärkung von gesellschaftlich Benachteiligten zur Geltung bringen. Zugleich wollte sie ihre eigenen Erfahrungen weitergeben – wie man sich auch gegen widrige Umstände durchsetzen konnte, um als Frau nicht nur Karriere zu machen, sondern ein eigenes Unternehmen aufzubauen. Sie erinnert sich an diesen Anfang:

> Ich wusste schließlich, was ich wollte, aber es war auch klar, dass ich kleine Schritte gehen musste. Das war nicht einfach für mich. Die immer noch sichtbare Aufteilung der südafrikanischen Gesellschaft in die, denen ihre Lebenschancen angeboren sind, und andere, die sie schwer erkämpfen mussten, bestürzte mich. Zugleich gehörte ich ja zu den Privilegierten. Manchmal sehnte ich mich nach der Radikalität meiner Jugend, ich wollte Regeln brechen und hätte am liebsten Demonstrationen organisiert – vor allem für die Chancen von schwarzen Frauen. Denn das hatte sich als Erkenntnis durch mein Leben durchgezogen – die Zurücksetzung des Potenzials von Frauen, die Ignoranz gegenüber ihrem Beitrag zur Welt, nützt unserer Welt nicht. Im Gegenteil, es hält die Welt im Ungleichgewicht – mit all den Folgen, die wir täglich sehen. Ich wusste, Frauen müssen ihren Anspruch auf Führung erheben.

Sie entschied sich dafür, eine kleine Organisation zu gründen, die zum Ziel hatte, junge afrikanische Frauen auf dem Weg zu Unternehmerinnen zu stärken und zu begleiten. Der Anfang war nicht einfach. Die Welt reagiert eben nicht immer sofort positiv auf unseren Wunsch, etwas anders zu machen und einen sinnvolleren Beitrag zu leisten.

> Für mich war die Vision, in dieser noch immer so hart in Arm und Reich gespaltenen Gesellschaft wenigstens einen kleinen Beitrag zur Integration zu leisten, das, was mich bei der Stange hielt. Und dann kam natürlich der innere Kampf, es war wirklich wie eine Phase der Orientierungslosigkeit. Wer war ich schon? Eine zugereiste Deutsche mit großen wirtschaftlichen Erfolgen in den USA und einer radikalen Vergangenheit als Sozialarbeiterin in New York – aber war ich in dieser Gesellschaft nicht auch nur wieder eine weitere reiche Weiße? Würde ich überhaupt akzeptiert mit meiner großen Vision? Ich habe das dann einfach interpretiert als das übliche Chaos, das einen in der Veränderung erwischt. Man will etwas Altes verlassen, das Neue steht schon am Horizont und man befindet sich sozusagen in einem Niemandsland dazwischen. Die alten Sicherheiten und Gewohnheiten halten dich in der Vergangenheit und die Leidenschaft für eine Veränderung in der Welt zieht dich in die Zukunft. Das kann ziemlich beunruhigend sein. Meine Erfahrung ist es, dass man diesen inneren Kampf nur gewinnen kann, wenn man sich konsequent selbst den Mut organisiert, den man braucht. Man muss bereit sein, ins Unbekannte zu gehen, innerlich und äußerlich.

Wie kann man das am besten bewerkstelligen – sich selbst Mut zu organisieren? Es gibt sicherlich dafür so viele Möglichkeiten, wie es Menschen gibt. Denn jede Person ist anders, bringt andere Konstellation von Mut und Zweifel mit, von Vertrauen und Unsicherheiten. Wichtig ist vor allem, dass man weiß, dass die Re-Definition des eigenen Führungsbeitrages nicht immer unbedingt von denen, die uns nahestehen oder anderen in der Welt um uns herum willkommen geheißen wird. Immer wird es Kräfte geben, die uns ins

Alte zurückziehen. Uns bewusst und konsequent Mut zu organisieren und das innere Vertrauen für die Veränderung auszubauen sollte ein bewusster Prozess werden. Hier sind einige Ideen zur Umsetzung:

- Sich eine *Explorationsphase gönnen,* sie gezielt planen und umsetzen: Die neuen Ideen brauchen mehr als die eigene Intelligenz und Gedankenprozesse. Es hilft, wenn wir uns absichtlich einem gewissen Chaos aussetzen, das uns ohnehin erwartet. Unser strategischer Korridor reift am besten im Dialog. Dabei ist es erstens wichtig, sich mit Gesprächspartnern auseinanderzusetzen, von denen wir kritischen, aber immerhin Zuspruch erwarten können. Zweitens sollten wir uns von Desinteresse oder kritischen Bemerkungen nicht abhalten lassen. Es gilt die Regel: In jeder Ermutigung liegt ein Schatz und in jeder Kritik eine Spur von hilfreichem Hinweis, den wir gebrauchen können. Menschen, die uns schlicht nur entmutigen, sollten wir meiden.
- Den *inneren Saboteur austricksen:* Der Weg ins Unbekannte, den Elisabeth so eindrücklich beschrieben hat, wird gerne von einem inneren Saboteur verhindert, der uns immer wieder ins Gewohnte zurückzieht, in die Welt, in der wir uns eingerichtet haben und in der wir Erfolg hatten. Unseren Erfolg zu verlassen, aber unsere Kompetenz, erfolgreich zu sein, mitzunehmen, erfordert eine Balance, die wir immer wieder austarieren müssen. Wahrzunehmen, was uns in der Vergangenheit hält und mit welchen Gedankenprozessen wir uns an einer anderen Zukunft hindern, ist ein Handwerkszeug, das uns irgendwann den Kampf gewinnen lässt. Dafür hilft es, eine rollierende Planung zu haben.
- Einen *strategischen Plan erfinden:* Auch, wenn wir den Weg, der von der Bequemlichkeit der Gegenwart zu der am Horizont aufleuchtenden Vision noch nicht im Detail kennen, sollten wir immer für die nächsten Schritte einen Plan haben. Er gibt uns nicht nur das Gefühl, dass wir voranschreiten, er bringt auch das nötige Maß an Ordnung in eine relative Unübersichtlichkeit. Pläne dürfen sich ändern, deshalb sind Reflexionsphasen wichtig.
- Ausreichend *Evaluationsschleifen organisieren:* Wie wir das umsetzen, hängt von unserer Persönlichkeitsstruktur ab. Manche von uns beginnen, ein Tagebuch zu schreiben, und ziehen sich regelmäßig für Reflexionszeiten alleine zurück. Wenn die Evaluation der Fortschritte auf der Suche nach Führung mit Sinn im strategischen Korridor eines neu definierten Führungsbeitrags zum Ritual wird, kann das – wie alle Rituale – stabilisierend wirken. Ein Journal zu führen hat den Vorteil, dass man immer wieder nachlesen kann, wo man zuvor stand, und das erhöht die Wahrnehmung für Muster, Gelegenheiten und Erfolgsstrategien. Aber nicht für alle ist das Medium des Schreibens leicht zugänglich oder hat den ordnenden Effekt. Ebenso effektiv ist es, sich einen Mitreisenden als Sparringspartner zu suchen und sich regelmäßig über Fortschritte und Hindernisse auszutauschen. Diese Funktion kann natürlich auch ein Coach übernehmen.

5.9   Intention strukturiert Wirklichkeit

Immer ist es ein emotional verankerter Entschluss, etwas zu verändern, der Wege ebnet, die zuvor nicht möglich erschienen. Die Absicht, die schließlich innerlich gereift ist und die man zunächst vielleicht erst vor sich selbst zum Ausdruck bringt, macht ihren Einfluss auf die Wirklichkeit geltend. Plötzlich entstehen Gelegenheiten, mit denen wir nicht rechnen. Wir begegnen Menschen, die ähnlich denken, wir finden Wissen, das wir brauchen, um voranzukommen. Die Suche nach Führung mit Sinn wird so zu einer Entdeckungsreise. Wir lernen zu akzeptierten, dass unser neuer Führungsbeitrag dauerhaft im Werden begriffen sein wird. Wir beginnen, die Reise an sich zu genießen. Je dichter wir dabei an unserem roten Faden bleiben oder immer wieder mit ihm Verbindung aufnehmen, desto zuversichtlicher werden wir auf dem Weg in die Zukunft, ohne uns an Gewissheiten festzuklammern. Eine interessante innere Veränderung entsteht – wir gewinnen mehr Freiheit. Je mehr innerlich eine Verschiebung zu einem anderen Fokus stattgefunden hat, nämlich *beitragen* zu wollen – der Welt besser dienen zu wollen –, desto weniger werden wir abhängig von dem, was im Allgemeinen als Erfolg definiert wird. Wir suchen keine Anerkennung mehr, sondern *Wirkung*. Die Verbindung mit unserer eigenen Geschichte verknüpft sich zugleich auch mit einem stärkeren Gefühl für das, was Menschen verbindet – dem gemeinsamen Weg der Evolution. In dieser großen Geschichte ist das Engagement für das Gemeinwohl nicht mehr eine Angelegenheit für einige wenige philanthropische Charaktere, die als „Gutmenschen" deklariert werden können – es ist die Angelegenheit von uns allen ohne Ausnahme. Wie klein oder groß unser Beitrag zum Gemeinwohl auch sein wird, er wird das Sandkorn sein, das die Wüste verändert. Das Beispiel des südafrikanischen Provinzministers Philele zeigt, wie dieser innere Prozess entstehen kann.

Philele genoss seine Einflussmöglichkeiten als Minister in Südafrika. Da er stark verankert war in der südafrikanischen Befreiungsbewegung des African National Congress, leiteten Werte wie gleiche Chancen, soziales Engagement, gleiche Rechte für alle und Toleranz die Art, wie er sein Ministerium führte. Aber es gab etwas, das ihm immer häufiger missfiel: Er beobachtete, wie im Ministerium materielles Denken immer mehr um sich griff, wie seine Kollegen und Mitarbeiter sich von den Idealen lösten und in einem sehr kurzfristigen Denken dafür sorgten, dass ihre eigenen finanziellen Schäfchen sicher ins Trockene gelangten. Sie schienen zunehmend von einer Welt gefangen zu ein, in der ihre Identität an der Größe des Geländewagens hing, den sie morgens ins Ministerium fuhren, ebenso wie an dem gesellschaftlichen Status, den ihr Posten ihnen verlieh. Obwohl er selbst ein bescheidenes Auto fuhr und die Fahne der Werte immer noch hochhielt, beobachtete er, wie sogar bei ihm der Abstand zwischen ihm in seiner herausragenden Position und den Menschen, um die es ihm ging – den benachteiligten Bevölkerungsgruppen – immer größer wurde. Die Rolle, die ihm zugeschrieben wurde, entfernte ihn von genau den Menschen, um die es ihm immer gegangen war.

Es war Zeit, mich daran zu erinnern, was mir immer wirklich wichtig gewesen war – nämlich einen direkten positiven und stärkenden Einfluss auf diejenigen zu haben, deren Chancen von der Gesellschaft so brutal beschnitten wurden. Manchmal half ich Menschen ganz praktisch jenseits meiner offiziellen Stellung. Denn ich empfand es als Bereicherung, wenn ich mein Netzwerk und mein Wissen so einsetzen konnte, dass andere neue Wahlmöglichkeiten vor Augen sahen. Am meisten machte es mir Spaß, wenn ich gelegentlich wieder wie früher in eine Moderationsrolle geriet, wo es nicht darum ging, dass ich die Richtung vorgab, sondern anderen schlicht dabei half, miteinander so ins Gespräch zu kommen, dass sich neue Lösungsmöglichkeiten auftaten. Das festzustellen, setzte in mir einen Prozess des Nachdenkens in Gang. War mein Erfolg – es auf die Ebene eines Ministers geschafft zu haben – die Form, in der ich am sinnvollsten zu der nötigen gesellschaftlichen Veränderung beitragen konnte? Wie konnte ich die eher hinderlichen Auswirkungen meiner Machtposition limitieren und mehr dazu beitragen, dass Menschen eigenverantwortlich Zukunft gestalteten?

Der langsam wachsende innere Drang, unseren Führungsbeitrag mit unseren Werten besser in Einklang zu bringen, findet irgendwann in unserem Herzen Gehör – dann ist es Zeit, den Moment für eine Veränderung nicht zu verpassen. Manchmal ist es wie bei Philele eine Frage, die lange unbeantwortet bleibt und uns damit unwiederbringlich in den strategischen Korridor der Neu-Definition unseres Führungsbeitrages schiebt. Ein anderes Mal ist es der oben erwähnte klare Entschluss, das plötzliche Erkennen, das dann daraufhin zum Motor unserer Veränderung wird.

Und dennoch verfangen wir uns fast immer in den Seilen, die wir um unsere Identität, unseren Status und unsere finanzielle Sicherheit gestrickt haben. Zwei einfache Fragen – nicht einmal, sondern wiederholt gestellt – helfen oft, aus dem Dschungel der Unmöglichkeiten und inneren Widerständen heraus.

Die eine Frage lautet: *Was ist mir wirklich wichtig? Was zählt?*

Manche Coachs und Berater arbeiten dabei gerne mit der sogenannten Grabstein-Frage – *woran soll man sich erinnern, wenn man an Sie denkt?* Für viele ist dies eine zwar beängstigende, aber dennoch sehr mächtige Frage, die dazu einlädt, all die täglichen nimmermüden Bestrebungen in ein anderes Licht zu rücken. Sie kann dazu beitragen, die vielen Lagen unserer eigenen und der gesellschaftlichen Ansprüche an uns abzulegen und zum Kern vorzustoßen. Dort findet man in der Regel das Herz, die Liebe zum Leben und die Absicht, etwas zur Welt beizutragen, das anderen nützt. Für andere, denen es nicht wichtig ist, wie die Erinnerung an sie sein wird, reicht es zu fragen, was ihnen denn wirklich wichtig ist. Auch damit kann man, mehrfach offen gefragt, zu diesem Kern vorstoßen. Dort findet man immer eine Verbindung zu dem frühen inneren Anliegen, die Welt ein bisschen besser zu machen, etwas beizutragen, das fehlt. Dort findet man die Basis eines Wertesystems, das einen begleitet. Die Frage „Was zählt?" ist damit ein wichtiger Begleiter auf der Suche nach Führung mit Sinn. Sie funktioniert als die eine Leitplanke unseres strategischen Korridors in die Re-Definition unseres Führungsbeitrags – die Sprache des Herzens.

Die andere Frage lautet: *Was würde ich in der Welt voranbringen, wenn ich keine Einschränkungen hätte und ich mich ganz von meinen Werten leiten ließe?*

Auch diese Frage beinhaltet Stadien und Phasen. Sie braucht nicht immer eine eindeutige und keine schnelle Antwort. Sie regelmäßig zu stellen, hilft aber, die zweite Leitplanke des Korridors immer wieder neu zu schärfen, um herauszufinden, wie wir am besten zur Welt beitragen können. Denn diese Frage lädt genau zu der Explorationsphase ein, die auf der Suche nach Führung mit Sinn so immens wichtig ist. Sie spornt unsere Neugier an und ebenso unseren Wissensdurst. Regelmäßig gestellt, ist sie ein Gradmesser dafür, ob wir an unserem roten Faden dranbleiben und unsere inneren Werte handlungsleitend machen. Denn die Frage ist unbequem. Es mag sein, dass unser roter Faden, unsere innere Absicht, die Welt zu verbessern, so tief unter unserem Alltagshandeln vergraben ist, dass die Frage an und für sich uns schon absurd erscheint. Dennoch lohnt sich dann, sie zu wiederholen, bis sich graduell eine Antwort einstellt. Das heißt nicht, dass wir sofort in der Lage dazu wären, diese Antwort umzusetzen. Daraus mag sich eine Anspannung oder ein Unwohlsein ergeben, das sich zu beobachten lohnt. Denn je mehr wir bereit sind, der Antwort auf eine solche Frage wirklich zu folgen, desto mehr Gelegenheiten ergeben sich auch dafür. Wir erkennen Zusammenhänge auf unserem Weg, die uns zuvor gar nicht aufgefallen sind. Wenn sich Antworten auf diese Frage nur stückweise über die Zeit ergeben, summieren sie sich oft zu einem Prozess, durch den der Entschluss reift, etwas zu verändern. Ein Beispiel soll dies erläutern.

Für die Unternehmensberaterin Mandy wurde erst in der Reflexion klar, dass ihre Leidenschaft für das Singen im Chor, ihre Arbeit als Beraterin in großen Konzernen und ihr Wunsch, etwas in der Welt beizutragen, aufs Engste verknüpft waren.

> Wenn ich mich frage, was ich tun würde, wenn ich völlig frei wählen könnte, dann taucht sofort wieder mein durchgehendes Thema auf, nämlich das der Stimme – meiner eigenen und der von anderen. Ich würde gerne an Orte gehen, wo Menschen nach schweren Konflikten wieder neue Wege finden müssen. Dorthin, wo Menschen, die aus politischen oder anderen Gründen zum Schweigen gezwungen sind, ihre Stimme wiederfinden müssen als das, was sie mit dem Leben, mit ihrer Zukunft verbindet. Zum Beispiel würde ich gerne mit Kindern arbeiten, die von ihren Familien weggerissen wurden, oder Menschen, denen Möglichkeiten versagt wurden. Ich würde mich dafür einsetzen, dass ihre Geschichten leben, dass sie ihre Stimmen, d. h. sich selbst wiederfinden und den Mut haben, damit Zukunft zu gestalten. Es würde mir nicht ums Geld gehen, sondern darum, Menschen dazu in die Lage zu versetzen, für sich selbst zu sprechen. Das würde ich gerne tun.

Dieser Wunsch prägte zunehmend auch ihre Arbeit als Beraterin, da sie das Gefühl von Ohnmacht und Stimmlosigkeit auch bei Mitarbeitern in großen Konzernen vorfand.

> Ich merke, wie mein tiefes Bedürfnis, Menschen darin zu unterstützen, ihre Stimme zu finden und dadurch ihr Potenzial besser beizutragen, immer wichtiger wird in meiner Tätigkeit als Unternehmensberaterin. Das hat etwas mit Ton und Stimme zu tun. Ich möchte in Situationen, die von Kränkung, Spaltung und Schmerz geprägt sind, diesen heilenden Effekt einbringen – das Zuhören, das es Menschen möglich macht, ihre Stimme wieder einzubringen. Heute weiß ich, dass ich diesen Aspekt meiner Beratungstätigkeit noch viel mehr in den Vordergrund rücken werde.

Wenn wir beginnen, Antworten auf die Frage zu finden, was wir tun würden, wenn es keine Beschränkungen gäbe, öffnen sich in unserem Geist neue Türen. Wir fangen an, die gleiche Wirklichkeit anders wahrzunehmen. Wir hören dem Leben anders zu. Die

Begrenzungen, die unser Leben bestimmen, sind deswegen nicht von einem zum anderen Moment verschwunden. Aber die regelmäßige Wiederholung dieser Frage setzt neue Denkmuster in Gang, die wiederum zu neuen Gelegenheiten führen. Wenn wir dann auch noch beginnen, auf spannende Hinweise zu achten, Möglichkeiten, die sich auftun, auch wahrzunehmen und Schritt für Schritt neue Wege zu testen, bauen wir langsam unsere Wirklichkeit um. Dadurch ergeben sich schließlich wieder neue Möglichkeiten.

5.10   Das große Ganze im Blick haben

Die Frage, was wir zur Welt beitragen würden, wenn es keine Einschränkungen gäbe, zeigt uns, dass Erfolg im Sinne von Anerkennung, Status und Geld zwar eine angenehme Begleiterscheinung ist, aber nicht das, worum es uns wirklich geht. Alle drei Aspekte erkennen wir als einen faden Ersatz für ein tieferes Bedürfnis danach, uns mit ganzem Herzen dem Leben zu verschreiben und zum Prozess der (menschlichen) Evolution etwas Sinnvolles und Brauchbares beizutragen. Dazu gehört auch die Verantwortung, diesen Wunsch in die Realität umzusetzen und nicht nur davon zu träumen, sonst werden wir nämlich dauerhaft unzufrieden. Wir haben die Fähigkeit, Wirklichkeit zu gestalten und unseren Beitrag zu verändern – trotzdem es Einschränkungen gibt. Wenn wir etwas nicht tun, weil wir uns aus welchen Gründen auch immer davon abhalten lassen, dann fehlt genau das in der Welt. Unsere Wahl zählt. Die Evolution ist abhängig davon, was wir wählen. Je mehr wir uns für das Gemeinwohl engagieren, desto mehr wird sich die Welt langsam zwar, aber in diese Richtung bewegen.

Als Diane, die Personalmanagerin in einem internationalen Konzern, über die Frage nachdachte, was sie machen würde, wenn es keine Einschränkungen gäbe, überlegte sie:

> Wenn ich sozusagen finanziell völlig unabhängig wäre, würde ich eigentlich etwas ganz Ähnliches machen wie das, was ich hier im Konzern tue, vielleicht nur noch proaktiver. Ich sehe eine ganz dringende Notwendigkeit darin, dass vor allem große Konzerne sich ihrer Verantwortung in der Welt bewusster werden und diese auch leben. Ich würde dafür sorgen, dass Manager sich mit ihrer Tätigkeit im Konzern als Teil eines großen Systems sehen, das vital funktionieren muss in seinem Bezug zum Ganzen und nicht nur als abgegrenzte wirtschaftliche Einheit. Wenn wir Lebensgrundlagen zerstören, ist das im Grunde wirtschaftlicher Unsinn, auch wenn es uns kurzfristig Gewinne einfährt.

Wer sich also aufmacht in den strategischen Korridor dahin, den eigenen Führungsbeitrag neu zu definieren, wird über kurz und lang mit Dimensionen konfrontiert, die weit über die eigene, vertraute Welt hinausgehen. Die Nachrichten, die uns täglich erreichen, können wir ignorieren, gelassen hinnehmen oder als Anlass zum Handeln verstehen. Wer sich dann mit einer möglichen Veränderung der eigenen Wirkung beschäftigt, wird nicht umhinkommen, sich mit der Welt zu beschäftigen. Was als kleine Idee zu einer sehr individuellen Veränderung beginnt, weitet sich aus in Dimensionen, die nicht immer leicht zu überblicken sind.

Unseren Beitrag zur Welt auf unserer Suche nach Führung mit mehr Sinn zu schärfen muss jedoch nicht notwendigerweise bedeuten, dass wir unser Unternehmen verlassen oder unsere Karriere radikal in eine andere Richtung lenken. Manchmal sind es kleinere Anpassungen oder eine bewusst stärkere strategische Einflussnahme auf die Richtung, in die ein Unternehmen vorangeht. Mehr und mehr Manager in Unternehmen haben den Ruf der Zeit gehört und wollen nicht nur etwas in der Welt, sondern vor allem auch in ihren Unternehmen verändern. Die Beharrlichkeit unserer Wirtschaftsweise und der Organisationslogik großer Unternehmen fördert diese Veränderungsprozesse nicht unbedingt. Aber der Trend ist trotz häufiger Rückschläge nicht mehr zu übersehen. Die Bereitschaft, Verantwortung für die Zukunft von Menschen auf unserem Planeten zu übernehmen, wächst auch in Unternehmen exponentiell. Die zukünftige Rolle von Unternehmen in der Welt wird eine andere werden.

So ging es auch Lucia, der jungen aufstrebenden Managerin in einem europäischen Konzern. Als sie anfing, sich kritisch mit der Rolle ihres Unternehmens auseinanderzusetzen, begleiteten sie zugleich Angst und Faszination. Für sie war die Frage, wie ihr Unternehmen sich auf den Weg zu einem „Responsible Global Citizen" machen konnte, nicht leicht zu beantworten. Aber aus ihrer Sicht musste sie gestellt werden.

Ich bin schon auch hier, um diese Organisation voranzubringen. Dann ist aber die Frage, was das heißt. Will ich den Shareholder-Value voranbringen? Nein. Das interessiert mich nicht wirklich. Das heißt, ich muss jenseits des Konzerns denken, die Gesellschaft mitdenken, ich muss den globalen Kontext sehen, in dem wir agieren. Das ist beängstigend und zugleich faszinierend. Wie können wir das Paradox lösen, Mobilität, Energie und Wärme bereitzustellen, ohne die Umwelt zu zerstören? Natürlich gibt es schon Wege, aber wie baut man einen Koloss wie unseren Konzern in diese Richtung um? Das sind keine einfachen Schritte. Aber im Moment agieren wir in einer Negativspirale, die uns selbst irgendwann gefährlich werden wird. Wir extrahieren immer noch Öl in Gegenden, in denen in der Regel korrupte Regierungen das Sagen haben und eine fragile Gesellschaft existiert. Aus meiner Sicht brauchen wir als Konzern da eine klarere Strategie. Eine Veränderung geht nicht von heute auf morgen, aber es muss eine klare Richtung hin zu globaler Verantwortung geben. Wie lösen wir das? Dazu will ich beitragen, auch wenn das nur in kleinen Schritten möglich ist.

Die globalen Herausforderungen ständig gegenwärtig zu haben, kann uns auf der Suche nach Führung mit Sinn auch erschlagen, da sie uns als nicht zu bewältigen vorkommen. Aber sie können uns dennoch anspornen, uns mit Themen, Informationen und Lernfeldern zu beschäftigen, die uns zuvor gar nicht interessiert haben. Für Unternehmen gilt nicht mehr nur einfach, dass Geschäft eben Geschäft ist. Längst wachsen die Anforderungen an Unternehmen, ihre Handlungsweisen und deren Auswirkungen zu überprüfen und transparent darzustellen. Die Umstellung auf ein Wirtschaften im Sinne des Gemeinwohls wird immer mehr eingefordert. Auch wenn die Umsetzung global gesehen erst langsam vorankommt, ist der Trend zu verantwortlichem Wirtschaften nicht mehr zu ignorieren. Unseren Führungsbeitrag zu verändern, muss deshalb nicht immer bedeuten, dass wir unser Unternehmen verlassen müssen – im Gegenteil. Hier bieten sich zunehmend Möglichkeiten für eine werteorientierte Veränderung, die lange ignoriert wurden. Manche

Unternehmen, die den Trend zu verantwortlichem Wirtschaften erkannt haben, stellen immer mehr Personal im Management ein, das Erfahrungen aus ganz anderen Bereichen mitbringt – wie z. B. aus Nichtregierungsorganisationen oder der UN, d. h. aus sehr werteorientierten Organisationen. Und genau diese Organisationen öffnen sich zunehmend für Führungskräfte, die Erfahrungen aus der Privatwirtschaft mitbringen. Damit werden zunehmend Welten überbrückt, deren gegenseitige Verständigung lange schwierig war. Darin liegt eine große Chance für Veränderung.

5.11   Reisebegleiter suchen

Trends, die nicht zu verhindern sind, sollte man sich also zunutze machen. Denn es ist die emotionale Verbindung zu einem größeren Kontext, die uns mit dem Durchhaltewillen speist, den wir brauchen, wenn wir anders zur Welt beitragen wollen. Unser Beitrag muss ja nicht immens groß und wichtig sein, aber er muss in einer Beziehung zu einem größeren Kontext stehen. Dann fällt es uns leichter, daraus etwas Sinnvolles zu machen. Dieser Kontext speist uns mit der nötigen Geduld und dem Biss, den alle langfristigen Veränderungsprojekte brauchen. Fast immer benötigen wir Zeit für einen Veränderungsprozess, der uns nur Schritt für Schritt in eine andere Zukunft trägt. Wir mögen glauben, dass wir nun, da wir doch endlich den Entschluss gefasst haben und uns aus unseren alten Mustern von mangelnder Sinnhaftigkeit befreit haben, von einer anderen Welt mit offenen Armen empfangen werden. Aber dem ist nicht immer so. Sobald wir an unserer eigenen inneren Ordnung rütteln, wird dies auch in der äußeren Realität wirksam. Indem wir uns verändern, verändern wir die Wirklichkeit und nicht immer wird dies positiv aufgenommen. Deswegen ist es wichtig, sich auf die Suche nach anderen Menschen zu machen, die auf einem ähnlichen Weg sind oder die ähnliche Entscheidungen für eine Veränderung getroffen haben. Wir brauchen in dieser Phase Unterstützung von denjenigen, die sich auch aufgemacht haben. Denn in der Gesamtheit gesehen, sind wir ja nicht allein, auch wenn wir die Veränderungsphase manchmal als sehr einsam erleben. Die Frage nach Sinn beschäftigt erheblich mehr Menschen, als wir im Alltag wahrnehmen. Bewusst Ausschau zu halten nach anderen, die auf einem ähnlichen Weg sind, hilft uns, die eine oder andere Hürde leichter zu nehmen, insbesondere dann, wenn unser Umfeld uns mit kritischem Blick beäugt.

Als Guy, der aus einem internationalen Ölkonzern ausgestiegene Top-Manager, sich zu einem einjährigen Sabbatical entschloss, um in Ruhe, gemeinsam mit seiner Familie und mit mehr Natur um sich herum, eine Neudefinition seines Führungsbeitrages zu wagen, stieß er bei vielen seiner Kollegen auf Unverständnis. Mehr noch, er hörte im Nachhinein, dass etliche seiner Kollegen ihm Misserfolge andichteten, da sie sich seinen ungewöhnlichen Veränderungsschritt gar nicht erklären konnten.

> Mir kam zu Ohren, dass einige meiner Kollegen meinten, ich hätte meine fantastischen Karrierechancen nur aufgegeben, weil etwas an meiner Performance nicht gestimmt hätte und mein Chef darauf aufmerksam geworden sei. Sie konnten sich einfach nicht vorstellen, dass ich freiwillig in ein Sabbatical ging. Ich war völlig schockiert über das Ausmaß der üblen

Nachrede – bis ich dann merkte, wie mich einige der Kollegen persönlich kontaktierten und zugaben, dass sie meinen Entschluss bewunderten und dass sie froh wären, wenn sie selbst auch den Mut hätten.

Guy suchte sich daraufhin einen informellen Kreis von Führungskräften, mit denen er auch über die Zeit seines inneren Klärungsprozesses im Kontakt blieb. Zum ersten Mal war er in der Lage, mit Kollegen und anderen Führungskräften über Dinge zu sprechen, die im Konzern tabuisiert gewesen waren – das innere Wertesystem, die Sehnsucht nach einem sinnvollen Beitrag, der Wunsch, seine Lebenszeit anders zu verbringen. Das Gespräch mit Reisebegleitern ist wichtig, weil es das Ausmaß der Anspannung reduziert, wenn man merkt, dass man nicht alleine ist. Es nimmt den Druck, schnell und übereifrig alternative Lösungen zu finden, und ebnet den Weg dafür, die vielen kleinen Schritte in die Veränderung zu gehen, die letztlich zu stabileren Ergebnissen führen. Es stärkt die Selbst-Akzeptanz, die ein so wichtiger Begleiter in der Veränderung ist, denn wir brauchen sie, wenn wir gelassener und damit wirksamer zur Welt beitragen wollen.

5.12 Macht und Einfluss re-definieren

Gelingt es uns, nach unseren roten Faden zu greifen und unsere Veränderung Schritt für Schritt in aller Ruhe zu gestalten, hängen wir nicht verzweifelt an einem ganz bestimmten Ergebnis. Wir können die Reise genießen. Wir brauchen unsere Identität nicht rigide zu verteidigen, da wir wissen, dass sie in Bewegung ist. Graduell lösen wir uns von der Bedeutung von Status, Rolle oder Position. Das reduziert Stress und eröffnet neue Möglichkeiten. Je mehr wir beitragen wollen und regelmäßig unsere Wirkung hinterfragen, desto interessierter werden wir auch an dem Feedback von anderen. Aus einer solchen inneren Haltung heraus zu führen, bedeutet nicht, der Wirklichkeit unseren Stempel aufzudrücken oder sich in Macht und Einfluss zu sonnen. Was uns leitet, ist eher eine Mischung aus Verantwortung, Beobachtung unserer Wirkung und innerer Demut gegenüber der Unperfektheit von uns selbst und anderen. Daraus entsteht ein fruchtbarer Boden, aus dem heraus unser neuer Führungsbeitrag wächst. Die Bedeutung von Macht und Einfluss ändert sich entscheidend, weil wir den Radius unserer Wirkung ergänzen und bereit sind, nicht nur die Resonanz auf unser Wirken zu beobachten, sondern Feedback auch aktiv nachzufragen.

Die Unternehmensberaterin Mandy fasste die innere Veränderung auf folgende Weise zusammen:

Wenn ich bewusst diese innere Haltung des Beitragen-Wollens einnehme, mich also im positiven Sinne verpflichte, etwas zu der Vitalität zum Beispiel eines Unternehmens oder einer Organisation beizutragen, dann lenkt das alles, was ich tue und was ich sage. Erfolg ist dann etwas, was sich aus meiner positiven Wirkung auf die Gestaltungsfähigkeit von anderen Menschen bezieht. Mit dieser inneren Haltung fühle ich mich tiefer mit dem Leben verbunden. Das stärkt mich. Meine Neigung zu Sorgen verschwindet und ich bin viel mehr in Resonanz mit den Menschen, die ich durch meine Beratung unterstütze.

Mit der Re-Definition unseres Führungsbeitrages verändert sich die Bedeutung von Macht und Einfluss. Wenn wir beide Aspekte ähnlich, wie wir es vielleicht aus anderen Bereichen unserer Tätigkeit gewohnt sind, mit Indikatoren hinterlegen würden, wären diese gänzlich anders formuliert. Wir würden völlig andere Daten erheben und andere Ergebnisse messen. Dies ist eine entscheidende Erkenntnis, denn sie weist uns darauf hin, dass es immer der Fokus unserer Aufmerksamkeit (und der anderer Menschen) ist, der eine wirklichkeitsverändernde Wirkung hat. Aus dieser Erkenntnis nehmen wir ein entscheidendes Handwerkszeug mit für die Veränderung unseres Beitrages zur Welt. Denn wir beginnen, unsere Wirklichkeit als ein sich in unendlichen Schwingungen bewegendes Netz von Einflussnahme und Resonanz wahrzunehmen, in dem Fokus und Aufmerksamkeit auf bestimmte Dinge immer Wirkungen haben. Während wir uns zuvor vielleicht als einsamer Streiter in einem Wettbewerb gesehen haben, in dem wir gewinnen müssen, um unsere Identität zu wahren, sehen wir jetzt mehr und mehr Menschen, die ihr Tun und ihr Wirken an ganz anderen, neuen Kriterien des Handelns und des Seins ausrichten wollen. Wir sehen den eklatanten Riss zwischen dem Bedürfnis Einzelner, zu einer irgendwie besseren Welt beitragen zu wollen, und dem Hamsterrad der wirtschaftlichen Logik vieler Unternehmen, die das Umdenken mindestens ignorieren, vielleicht sogar verhindern. Wir sehen, wie Leistungsorientierung von Herzensbedürfnissen abgetrennt ist, Menschlichkeit ein Randdasein führt oder messbare Zahlen die Vitalität von Menschen in einer Organisation (oder einem Land) dem wirtschaftlichen Erfolg weniger unterordnen. Wir können quasi hochrechnen, wie viele andere es gibt, deren Bedürfnis, wenn sie es denn befreien wollten, auch darauf ausgerichtet wäre, etwas Sinnvolleres zur Welt beizutragen. Indem wir das größere Ganze stärker in den Blick nehmen, wird uns klar, dass unser neuer Führungsbeitrag, so klein er auch sein mag, niemals irrelevant sein wird. Zugleich spornt uns dieser Gedanke an, größer zu denken und zu überlegen, wir unsere eigene Suche nach Sinn eine noch etwas größere Wirkung haben kann und andere auf ihrem Weg unterstützten kann. Damit wird sich das nächste Kapitel beschäftigen.

5.13   Ein Blick in die Praxis: Melanie Wilneder, Business Development Manager Supply Chain Europa bei CDP (ehemals Carbon Disclosure Project)

Aufgewachsen in Köln als Tochter von argentinischen Eltern, studierte Melanie Wilneder zunächst in Bremen, dann in London, bevor sie ihre Karriere in einer Londoner Versicherungsfirma begann. Fasziniert vom Thema Lieferkettenmanagement arbeitete sie schließlich bei der Unternehmensberatung Deloitte, bis sie sich entschied zum Carbon Disclosure Project (CDP) zu wechseln, einer gemeinnützigen internationalen Organisation, die sich zum Ziel gesetzt hat, die Transparenz im unternehmerischen Umwelt- und Klimaschutz weltweit zu erhöhen. Seither setzt sie sich dafür ein, dass über 5000 Unternehmen sowie Kommunen ihre Umweltdaten veröffentlichen, beispielsweise den Ausstoß von Treibhausgasen und den Wasserverbrauch. Klimaschutz wird damit zur Leistungskennzahl für Unternehmen.

Frau Wilneder, Sie sind vor wenigen Jahren aus einer erfolgsversprechenden Karriere bei einer Unternehmensberatung zur einer Nichtregierungsorganisation gewechselt, was hat Sie in eine so gänzlich andere Welt getrieben?

Ich wusste immer, ich würde etwas Gutes tun. Ich denke, ich wusste schon als Kind, dass ich etwas Sinnvolles machen würde. Ich hatte mir eine Karriere im Lieferkettenmanagement in London aufgebaut und war Mitglied in einem Berufsverband, deren Publikationen ich immer bekommen habe. Als das Erdbeben in Haiti war, gab es eine Ausgabe zu Desaster Relief Logistics. Da dachte ich, dass ich so etwas gerne machen würde, damit ich mein Wissen für etwas Sinnvolles einsetzen könnte. Vorher hatte ich gar keine Idee, wie ich meine Expertise auch anders hätte einsetzen können. Dann stellte ich aber fest, dass man für so etwas zur UN gehen muss und 10–20 Jahre Berufserfahrung gebraucht hätte. Wenig später habe ich zufällig die Stellenausschreibung von der Organisation Carbon Discosure Projekt (CDP) gesehen und wusste sofort, dass ich mich bewerben würde. Es war ziemlich riskant, meine Stelle bei der Unternehmensberatung aufs Spiel zu setzen, aber ich wusste intuitiv, dass ich mich einfach bewerben musste.

Gibt es irgendeine Erinnerung an Ihre Jugendzeit, die Sie auf irgendeine Weise mit ihrem heutigen Engagement in Verbindung bringen?

Meine Familie kommt aus Argentinien. Ich bin in Deutschland aufgewachsen, aber wir waren sehr sehr arm. Meine Eltern waren gut ausgebildet, meine Mutter war Psychologin und mein Vater Architekt. Wir hatten viele Bücher zu Hause. Deswegen haben sie Wert darauf gelegt, dass ich auf eine gute Schule ging. Aber ich war die einzige in meiner Klasse, die in einer Sozialwohnung lebte, die nie in den Urlaub gefahren ist, deren Klamotten von Aldi waren. Die anderen wohnten in der Vorstadt, hatten zwei Autos und fuhren zweimal im Jahr in den Urlaub. Ich war sozusagen „Melanie aus dem Getto", wenn ich mit Humor daran zurück denke. Natürlich habe ich mich zu Hause beschwert, weil ich nicht die gleichen Sachen bekam, weil wir kaum die Miete bezahlen konnten und weil meine Mutter oft weinte, weil kein Geld da war. Meine Eltern haben mich dann immer daran erinnert, dass es viele Leute gibt, denen es noch viel schlechter ging als mir. Wir hörten immer CNN oder BBC im Hintergrund. Ich habe mich deshalb früh für Weltpolitik interessiert. Sogar als Kind habe ich lieber mit meinen Eltern und den Freunden meiner Eltern über Politik und die Welt gesprochen als mit meinen Klassenkameraden irgendwelche Spiele zu spielen. Natürlich habe ich Fragen gestellt: Warum gibt es Armut? Warum gibt es Ungleichheit? Warum zerstören wir den Regenwald? Ich wollte nicht so arm sein wie meine Eltern, weil ich nicht mein ganzes Leben so leiden möchte, aber es muss immer auch ein Sinn in dem sein, was ich tue. Ich kann die Welt um mich herum nicht ignorieren.

Sie haben in mehreren Unternehmen gearbeitet, welche Erfahrungen nehmen Sie in die Welt der NGOs mit?

Nach meinem Studium in Bremen bin ich nach London gegangen für einen Master in Kriminalwissenschaften. Das hatte mich schon seit der Kindheit interessiert. Deswegen bin ich bei einer Versicherungsfirma untergekommen. Das war sehr spannend, weil ich mich mit Versicherungsbetrug beschäftigt habe. Danach habe ich im Lieferkettenmanagement gearbeitet und dann bei der Unternehmensberatung. Für mich war es wichtig, die

Geschäftswelt auch zu verstehen, damit man nicht über etwas redet, was man nicht kennt. Ich habe viel gelernt über professionelles Verhandeln, Präsentationen, Corporate Branding, das ist sehr hilfreich. Als ich bei CDP anfing, habe ich mein Wissen über das, was Unternehmen in dieser Hinsicht erwarten, gut einbringen können. Das ist nur ein Beispiel. Insgesamt habe ich einfach gelernt, wie man in Unternehmen ernst genommen wird, wie man ein Gespräch führt und das ist jetzt für mich in der NGO natürlich absolut hilfreich. Es ist auch das Wissen über diese ganzen zwischenmenschlichen Faktoren in der Geschäftswelt – zu wissen, wie die Menschen denken, worauf sie achten. Man muss sie durchschauen, man muss wissen, wie das Spiel läuft, wenn man es beeinflussen will. In den NGOs sind die Menschen manchmal sehr idealistisch. Wenn man so für eine Sache brennt, wie die meisten Leute in NGOs, dann bringt man für bestimmte Verhaltensweisen aus der Geschäftswelt wenig Verständnis auf. Als junge Frau im Finanzbereich war es wirklich nicht einfach sich durchzusetzen. Aber ich bin froh, dass ich da einmal durch bin und die Dynamik verstehe. Wenn ich etwas bewegen will, muss ich das irgendwie managen. Das ist das wichtigste, was ich mitgenommen habe.

Als Sie gewechselt sind, gab es Hürden, die Sie nehmen mussten?

Für mich selbst gab es eigentlich keine Hürden, ich hatte das Gefühl, ich bin endlich da, wo ich hingehöre. Aber was ich gemerkt habe, war, dass ich dann eher zur Bedenkenträgerin wurde, diejenige, die den Realitätscheck eingebracht hat und gesagt hat, was nicht geht, wenn man Unternehmen beeinflussen will. Ich musste deutlich machen, dass wir als NGO zwar unsere Ziele haben, aber eben auch bedenken müssen, wie das bei Unternehmen wahrgenommen wird. Dass es länger dauern wird, bis etwas umgesetzt wird, weil es bestimmte interne Prozesse gibt, an die sich Unternehmen halten müssen. Ich musste also immer widerspiegeln, wie das, was wir vorhatten bei Unternehmen ankommen würde. Die Hürde war, diese Übersetzungsleistung gut hinzubekommen, damit wir das, was wir wollten auch an die Unternehmen herantragen konnten.

Wenn Sie zurückblicken auf Ihren Weg als Mensch und als Führungskraft, welchen roten Faden erkennen Sie? Was hat Sie geleitet?

Dass ich mit mir selber im Reinen bin, dass es einen tieferen Sinn gibt, dass ich jeden Tag aufstehe und einen Grund habe, dass ich nicht den ganzen Tag nur für ein Gehalt arbeite. Früher habe ich vor allem für eine Beförderung gearbeitet, damit ich eine Wohnung in London kaufen kann. Aber damit war ich unglücklich. Es ist für mich wichtig, dass es etwas Tieferes gibt, dass ich einen Beitrag leisten kann in allen Communities, wo ich engagiert bin, ob es in meinem Job ist, ob es die Weihnachtsfeier ist, die ich fürs Team organisiere, etwas Nettes in einer Wohngemeinschaft mache. Ich versuche immer, mich irgendwie einzubringen.

Wenn Sie einen Blick in die Zukunft werfen, wie würde es weiter gehen?

Als nächsten Schritt würde ich gerne etwas machen, womit ich noch direkter zu einer beschleunigten Entwicklung hin zu einer emissionsarmen Wirtschaft beitrage. Manchmal sage ich zu meinen Freunden scherzhaft, dass ich vielleicht in Zukunft Solaranlagen verkaufen werde. Ich weiß nicht, ob ich damit zurück in die Privatwirtschaft gehe, in die Politik oder ob ich im NGO-Bereich bleibe oder zur EU gehe. Auf jeden Fall will ich meinen Beitrag dazu leisten, dass wir uns möglichst schnell weg von fossilen Brennstoffen bewegen. Da sehe ich meinen beruflichen Beitrag. Was mir aber auch wichtig ist, ist alles, was mit Bildung zu tun hat – mit unterprivilegierten Kindern in Argentinien oder Bildungsunterschieden in London. Da möchte ich mich freiwillig engagieren. Denn gerade so etwas wie Klimawandel ist den meisten immer noch egal. Manchmal habe ich den Eindruck, Priorität ist noch immer das neuste iPhone-Modell zu haben, unabhängig von der sozialen Schicht. Deswegen ist Bildung für mich ein ganz wichtiger Ansatzpunkt. Das Leben ist nicht nur dazu da, einen Job zu haben, sondern dass für mich Richtige zu machen. Es hat eine Weile gebraucht, bis mir das wirklich klar war. Ich glaube es ist einerseits wichtig zu wissen, wo man im Großen und Ganzen hin will und dann einen Plan für drei oder fünf Jahre zu habe, damit man nicht zu weit vom Weg abdriftet. Zugleich muss man offen sein für Inspirationen. Ich denke man braucht eine richtige Mischung von Fokus einerseits und Vertrauen, dass die richtigen Sachen kommen, andererseits.

Was würden Sie Führungskräften raten, die am Anfang einer Veränderung stehen zu einem möglichen Engagement für mehr gesellschaftliche Verantwortung?

Ich würde ihnen raten, dass sie versuchen, sich von ihren eigenen Erwartungen und den Erwartungen des Unternehmens freizumachen. Viele stecken ja so fest in den ganzen Erwartungen von Familie, Einkommen und Status, die einem die Gesellschaft aufzwingt. Man muss einfach mal die Perspektive wechseln und sich von den ganzen Zwängen lösen. Für die einen heißt das, dass man mal zwei Wochen in die Berge fährt oder für jemand anderen, dass er sich erst überarbeitet und dann krankgeschrieben ist. Ich glaube, wir haben die Antworten in uns. Wir sind nur so beschäftigt mit dem Alltag, dass wir sie nicht hören können. Deswegen muss man sich diesen Freiraum schaffen. Das ist der erste Schritt. Und dann muss man handeln.

5.14   Ein Blick in die Theorie: Zukunft gestalten

Die Frage, wie Menschen Zukunft gestalten, ist sicherlich so alt wie die Menschheit. Alle Philosophen durch die Jahrhunderte hinweg haben sich mit diesem Thema beschäftigt und allzu oft tauchte die Frage auf: Wie viel an unserer Zukunft ist eigentlich festgelegt und wie viel können wir selbst gestalten?

Ein wichtiges Merkmal aller lebenden Systeme ist, dass sie nur in Beziehung zu anderen lebenden Systemen existieren können und somit immer wieder eine Balance herstellen müssen zwischen der natürlichen Tendenz zur Selbstbehauptung und der Anpassung an die Notwendigkeit des Zusammenhanges, in dem sie existieren (Capra und Luisi 2014). Wenn entweder das eine oder das andere übertrieben wird, hat das negative Auswirkungen auf das jeweilige lebende System. Selbstinteresse ist daher nicht moralisch verwerflich, sondern eine Grundvoraussetzung für unsere Existenz. Nur, wenn wir es damit übertreiben, geraten wir aus dem Gleichgewicht, was dann nicht nur uns selbst, sondern auch den lebenden (also auch sozialen) Systemen, innerhalb derer wir agieren, schadet. Diese Balance zwischen der Notwendigkeit, sich auf das eigene Überleben und Wohlbefinden zu konzentrieren und sich zugleich darum zu kümmern, dass es dem größeren Ganzen gut geht, ist sicherlich eine Daueraufgabe der Menschheit und derzeit nicht optimal gelöst. In dieser Daueraufgabe agieren wir als einzelne Person und ringen um Selbstverwirklichung und Sinn. Wenn wir zu sehr zurückstecken und uns nur unseren Pflichten gegenüber dem als Gemeinwohl angesehenen System widmen, laufen wir Gefahr, darin verloren zu gehen. Wenn wir das Gemeinwohl ignorieren, schlagen die negativen Auswirkungen irgendwann zurück – wenn nicht auf uns selbst, dann auf zukünftige Generationen. Zukunft zu gestalten bewegt sich also immer zwischen Freiheit und Verpflichtung, zwischen Wahlmöglichkeiten und bereits festgelegter Notwendigkeit. Jeder Moment, in dem wir bewusst leben, enthält diese herausfordernde Kombination von Freiheit der Wahl und unumgänglicher Notwendigkeit. Selbst in den Lebensphasen, in denen wir davon überzeugt sind, dass die Zukunft gänzlich in unserer Hand liegt, begegnen uns Dinge, die wir nicht beeinflussen können. Zugleich bleibt nichts, was wir tun, ohne Wirkung. Ob es uns bewusst ist oder nicht, alle unsere Gedanken und Handlungen sind wie unsichtbare Pfeile, die Wirklichkeit treffen und verändern. Unsere Entscheidungen bleiben unsere eigenen, aber im Kontext der unendlich weitverzweigten und facettenreichen Wechselwirkungen in der Welt beginnt jede unserer Entscheidungen eine Reise von Ursache und Wirkung. Natürlich gibt es Unbestimmtheit, aber unsere Handlungen ordnen ein unstrukturiertes Feld in ein Muster von Wirkungen. Es gibt also kein Denken und kein Handeln ohne Konsequenzen. Alles zählt. In der buddhistischen Philosophie gibt es den Begriff des Karma, der nicht etwa meint, dass alles vorherbestimmt ist, sondern der genau dieses Phänomen von interdependenten Konsequenzen beschreibt. Karma ist das komplexe Zusammenspiel unseres Geistes und unseres Handelns, das, wenn wir absichtsvoll handeln, einen anderen Weg nimmt, als wenn wir uns dessen nicht bewusst sind. Das heißt, Intention und bewusste geistige Ausrichtung verändern, was wir im Leben erleben. Wir können niemals vergangene Entscheidungen unwirksam machen, aber wir können unsere Fähigkeit zur Intention jederzeit so einsetzen, dass unsere Zukunft anders verläuft als unsere Vergangenheit. Nichts in unserem Leben ist ein für alle Mal festgelegt. Das zeigt auch die neuerliche Forschung zu Epigenetik (Kegel 2015), die das Bindeglied zwischen Genen und Umwelt- (oder Gedanken-)Einflüssen beschreibt. Während lange Zeit geglaubt wurde, dass es zwar soziale Einflüsse gibt, aber doch ein gewisses Maß an Schicksal unumstößlich in den Genen festgelegt ist, stellen die neueren Forschungen dies infrage. Eine neue Ebene jenseits der Gene rückt in den Fokus der Wissenschaft. Mit der Epigenetik wird der Mechanismus erforscht, mit dem Gene reguliert werden, d. h. wann welche Gene sozusagen ein- und ausgeschaltet werden. Man kann dies als eine Art Metaregulation bezeichnen, die einen völlig veränderten Blick darauf wirft, was biologisch festgelegt ist und was sozial im Laufe eines Lebens durch Erfahrung entsteht. Die neuesten Forschungen gehen davon aus, dass wir mit unserem Denken und Erleben auch die Regulierung unserer Gene beeinflussen können. Einerseits wird unsere Freiheit damit zur Verantwortung, andererseits geben uns diese Erkenntnisse die Chance, jeder Vorherbestimmung zu entkommen. Wir können alles ändern, wenn wir es wollen. Dies wird auch durch wissenschaftliche Forschungen zur Neuroplastizität bestätigt. Darunter wird die Fähigkeit des Gehirns zur kontinuierlichen Reorganisation

verstanden – Synapsen, Nervenzellen und Verbindungsstränge können sich in Abhängigkeit ihrer Verwendung in ihren Eigenschaften neuen Gegebenheiten anpassen. Man kann
sich sozusagen neu erfinden. Diese Erkenntnisse bestätigen, was viele erfolgreiche Führungskräfte empirisch bereits praktizieren: Wer etwas entscheidend ändern will, muss es
sich erstens klar vornehmen (die Intention wirkt), zweitens im Geiste vorstellen (die Ima-
gination wirkt), drittens den Fokus klar setzen (die Aufmerksamkeit wirkt) und viertens
konsequent dabeibleiben (die Wiederholung wirkt). Zudem fördert Meditation die Ausweitung und Anpassung von Gehirnaktivitäten. Zukunft entsteht also immer wieder zuerst
in unseren Köpfen. Wir denken uns in unsere Zukunft. Die Geschichten, die wir uns und
anderen dann erzählen, werden zu Pfaden, die in unserem Gehirn langsam immer deutlicher werden, je mehr wir sie gehen. Wenn wir bestimmte Geschichten über uns oder über
die Welt erzählen, werden diese Pfade häufiger gegangen und andere nicht. Unsere gemeinsame Zukunft entsteht also aus den Geschichten, die wir uns erzählen und die wir
kollektiv erzählen. Wenn wir die Zukunft verändern wollen, müssen wir andere Geschichten erzählen, die uns anders denken lassen. Dann handeln wir auch anders und gestalten
damit eine andere Zukunft.

5.15 Momente der Reflexion: Den großen Wurf wagen

Zukunft zu gestalten braucht Zielsetzungen. Auf dem Weg zur Re-Definition unseres Führungsbeitrags brauchen wir Leitplanken, die uns in unserem strategischen Korridor halten.
Der Blick in die Theorie hat gezeigt, dass die Intentionen unser Denken, unsere neurona-
len Bahnen und schließlich unser Handeln verändern. Wir strukturieren Möglichkeiten
von Zukunft durch unsere Intentionen, individuell und kollektiv. Es ist dann der Fokus von
Aufmerksamkeit, der dazu führt, dass diese Möglichkeiten Realität werden. Um diesen
gestalterischen Zusammenhang von Intention und Aufmerksamkeitsfokus zu nutzen, sind
Zielsetzungen vonnöten.

Nun gibt es unzählig viele Ratschläge dafür, wie man sich am besten Ziele setzt. In
allen Organisationen, nicht nur in Unternehmen, ist das Setzen von Zielen eine Selbstver-
ständlichkeit. Aber als Privatperson setzen sich sogar diejenigen, die vehement im professionellen Kontext Zielverfolgung betreiben, selten Ziele. Diejenigen, die es tun, werden
zudem oft belächelt, als würden sie den Leistungsdruck nun auch auf ihr gesamtes Leben
ausdehnen. Natürlich kann das Setzen von Zielen in einen Wahn der Selbstoptimierung
ausarten. Aber das muss nicht passieren. Letztlich bedeutet das Setzen von Zielen ja nichts
anderes, als unserem Geist einen Anhaltspunkt dafür zu bieten, sich auf das zu konzentrieren, was wir für wichtig halten. Und darin liegt der entscheidende Schritt: Wir müssen
herausfinden, was uns wichtig ist – und was wir für wichtig für die Welt halten.

Ob dann das Setzen von Zielen erstens Sinn macht und zweitens wirksam ist, hängt
sowohl von den Inhalten ab als auch von der Form. Von den Inhalten deshalb, weil es
wichtig ist, sich nicht nur beruflich Ziele zu setzen, sondern diese als Leitstern für sein
gesamtes Leben zu sehen, d. h. die Ziele, die man professionell erreichen will, mit denen,

die man als Privatmensch erreichen will, zu verknüpfen. Es hängt von der Form ab, weil Menschen unterschiedlich sind: Während für die einen Ziele am besten funktionieren, wenn sie sehr konkret sind, ist es bei den anderen so, dass konkrete Ziele sie behindern und sie daher besser mit einem Zielkorridor arbeiten. Sie müssen herausfinden, was für Sie selbst am besten funktioniert. Sollten Sie nicht schon ein eigenes Format für das Setzen von Zielen haben, empfehle ich den folgenden Prozess.

Sie brauchen dafür ca. eine Stunde ungestörte Zeit. Sollten die Fragen keine schnellen Antworten zutage fördern, gilt die Regel: Tragen Sie sie eine Zeit lang mit sich herum, bis Ihnen Bruchstücke von Antworten einfallen. Dann erst sollten Sie mit dem zweiten Schritt weiterarbeiten.

Schritt 1: Der große Wurf

Machen Sie sich Notizen zu möglichen Antworten auf die folgenden Fragen:

- *Was gibt mir in meinem professionellen Umfeld am meisten Energie zurück?*
- *Was gibt mir in meinem privaten Umfeld am meisten Energie zurück?*
- *Wenn Geld und Zwänge keine Rolle spielen würden, was würde ich am liebsten tun?*
- *Wenn Geld und Zwänge keine Rolle spielen würden, was würde ich am liebsten zur sinnvollen Weiterentwicklung der Welt beitragen?*
- *Wenn ich meinem Herzen folgen würde, was wäre der nächste Schritt zur Re-Definition meines Führungsbeitrags?*

Schritt 2: Ziele setzen

Betrachten Sie sich Ihre Antworten auf die obigen Fragen. Entscheiden Sie dann, für welchen Zeitraum Sie Ziele setzen möchten (Empfehlung: nicht weniger als ein Jahr, nicht mehr als fünf Jahre). Überlegen Sie, was Ihnen in diesem Zeitraum wichtig ist zu *erleben*, im Sinne von:

- *Wenn ich das erreicht habe, war es eine wirklich gute Zeit und ich bin mit meinem Leben (und meinem Beitrag) zufrieden.*

Schreiben Sie alles auf (Post-its können hier hilfreich sein), was Ihnen einfällt (die Regel gilt: alles gilt!), nur denken Sie daran, sowohl private als auch berufliche Dinge aufzuschreiben.

Ordnen Sie dann die Notizen in Thematische Cluster. Wenn es möglichst ist, bilden Sie nicht mehr als fünf Cluster. Achten Sie darauf, dass

- ein Cluster Ihre sehr persönliche (geistige und körperliche) Entwicklung betrifft. Dies kann z. B. sein: „Ich laufe den New York Halbmarathon" oder „Ich meditiere jeden Tag" oder „Ich habe einen Tanzwettbewerb gewonnen …".
- ein Cluster das Soziale abdeckt. Dies kann z. B. sein: „Ich habe eine harmonische Familie" oder „Mein Kreis an Freunden ist stabil" oder „Ich bin in einem Netzwerk von Freiwilligen engagiert".
- maximal drei Cluster Ihre beruflichen bzw. professionellen Zielen betreffen.

Schritt 3: Ziele erinnerungsfähig machen

Wenn die Cluster geordnet sind, versuchen Sie, für jedes Cluster ein Ziel zu formulieren, das aus einem kurzen Satz besteht. Schreiben Sie die Ziele für alle Cluster auf und feilen Sie an der Formulierung so lange, bis Sie das Gefühl haben, Sie können sich alle fünf Ziele leicht merken.

Nicht nur besonders Kreativen hilft es nun, wenn Sie für jedes Ziel jeweils ein Wort finden, das das Ziel repräsentiert. Fünf Worte können Sie sich leicht merken und sich damit an Ihre Ziele zu jeder Zeit erinnern. Vielleicht gelingt es Ihnen, aus den Anfangsbuchstaben ein Wort zu bilden, das Sie sich noch leichter merken können und das vielleicht sogar emotional etwas repräsentiert, was Ihnen wichtig ist.

Zweck ist: Wann immer Sie an dieses Wort denken, mobilisieren Sie die Intention und den Aufmerksamkeitsfokus für Ihre strategischen Leitplanken. Sie erinnern sich an den Satz, der hinter jedem Buchstaben steht. Schreiben Sie Ihre fünf Ziele so auf, dass Sie jederzeit Zugang dazu haben.

Der Rest ist Planung. Ihre Ziele sind von nun an die Grundlage dafür, konkrete Schritte zu planen. Dabei ist wichtig, dass jedes der fünf Ziele seine Aufmerksamkeit erhält und nicht in den Hintergrund gedrängt wird. Das hilft, private und professionelle Ziele in einer angemessenen Balance zu halten. Und natürlich gilt: Ziele können immer auch angepasst werden.

Alternativ können Sie die Übung auch gemeinsam mit einer anderen Person durchführen.

Diese Übung ist inspiriert von einer Idee von John Streckeley:

John Streckeley (2013): *The Big Five for Life: Was wirklich zählt im Leben.* Deutscher Taschenbuch Verlag.

5.16   Die goldene Regel der Fünf

Wie verfolgt man nun am besten seine Ziele? Es hilft, sich daran zu erinnern, dass Selbstwirksamkeit einem nicht zufällt, sondern in der Regel durch viel Praxis und Disziplin zustande kommt. Jeden Tag und jede Woche bewusst ein paar Schritte mehr zu gehen, macht uns zum Gestalter unserer Welt.

Auch hierfür sind die Erkenntnisse aus der Neurobiologie hilfreich. Denn die Regel gilt: Wiederholung ist der Schlüssel zum Ergebnis. Wir sind täglich so vielen Anforderungen ausgesetzt – warum sollte sich unser Gehirn ausgerechnet auf unsere Ziele konzentrieren? Wir müssen es also immer wieder daran erinnern. Wir müssen uns daran erinnern, was für uns wirklich zählt. Wir können unseren neuen Führungsbeitrag nur in die Welt bringen, wenn wir ihn auch konsequent vorantreiben. Die Zahl Fünf (es kann auch eine andere Zahl sein) ist hilfreich, weil wir uns genau diese Anzahl von Zielen gut merken können. Gelegentlich ist es wichtig, nur *eine* Priorität zu haben, bis zu *fünf* Prioritäten sind dennoch gut zu verkraften. Alles darüber Hinausgehende verliert seine Bedeutung als Priorität.

Wenn wiederholter Aufmerksamkeitsfokus und Erinnerung an unsere Intention der Schlüssel zum Ergebnis sind, dann lohnt es sich, die Konzentration auf Ziele zu ritualisieren.

Sie mögen Ihr eigenes Planungsritual haben, das gut funktioniert. Wenn Sie nach Inspiration für konsequente Zielumsetzung suchen, dann bietet sich die folgende Übung an.

Sonntagsritual

Zeitbedarf: 15–30 min

Jeden Sonntag (oder an irgendeinem anderen Tag der Woche, aber regelmäßig) nehmen Sie sich Zeit, um sich Ihre Ziele noch einmal durchzulesen (ggf. auch die Antworten, die sich aus den Fragen zum großen Wurf ergeben haben). Überlegen Sie, ggf. schreiben Sie auf, wie Sie in der vergangenen Woche Ihre fünf Ziele vorangebracht haben und welche Erkenntnisse Sie gewonnen haben. Dann schreiben Sie die fünf Dinge auf, mit denen Sie in der kommenden Woche Ihre fünf Ziele voranbringen wollen. Dies schließt berufliche und private Dinge ein – achten Sie darauf, dass alle fünf Ziele sinnvoll abgedeckt sind.

Vorsicht: Diese Vorgehensweise ist nicht zu verwechseln mit dem Anlegen von typischen To-do-Listen. Formulieren Sie, was Sie zu jedem Ziel qualitativ erreichen wollen, nicht, was Sie tun müssen.

5.17   Stakeholder Interviews

Auf dem Weg zur Re-Definition Ihres Führungsbeitrags brauchen Sie das Feedback und die Intelligenz von anderen Menschen. Natürlich müssen Sie nicht jedem Rat folgen und nicht jedes Feedback annehmen, aber es ist hilfreich, das große Feedbacknetzwerk des Lebens gezielt zu nutzen. Andere Menschen haben andere Blickwinkel auf denselben Sachverhalt, sie sehen manchmal mehr als man selbst. Fast immer sind Menschen bereit, andere auf ihrem Weg zu unterstützen durch Feedback, Ideen und andere Perspektiven – wir nutzen diese Bereitschaft nur viel zu wenig.

Was wir andere als Feedback oder Ideenanregung fragen, hängt natürlich stark davon ab, wo wir stehen und was wir uns vorgenommen haben. Es gilt allerdings die Regel: Wir sollten anderen maximal eine bis drei Fragen stellen. Alles darüber hinaus kostet zu viel Zeit. Mit dieser Vorgehensweise verbinden wir Fragen zu unserer Persönlichkeit oder Kompetenz mit Fragen zu unserem möglichen Weg und Fragen zu konkreten Umsetzungsschritten. Diese Fragen können wir schriftlich stellen oder in einem Gespräch klären. Hier einige Beispiele:

Stakeholder-Perspektive zur Person:

- *Was ist aus Deiner/Ihrer Sicht Deine/Ihre größte Stärke? Wann/wie zeigt sie sich am ehesten?*

    Stakeholder-Perspektive zum Weg:
- *Wie sollte ich mein(e) Stärke/Kompetenz/Wissen am wirksamsten einsetzen?*

Stakeholder-Perspektive zur Umsetzung:

- *Was sollte ich tun, damit ich xy (mein Ziel/Vorhaben) am besten/schnellsten vo-*
  ranbringe?

Werten Sie die Ergebnisse für sich aus, ziehen Sie Ihre Schlussfolgerungen und beziehen Sie die Ergebnisse in Ihre Planungen mit ein.

Literatur

Capra, F., & Luisi, P. L. (2014). *The system's view of life – A unifying vision.* Cambridge: Cambridge
    University Press.
Kegel, B. (2015). *Epigenetik – wie unsere Erfahrungen vererbt werden.* Köln: DuMont.
Streckeley, J. (2013). *The big five for life: Leadership's greatest secret – Was wirklich zählt im Le-*
    ben. München: Deutscher Taschenbuch.

Weiterführende Literatur

Doidge, N. (2014). *Neustart im Kopf: Wie sich unser Gehirn selbst repariert.* Frankfurt a. M.: Campus.
Foer. J. S. (2007). Extrem laut und unglaublich nah. Frankfurt: Fischer.
Göpel, M. (2020). *Unsere Welt neu denken. Eine Einladung.* Berlin: Ullstein.
Hüther, G. (2015). *Etwas mehr Hirn, bitte: Eine Einladung zur Wiederentdeckung der Freude am*
    eigenen Denken und der Lust am gemeinsamen Gestalten. Göttingen: Vandenhoeck & Ruprecht.
Korten, D. C. (2015). *Change the story, change the future – Weltsichten und ökonomischer Wandel.*
    Hamburg: Phänomen.
Lesch, H. (2018). *Die Menschheit schafft sich ab. Die Erde im Griff des Anthropozän.* Kornwes-
    theim: Brockhaus Commission.
Suzuki, W. (2015). *Fittes Gehirn, erfülltes Leben: Mit neuesten Erkenntnissen der Neurowissen-*
    schaften. München: Goldmann.

Kapitel 6: Zukunftsfähigkeit – die Welt von morgen voranbringen

6

Zusammenfassung

Das *sechste Kapitel* begleitet Sie dabei, den Wunsch, positiv zur Welt beizutragen, konkret umzusetzen. Wirklich wirksam können Sie aber nur gemeinsam mit anderen werden. Hierfür sind Netzwerke und Kooperationsprojekte wichtig, in denen unterschiedliche Akteure gemeinsam gesellschaftliche und globale Herausforderungen angehen. Sie werden beginnen, Führung als gemeinsamen Erfolg in zukunftsfähigen Veränderungsprozessen zu betrachten. Ein Kompass für kollektives Führen unterstützt Sie dabei, in einer immer komplexer werdenden Welt den roten Faden nicht zu verlieren und Ihre Wirkung zu erhöhen.

Oft ist es die emotionale Erfahrung, etwas gemeinsam bewegen zu können, die die Führungskräfte auf dem Weg in eine neue Identität bestärkt. Mit einer solchen Erfahrung fühlen wir uns umso stärker zu unserem neu-definierten Führungsbeitrag hingezogen, sicherlich nicht immer frei von Zweifeln, aber mit wachsendem Engagement. Inzwischen wissen wir, dass der neue Weg auch seine Hürden hat, die wir nun anfangen, mit mehr Gelassenheit zu nehmen. Unser Beitrag zur Zukunftsfähigkeit unserer Welt ist nämlich ein individueller, organisationaler, gesellschaftlicher und globaler Lernprozess, an dem wir nicht vorbeikommen. Aber an diesem kreativen Prozess beteiligt zu sein, gibt uns nicht nur Energie und Sinn, sondern lässt uns auch zu einem bewussteren Partner der Evolution werden. Unseren neuen Führungsbeitrag darin weiterzuentwickeln, hilft uns dabei, unsere äußere Entwicklung mit unserer inneren in Einklang zu bringen. Dabei ist *Selbstvergessenheit* ein Geschenk, das wir unterwegs erhalten, und *Achtsamkeit* ist das, was wir der Welt zurückgeben. Der Weg zu einer Welt, in der unsere Nachfahren genauso gut, wenn nicht noch besser leben können, kann nicht an einige Wenige delegiert werden. Jeder Einzelne ist gefragt. Wir können und müssen aktiv werden und unser Handeln mit Reflexion und Dialog begleiten. Denn nur gemeinsam können wir den Weg in eine bessere Zukunft für alle finden. Hierfür sind Netzwerke wichtig, in denen sich Akteure gegenseitig unterstützen, ebenso wie Kooperationsprojekte, in denen unterschiedliche Akteure gemeinsam gesellschaftliche und globale Herausforderungen angehen. Eine dynamische Balance zwischen unserer Fähigkeit zum Beobachten und Zuhören sowie unserer Fähigkeit, aktiv zu gestalten, führt dann zu einer neuen Form der Ko-Kreation, die sich letztlich als sinnvoller für die Welt erweisen wird.

Zukunft entsteht aus menschlicher Begegnung. Je konstruktiver wir diese im Dialog gestalten, desto wahrscheinlicher wird Zukunftsfähigkeit. Ein Engagement für Zukunft braucht aber auch die Fähigkeit, gemeinsam Verantwortung zu übernehmen. Dabei müssen wir je nach Bedarf, Thema und Situation flexibel in Führung gehen, ohne in die Fallen der Macht zu geraten, die uns das größere Ganze aus den Augen verlieren lassen. Am besten funktioniert dies, wenn wir diejenigen Formen der Ko-Kreation erkennen und anwenden, die Vitalität – in einzelnen Akteursgruppen und Organisationen – freisetzen, ohne falsche Harmonie zu suggerieren. Diese müssen wir fördern und weiterentwickeln.

6.1   Kooperationsfelder gestalten

Stellen Sie sich Folgendes vor: In einem nicht allzu großen Raum in einem Mittelklasse-Hotel irgendwo in der Nähe eines Strandes in Brasilien sitzen 45 Führungskräfte auf Plastikstühlen in einem Raum, der von der Lüftungsanlage kaum kühl gehalten wird. Ein leichter Seewind kommt durch eine offene Tür, damit aber auch gelegentlicher Lärm von der nahen Straße. Irgendwo wenige Hundert Meter entfernt liegt der Atlantische Ozean, aber keiner der Teilnehmer dieser anstrengenden Sitzung hat Zeit, Badefreuden zu genießen. Im Raum sitzen Entscheidungsträger aus der ganzen Welt – aus Europa, Asien, den USA, Afrika und Lateinamerika. Sie alle haben mit Kaffee zu tun und sie sitzen hier in diesem unerträglichen Raum, um ein gemeinsames Dokument zu verabschieden, das den Weg für mehr nachhaltigen Kaffee in der Welt voranbringen soll. Darunter sind Führungskräfte der Kaffeeindustrie, von internationalen Nichtregierungsorganisationen, von Kaffeeproduzenten und Regierungen. Seit mehr als zwei Jahren treffen sie sich regelmäßig, um ein ambitioniertes Projekt voranzubringen, nämlich den Weltmarkt an Kaffee dahin gehend zu beeinflussen, dass die ökologischen Auswirkungen von Kaffeeproduktion sich verringern und die wirtschaftliche Lage der Kaffeebauern sich verbessert. Über die Jahre hat es heftigste Auseinandersetzungen um den Weg und die nächsten sinnvollen Schritte gegeben, aber fast alle Akteure sind dabei geblieben. Warum setzen sich Menschen einer so schwierig wirkenden Herausforderung freiwillig aus?

Dafür gibt es so zahlreiche Gründe wie die Anzahl der Teilnehmer. Dennoch eint alle das Interesse an einer verantwortlichen Wertschöpfungskette in der Kaffeeproduktion, die es uns als Konsumenten ermöglicht, die nächste Tasse Kaffee mit gutem Gewissen zu trinken, ohne an Kinderarbeit, Hungerlöhne, verschmutztes Trinkwasser, Waldrodung oder verarmte Kleinbauern denken zu müssen. Hier sitzen keine weltfremden Träumer, sondern Top-Führungskräfte aus der Kaffeeindustrie ebenso wie Entscheidungsträger von

Kaffeeproduzenten. Am Ende eines langen Tages gelingt es der Gruppe schließlich, das Dokument zu verabschieden, ohne dass weitere Einwände hervorgebracht werden. Ein erleichtertes Raunen geht durch den Raum, bis alle auf einmal klatschen. Der nächste Meilenstein ist erreicht. Unausgesprochen war sich jede(r) der Führungskräfte darüber im Klaren, welche Verantwortung sie oder er trug. Man hätte das Ganze auch jederzeit scheitern lassen können. Einer der Teilnehmer fasste es so zusammen:

> Es war eine Atmosphäre spürbar im Raum, die uns alle in eine Verpflichtung zog, ohne die wir nicht in der Lage gewesen wären, einen positiven Einfluss auf die Zukunft zu nehmen. Dies subtile Klima von Zukunftsverantwortung machte es unmöglich, das Ziel zu torpedieren. Keiner hielt seine Meinung und seine Interessen hinterm Berg, aber alle wussten wir irgendwie intuitiv, wie weit wir gehen konnten in unserer Meinungsverschiedenheit, ohne das Ganze zum Platzen zu bringen. Es war klar, dass wir uns auf einer gemeinsamen und ziemlich globalen Reise befanden. Der Weg war verhandelbar, aber keiner wollte umkehren.

Diese herausfordernde Kooperationsinitiative zur Entwicklung eines Nachhaltigkeitsstandards für den weltweiten Kaffeemarkt ist nur eine der zahlreichen Bewegungen, Allianzen, Plattformen und Partnerschaftsprojekte, die es inzwischen in der Welt gibt. Ob sie den Wettlauf gegen die Ausbeutung von Arbeitern, den Klimawandel, den Verlust der Biodiversität, den zunehmenden Wassermangel oder den Raubbau an Bodenschätzen gewinnen, ist noch nicht absehbar. Aber mit den weltweit im Jahr 2015 von der UN verabschiedeten 17 Nachhaltigkeitszielen gibt es einen neuen globalen Rahmen, der dazu ermutigt, eine globale Verpflichtung als Gestaltungsfreiheit zu interpretieren und lokal ebenso wie global Veränderungen umzusetzen.

Nachhaltigkeit ist dabei weniger ein festgelegtes Ziel als ein Begriff, der für einen strategischen Korridor von Bedeutungen steht und vor allem auf das hinweist, was wir vermeiden wollen – den weiteren Raubbau an Natur und Menschen. Der Begriff, den man vielleicht eher als Zukunftsfähigkeit fassen könnte, steht für eine Entwicklung auf einen Zustand der Welt hin, in dem angemessener Wohlstand, eine intakte Umwelt und soziale Gerechtigkeit sich im optimalen Einklang miteinander befinden. So vage der Begriff sein mag, so hat er sich doch in der internationalen Diskussion nach und nach durchgesetzt. Dies zeigt sich nicht nur daran, dass bei vielen Unternehmen – mal als gesellschaftlicher Druck, mal als Erkenntnis – angekommen ist, dass Zukunftsfähigkeit eine neue Form erfordert, ökonomische, soziale und ökologische Strategien zusammenzubringen. Im globalen Kontext gilt das ebenso und geht doch weit darüber hinaus – der Begriff bezieht Menschenrechte, neue Formen des Wirtschaftens und das Lernen von der Natur mit ein. Damit ist Nachhaltigkeit zum einen ein mittlerweile viel verwendeter Begriff geworden (mit mehr als 41 Millionen Google-Hits im Deutschen, mehr als 862 Millionen Google-Hits im Englischen). Die Entwürfe, die auf diesen Zielkorridor hinarbeiten, sind so verschieden wie die Welt. Und dennoch ist das eine Wort eine Art Leitplanke, deren Verlauf sicherlich immer wieder leicht re-definiert wird, aber dennoch eben genau das ist – ein durchaus emotional besetztes, aber rational untermauertes Leitmotiv, das Menschen zum Handeln inspiriert.

Natürlich sind die 17 globalen Nachhaltigkeitsziele hoch angesiedelt und man fragt sich, ob das Setzen von Zielen auf einer globalen Ebene überhaupt zum Erfolg führen kann. Ich erwähne sie aus drei Gründen: *erstens,* weil sie öffentlichkeitswirksam deutlich gemacht haben, dass die Suche nach Sinn jeder einzelnen Person heute in einen globalen Kontext eingebunden ist, den man nicht ignorieren kann. Die Freiheit zu gestalten ist zugleich die Verpflichtung, die Welt zum Besseren zu gestalten – im Kleinen wie im Großen. Schon lange ist dies nicht mehr das Privileg einiger weltfremder Träumer, sondern ins Pflichtenheft aller Unternehmen eingraviert. *Zweitens* zeigen die globalen Ziele etwas auf, das auf der Suche nach Führung mit Sinn wichtig ist – nur wenn das Ziel groß genug ist, wenn der Sinn, den wir suchen, in einen größeren Kontext eingebettet ist, wird er handlungsleitend. Das, was wir letztlich beitragen, mag ein kleiner Baustein sein, oder im Bild des vorangegangenen Kapitels zu bleiben, nur ein paar Sandkörner in der Wüste verschieben. Aber die Verbindung zu einem größeren Kontext ist es wert, dass wir den Mut aufbringen, die nächsten Schritte zu gehen und den Durchhaltewillen entwickeln, den die Suche nach Sinn braucht. Es lohnt sich daher, diesen größeren Kontext zu finden, auch wenn es nicht immer gleich globale Entwicklungsziele sein müssen. *Drittens* verdeutlichen die Ziele mehr denn je, dass die Welt zum Positiven zu verändern keine Angelegenheit ist, die mit Einzelkämpfertum und im Wettbewerb zueinander gelingen wird. Das weist uns darauf hin, dass die Suche nach Führung mit Sinn uns immer wieder auf das stoßen wird, was wir ja eigentlich wissen: Zukunft gelingt nur gemeinsam.

6.2 Die Welt anders wahrnehmen

Die Initiative für nachhaltigen Kaffee ließ mich beobachten, was passiert, wenn Führungskräfte Verbindung aufnehmen mit einem Ziel, das nicht nur geschäftsmäßig Sinn macht, d. h. nicht nur die Vernunft anspricht, sondern auf eine innere Sehnsucht antwortet und eine Begeisterung auslöst, die entsteht, wenn man auf einmal weiß, dass man etwas verändern kann – gemeinsam mit anderen. Wir fangen dann an, Realität anders wahrzunehmen. Während wir zuvor darauf gemünzt waren, uns irgendwie in der Welt zu behaupten, durchaus auch in Konkurrenz zu anderen, sehen wir nun, wir sehr andere ebenso auf der Suche sind danach, etwas Sinnvolles zu dieser Welt beizutragen. Wir merken, dass wir nicht alleine auf einer Reise mit unbekanntem Ziel sind. Wir nehmen andere Reisende wahr mit ihren Fragen, Absichten, Wünschen und Sehnsüchten. Mit Träumen, die manchmal verloren gehen, bis sie endlich wieder geweckt werden. Es mag sein, dass wir sogar in unserem beruflichen Umfeld Menschen auf der Suche sehen, denen wir gar nicht zugetraut hätten, jemals unbequeme Fragen zu stellen. Vielleicht beginnen wir anders zu beobachten und sehen die zunehmenden Diskrepanzen in unserem beruflichen Umfeld zwischen der Sehnsucht von Kollegen, etwas zu tun, das im Sinne von Sinnhaftigkeit wirklich zählt, und den Anforderungen der Wirtschaftswelt, die auf solche Empfindlichkeiten nicht nur keine Rücksicht nimmt, sondern auch über sie lacht. Wir sehen Leistungsorientierung, die Führungskräfte immer weiter weg von ihren Herzensangelegenheiten drängt und Wettbewerbsdynamiken und politische Kämpfe schürt, die Menschen unbarmherzig werden lassen. Wir können dann nur vermuten, wie viele Kollegen oder Kolleginnen die Verbindung zu ihrem roten Faden, ihren eigentlichen Intentionen oder ihren frühen Träumen verloren haben. Das mag uns aber auch nachgiebiger gegenüber anderen machen, weil wir davon ausgehen können, dass der Wunsch nach Sinn in erheblich mehr Führungskräften schlummert als in lediglich denjenigen, die es offen zugeben würden. Kontexte, in denen wir plötzlich an einem gemeinsamen, sinnhaften, vielleicht sogar weltbezogenen Ziel mit Menschen arbeiten müssen, mit denen wir ansonsten gar nicht erst ins Gespräch kommen würden – wie die Initiative für einen nachhaltigen globalen Kaffeestandard –, wecken das tiefe menschliche Bedürfnis, Teil einer Gruppe von Menschen zu sein, die Zukunft gestaltet.

6.3   Die größere Reise antreten

Die globalen Ziele erinnern uns daran, dass die Zukunftsfähigkeit unserer Welt mehr denn je eine gemeinsame Reise ist, bei der wir alle ständig dazulernen müssen – ob es sich um die Energiewende handelt, die Aufmerksamkeit von Unternehmen und der Politik auf die Einhaltung der Planetaren Grenzen, Solidarität und soziale Gerechtigkeit, die Versorgung mit Wasser in Städten und Staaten, in denen der Klimawandel sich bereits auswirkt, oder die Bekämpfung von Fluchtursachen. Die Anzahl der Themen ist groß, und sie hängen alle zusammen. Wenn wir also den inneren Weg auf der Suche nach Führung mit Sinn bis hierher gegangen sind und uns Schritt für Schritt bemühen, vom Beobachter einer schwer zu beeinflussenden Weltentwicklung zum Partner von zukunftsfähiger Evolution (im Kleinen wie im Großen) zu werden, eröffnet sich uns eine Welt von unendlichen Möglichkeiten. Wir können unsere Suche nach Sinn mit dem zusammenbringen, was die Welt braucht. Wenn wir dann noch den roten Faden gefunden haben, der uns mit dem verbindet, was wir – als wir jung waren – meinten, dass die Welt braucht, ist das genug Rüstzeug dafür, aktiv zu werden. Auch wenn es anfangs wie eine große Herausforderung erscheint, kann es erleichternd sein, nach und nach das, was wir im Außen tun, mit dem in Einklang zu bringen, was wir an inneren Werten haben. Es gibt immer einen Punkt, an dem die innere Entscheidung zu Veränderung sich schließlich auch im äußeren Handeln Bahn bricht. Unseren Führungsbeitrag neu zu gestalten, wird dann von einer Nebentätigkeit zu einer Haupttätigkeit. Das geht manchmal sogar Führungskräften so, die an der Spitze von Unternehmen stehen. Paul Polman, der ehemalige CEO von Unilever, gab einmal in einem Gespräch zu, dass sein Wendepunkt bei Unilever sich entwickelte, weil er an die Zukunft seiner Kinder dachte. Daraus ergab sich eine Verpflichtung, die ihn zu einem gänzlich anderen Gestalter von Zukunft werden ließ. Viel zitiert und gelobt als ein Vorreiter zum Thema Nachhaltigkeit an der Spitze eines Konzerns zeigt er den Weg auf, den jemand geht, wenn er seinen Führungsbeitrag re-definiert und dennoch nicht den Job wechselt. Unilevers Strategie ihres groß angelegten Sustainable Living Plan als Grundzug allen unternehmerischen Handelns mag weit entfernt sein von dem, was Unternehmen in Zukunft noch an globaler Verantwortung vor sich haben, aber er zeigt dennoch einen Weg auf, den andere als inspirierendes Beispiel nehmen und weiterentwickeln werden. Jochen Zeitz, der ehemalige CEO von Puma, gab einmal in einem Interview zu, dass seine intensivere Beschäftigung mit Meditation ihn dazu gebracht hat, ein unternehmensinternes Messinstrument einzuführen – die transparente ökologische Gewinn-und-Verlust-Rechnung, die die tatsächlichen Kosten der Auswirkungen des Unternehmens auf die Natur misst. Puma ist der erste Konzern weltweit, der diese Zahlen und Fakten transparent macht. Beide Beispiele sind bahnbrechend und zukunftsweisend. Nicht immer hat man eine Einflusssphäre wie Jochen Zeitz und Paul Polman, aber die beiden Beispiele zeigen, dass aus der Übernahme von Verantwortung und Verpflichtung für Zukunftsfähigkeit auch der Mut entsteht, die Handlungsfreiheiten auszudehnen und einfach zu tun, womit andere nicht rechnen. Es lohnt sich daher, den Wunsch nach mehr Sinn mit der Verantwortung für die Zukunftsfähigkeit für unsere Welt zu verknüpfen. Ansonsten benötigen wir noch Mut, und den muss man kultivieren. Es gibt kein Patentrezept dafür, aber einige Wegweiser, die uns helfen können:

Zweifel managen

Wenn Sie sich auf die Suche nach Führung mit Sinn begeben haben, wird es immer wieder genug Stimmen (die inneren und Stimmen von außen) geben, die das Ganze in Zweifel ziehen. Die Gründe, warum eine Veränderung nicht möglich ist, werden in Ihrem Kopf Schlange stehen. Die beiden Beispiele von Paul Polman und Jochen Zeitz klingen nur im ersten Anschein nach so, als hätten beide eine Machtposition, in der alles möglich ist. Sicherlich nicht. Beide mussten über große innere und äußere Hürden springen, um das zu tun, was ihr Herz ihnen als sinnvoll vorschlug. Beide mussten die Regeln brechen und bekamen dafür zunächst nicht nur positive Rückmeldungen.

Kleine Schritte wertschätzen

Keiner zwingt Sie, den großen Wurf sofort hinzubekommen. Niemand drängt Sie zu einer radikalen Lösung. Es ist der Anfang, der zählt. Die ersten fünf Schritte zu planen und dann auch durchzuziehen, ist entscheidend. Nichts ist schlimmer, als zu wissen, dass man etwas verändern muss, und es immer wieder hinauszuschieben. Das führt im Endeffekt zu mehr Unzufriedenheit als in der ganzen vorangegangenen Situation. Jeder Schritt zählt, so klein er auch sein mag. Wenn fünf Schritte gegangen sind, kann man die nächsten fünf Schritte planen usw.

Ängste zu Freunden machen

Keine Veränderung geht vonstatten ohne ein Risiko. Damit werden immer die Ängste freigesetzt, mit denen wir uns ohnehin unser Leben lang beschäftigen. Bei den einen ist dies Angst vor Ablehnung, finanzieller Unsicherheit oder Statusverlust. Bei den anderen ist es Versagensangst, die Befürchtung, nicht mehr geliebt zu werden, oder die Ausgrenzung aus einer Gruppe anscheinend Gleichgesinnter. Wo die Angst ist, geht es lang. Daher lohnt es sich, die aufkommenden Ängste als alte Bekannte wahrzunehmen (d. h. die Drachen zu zähmen) und pfleglich zu behandeln, aber in ihre Schranken zu verweisen.

Sich als Teil einer Bewegung sehen

Für manche muss die Veränderung schnell gehen, für andere langsam. Was immer zu Ih-
nen passt, ist richtig. Eine Prise Demut hilft dabei zu akzeptieren, dass man in gewisser
Hinsicht wieder zurück auf eine Schulbank gerät – Sinnfindung ist ein Lernprozess, der in
einem sehr spezifischen, individuellen Gewand daherkommt, sich aber bei näherem
Hinsehen als Teil einer großen Bewegung herausstellt. Es gibt zahlreiche Menschen in der
Welt, die Bücher, Filme oder Kunstwerke mit Vorschlägen für eine bessere, menschlichere
Welt hervorgebracht haben. Von all diesen Vorgängern oder Begleitern kann man lernen.
Und dennoch ist der eigene Weg spezifisch und folgt keinem festgelegten Rezept. Man
kann sich als Teil einer großen Bewegung sehen und dennoch Verantwortung für das je-
weils eigene Strickmuster von Sinnhaftigkeit übernehmen.

Die Suche strukturieren

Da Sie mit dem Wunsch, einen sinnvolleren Beitrag zur Welt zu leisten, nicht alleine stehen, lohnt es sich, genauer zu erforschen, was andere machen. Wer hat was zu den Inhalten
geschrieben, die Sie interessieren? Wo treffen Menschen zu den Themen zusammen, die
Ihnen auch am Herzen liegen? Zur neuen Schulbank-Mentalität gehören eine enorme
Wissbegierde und eine gute Portion Entdeckungslust. Niemand wird den Stein der Weisen
besitzen. Sehen Sie die Neudefinition Ihres Führungsbeitrags daher als ein Projekt, dem
Sie gerne auch einen Namen geben können. Zu einem Projekt gehören Experimentierpha-
sen, die nicht alle gleich zu großen Erfolgen führen müssen, da sie dem Lernen und der
Schärfung der Projektziele dienen. Und wie schon mehrfach erwähnt: Es hilft, Reflexionszeiten zu ritualisieren.

Begegnungen wertschätzen

Vielleicht bemühen Sie sich ganz bewusst um Kontakt zu bestimmten Personen, die aus
Ihrer Sicht für Ihre Zukunft relevant sind. Oder Sie begegnen zufällig Personen, die sich
als wichtig für Sie herausstellen, weil sie Ihnen Hinweise mitgeben oder Ideen anregen.
Was auch immer Ihr Muster von Begegnung ist, halten Sie Augen und Ohren offen. Wenn
man innerlich eine Entscheidung wirklich getroffen hat, sind es die menschlichen Begegnungen, die gesuchten oder die zufälligen, die einen weiterbringen. Es lohnt sich, die eigene Aufmerksamkeit auf diese Begegnungen zu schulen: Was sagen sie Ihnen? Was bewirken Sie? Manchmal sind es die scheinbar unwichtigen oder unerwarteten Begegnungen,
die einem ein kleines Geschenk mitgeben, das man braucht, obwohl man gar nicht damit
gerechnet hat.

Neue Verbindungen knüpfen

Ob im eigenen Unternehmen oder außerhalb – suchen Sie sich gezielt Menschen aus, die
auf einem ähnlichen Weg sind oder denen ähnliche Themen am Herzen liegen. Alleine hat
noch niemand die Welt verändert und Sinn ohne menschlichen Kontext wird wieder leer.
Manchmal hilft es, in einem Umfeld von Leistungsdruck die Prise Menschlichkeit wahrzunehmen, die darauf hinweist, dass da eine andere Seele auch auf der Suche nach einem

besseren Beitrag ist, und dies dann direkt oder indirekt anzusprechen. Manchmal muss man gezielt ein Netzwerk von Menschen aufbauen, durch das man den eigenen Einfluss erhöht. Eines ist klar, der nächste Schritt in der menschlichen Evolution braucht viele Menschen, die den Mut haben zu handeln. Individuelles Vorpreschen kann hilfreich sein, aber die meisten Erfolge werden erzielt, wenn man gemeinsam mit einer Gruppe von Menschen, die alle an einer bestimmten Veränderung interessiert sind, an einem Strang zieht.

Wer diese Wegweiser beherzigt, wird merken, dass damit auch die generativen Energien *Begeisterung, Entschiedenheit* und *Erneuerung* zunehmend in eine neue, fruchtbare Balance kommen. Die Entdeckungslust ernährt alles in uns, was unsere *Begeisterung* für Zukunftsgestaltung voranbringt. Das systematische Vorangehen stärkt die Energie der *Entschiedenheit,* denn es ist der Durchhaltewillen, der uns voranbringt. Wenn wir zu schnell aufgeben, bringen wir die Dinge nicht zur Reife. Reflexion ebenso wie die Verbindung zu anderen, die auf der Suche sind, unterstützen uns in der *Erneuerung.* Den eigenen Führungsbeitrag neu zu definieren bedeutet, zwei Wege enger zusammenzubringen: den inneren Weg zu mehr Aufmerksamkeit und stärkerem Zuhören auf das, was das Herz einem sagt, und den äußeren Weg für ein Engagement, das nicht nur der eigenen Akkumulation von Reichtum dient, sondern der Zukunft der Welt nützt. Während man den inneren Weg alleine gehen kann (nicht muss!), braucht der äußere Weg andere Menschen.

6.4   Vom Ich zum Wir

Es gibt ein Zitat, das Margaret Mead zugeschrieben wird, einer Kulturanthropologin aus den USA, und das wohl deshalb so oft zitiert wird, weil es eine essenzielle Erfahrung in Worte fasst.

> Zweifle nie daran, dass eine kleine Gruppe von entschiedenen Menschen die Welt verändern kann, … tatsächlich ist dies die einzige Art und Weise, in der die Welt jemals verändert wurde.

Viel zitiert wird dieser weise Satz, aber ebenso oft ignoriert. Der Frage, wie eine Gruppe von Menschen, oder noch genauer eine Gruppe von Führungskräften, die alle etwas verändern wollen, gemeinsam erfolgreich wird, ist noch lange nicht ausreichend beantwortet. Auf der Suche nach Führung mit Sinn und mit der Erkenntnis im Handgepäck, dass ein positives Wirken in der Welt nicht ein individuelles Phänomen ist, wäre es durchaus nützlich, sich einer Antwort nähern zu können. Denn selbst, wenn wir die eigene Selbstwirksamkeit auf Fragen der Zukunftsfähigkeit unserer Welt fokussieren, stolpern wir gelegentlich über menschliche (auch unsere eigenen) Unzulänglichkeiten. Zudem werden wir, je weiter wir den Kontext unserer Wirksamkeit ziehen wollen, umso mehr wieder mit all den schon erwähnten Zukunftstrends konfrontiert, die die großen Herausforderungen unserer Zeit darstellen. Das, was die Welt als Ganzes bewegt – Klimawandel, Gefährdung von Umwelt, soziale Spannungen oder Terrorismus – bleibt vor unserer Suche nach Sinn nicht ehrfürchtig stehen. Im Gegenteil, es fordert uns heraus, kleinere und größere, innere und äußere Antworten zu wagen, ohne zu wissen, ob sie die richtigen sein werden. Diese komplexen Herausforderungen, die zugleich eine Einladung zu einem nicht nur individuellen, sondern globalen Lernprozess sind, brauchen neue Formen der Kooperation zwischen Akteuren, die sich vielleicht bisher misstrauisch beäugt haben. Die bereits erwähnte Initiative für einen nachhaltigen Kaffeestandard ist dafür nur ein Beispiel unter vielen.

Mehr denn je zeigen die 17 nachhaltigen Entwicklungsziele, dass das Denken und Handeln in fachlich getrennten Strukturen, Rollen und Positionen nicht zukunftsfähig sein wird. Damit entsteht auf der globalen Ebene ein Bedarf, herauszufinden, was denn die Kooperation unterschiedlichster, sich gegenseitig durchaus nicht immer positiv gesonnenen Akteure möglich und erfolgreich macht. Neben der gemeinsamen Suche nach technischen und gesellschaftlichen Problemlösungen geht es immer auch darum, Vertrauen aufzubauen, gemeinsame Ziele zu generieren, in der Umsetzung wirksam zusammenzuarbeiten und Ergebnisse gemeinsam auszuwerten. Was also global, national oder lokal in den Initiativen für eine Zukunftsfähigkeit unserer Welt ohnehin stattfinden muss, ist nicht so weit entfernt von den Bausteinen, die wir auf der Suche nach Führung mit Sinn bereits zusammengestellt haben – das innere Vertrauen zu unserem roten Faden, die Prise Demut, die uns davor beschützt, das Anderssein anderer zu schnell zu verwerfen, und die Bereitschaft, unsere Suche nach Sinn als eine Entdeckungsreise mit grober Richtung, aber nicht völlig festgelegtem Ziel zu sehen. Dies kombiniert mit der Erkenntnis, dass unsere Selbstwirksamkeit dann am besten zur Geltung kommt, wenn wir sie mit der anderer Akteure verbinden, rüstet uns für eine Welt, in der eine Verbindung von Sinnhaftigkeit mit zukunftsfähigem Handeln eine für die Menschheit möglicherweise brauchbare Mischung ergeben kann. Gelingt es uns also, auf unserer Suche nach Sinn zugleich zu lernen, wie wir die von Margaret Mead erwähnte *„Gruppe von Menschen, die die Welt verändern kann"* nicht nur finden, sondern auch bei der Stange halten können, multipliziert sich unsere eigene Selbstwirksamkeit.

6.5   Von Herausforderungen zu Chancen

Wie wir also Zukunft gemeinsam gestalten, rückt damit bei der Re-definition unseres Führungsbeitrages ins Zentrum der Aufmerksamkeit. Ohne den Aufbau und Ausbau dieser Kompetenz zum *Zusammenwirken* können wir die Herausforderungen schlecht meistern. Darin liegt zugleich auch eine Chance. Denn die Komplexität globaler und gesellschaftlicher Veränderungen spiegelt sich in unserer eigenen. Den globalen Trend zu Kooperation in Zukunftsthemen, das heißt zu einem verstärkten gemeinsamen Angehen der Herausforderungen, die die Welt bewegen, kann man aus den 17 globalen Nachhaltigkeitszielen herauslesen. Durch ihre Komplexität kann man diese Ziele auch als Aufforderung zum Resilienz-Training begreifen. Wir müssen sozusagen die entsprechenden „Muskeln" für das aufbauen, was in Zukunft an der Tagesordnung sein wird – komplexe Veränderungsprozesse gemeinsam mit unterschiedlichen Akteuren in unsicherem Umfeld angehen und dabei agil und schnell dazulernen. Wir brauchen individuelle Entschiedenheit ebenso wie kollektives Handeln. All dies sind Kompetenzen, die wir nicht nur für unsere Suche nach Führung mit Sinn brauchen, sondern dabei unterwegs auch erwerben. Sinn ist eine Treibkraft, die uns fit macht für das, was die Zukunft braucht. Die drei folgenden Merkmale der globalisierten Welt beeinflussen nämlich nicht nur globale Veränderungsbemühungen, sondern auch unsere eigenen.

Das eine Merkmal ist die von vielen wahrgenommene Zunahme der *Komplexität* unserer Realität. Die Komplexität zeigt sich in der Globalität gesellschaftlichen Handelns, der Interdependenz aller Ereignisse und Auswirkungen in der Welt, der Ausdifferenzierung und Volatilität von Märkten, den über Grenzen wirkenden politischen Bewegungen und globalen Trends. Ebenso komplex ist das Wirrwarr von Möglichkeiten, die uns für Einflussnahme zur Verfügung stehen. Das bedeutet auch, dass wir gelegentlich den Überblick verlieren. Wie werden wir uns zurechtfinden in einer unübersichtlichen Vielfalt von Akteuren, die die Welt zu beeinflussen versuchen? Wo bringen wir unser Potenzial am besten ein? Wie sind wir am wirksamsten? Wie gehen wir mit der Komplexität der Welt um, ohne sie unangemessen zu vereinfachen?

Übersetzt in unsere individuelle Suche nach Sinn liegt in der Herausforderung Komplexität eine große Chance. All die brauchbaren Bausteine für eine Sinnsuche, die in den letzten Kapiteln dargestellt wurden, sind dazu geeignet, das Vertrauen in die Sinnhaftigkeit unseres Beitrags zu stärken, auch wenn wir ihn konkret immer wieder anpassen und verbessern werden. Vertrauen ist ein wichtiger Baustein im Umgang mit einer komplexen Realität. Es macht uns resilient und lässt uns Rigidität überwinden. Im Rückblick auf unseren bisherigen Weg müssen wir nicht nur unsere eigene Komplexität aushalten, wir merken auch, dass das starre Festhalten an einem Lösungsweg oder an einem bestimmten Bild von unserer Identität unbrauchbar wird. Je flexibler wir werden, je agiler, desto eher können wir mit Komplexität umgehen, ohne vor ihr zu erschrecken oder zu verzweifeln. Jeder Umgang mit Komplexität braucht einen angemessenen Wechsel zwischen Fokus und dem Blick auf das größere Ganze. Zu viel Fokus macht uns starr und damit anfällig für Krisen, zu wenig Fokus führt dazu, dass wir uns in der Komplexität verirren. Die Verbindung zu unserem roten Faden wird damit zu einem orientierenden Fokus, der uns nicht einschränkt, sondern uns resilienter macht. Unsere Sinnsuche als Entdeckungsreise lädt uns immer wieder dazu ein, den größeren Kontext in Betracht zu ziehen und Wirksamkeit zu finden in einem Zusammenspiel von Zukunftsverpflichtung, Bescheidenheit und Gestaltungswille. Das macht uns fit für die Komplexität der Welt.

Das zweite Merkmal ist *Interdependenz*. Wir alle machen die Erfahrung, wie stark Handlungen von Akteuren Auswirkungen haben, die oft nicht einschätzbar sind. Viele Entwicklungen entziehen sich linearer Planbarkeit. Theoretisch wissen wir vielleicht, dass die Dinge alle miteinander zusammenhängen und sich gegenseitig beeinflussen, aber erst, wenn wir es erleben, nehmen wir dieses Phänomen ernst. Die Interdependenz von schnellen, oft unvorhersehbaren Entwicklungen in einer globalisierten Welt ist unbestritten. Mit starker Mobilität, zunehmendem Zugang zu Internet und sozialen Medien ist die Menschheit vernetzt wie noch niemals zuvor. Unternehmen können dies für sich und ihre Märkte nutzen, sie sind dadurch aber auch erheblich höheren Risiken ausgesetzt. Nicht nur werden sie, wie niemals zuvor, von Nichtregierungsorganisationen kritisch beobachtet, auch Kunden können mit wenig Aufwand die Reputation von Unternehmen infrage stellen. Das führt zu Unsicherheit und hohen Risiken. Strategien sind nicht im gleichen Maße planbar wie früher. Das Schicksal eines einzigen Geldinstituts kann eine Wirtschaftskrise auslösen, die Videobilder von Gewalttaten Regierungen infrage stellen oder der Austausch unter Konsumenten den Absatz von Produkten gefährden. Welche Rolle haben wir in dieser sich ständig bewegenden Matrix von Auswirkungen? Sind wir Spielball oder bewusster Akteur? Interdependenz können wir nicht verhindern, aber nutzen. Am besten geht man damit um, indem man selbst in Netzwerken agiert. Das ist keine neue Erkenntnis, aber für die Suche nach Führung mit Sinn ist entscheidend, in *welchen* Netzwerken wir agieren. Sind es diejenigen, die die Welt in die Zukunft bringen? Können wir diejenigen, in denen wir agieren, dahingehend beeinflussen? Als Jochen Zeitz das Unternehmen Puma verließ, in dem er einer der CEOs war, die am längsten auf einer solchen Position waren, gründete er das B-Team mit, ein Netzwerk von einflussreichen Akteuren aus Wirtschaft und Gesellschaft, die bereit sind, aktiv Einfluss auf die Veränderung von Unternehmen hin zu gesellschaftlicher und globaler Verantwortung zu nehmen. Er blieb seinem neuen Weg treu. Nicht jeder kann bekannte Persönlichkeiten zusammenbringen, aber das ist auch nicht, was zählt. Die Treue gegenüber dem neuen Weg ist das, was zählt, und dafür ist es wichtig, Netzwerke zu bilden, die die Welt einen Schritt weiter in eine sinnvollere Richtung bringen – lokal oder global.

Das dritte Merkmal, dem wir nicht entkommen können, ist die *Dringlichkeit* zu handeln. Als einzelne Person (insbesondere in Europa, das z. B. vom Klimawandel noch nicht so stark betroffen ist wie andere Kontinente) können wir die Mahnrufe, die auf globaler Ebene immer lauter werden, noch eine Weile ignorieren. Aber die Frage ist, wie lange noch? Wenn wir auf unserer Suche nach Führung mit Sinn uns in unserer Wissbegierde auch mit dem Zustand der Welt beschäftigen, können wir entweder erschreckt und überfordert aufgeben – oder wir machen uns an die Arbeit in kleinen Schritten. In unserer Welt scheint es jedoch so, als müsste alles sofort passieren. Viele haben die Wahrnehmung dafür verloren, dass es Dinge gibt, die reifen müssen, innerlich und äußerlich. Andererseits haben wir global soziale, ökologische und politische Herausforderungen vor uns, deren Lösung man nicht auf die lange Bank schieben kann. Im Gegenteil, immer noch zu viele Akteure – gerade diejenigen aus der Wirtschaft – verdrängen die Herausforderungen im Geschäftsalltag – es sei denn, es gibt akuten Lösungsbedarf für anstehende Probleme. Die Antwort auf Dringlichkeit ist aber nicht unbedingt schnelleres Handeln, weil auch gelegentlich unüberlegt gehandelt wird. Die Antwort ist eine neue Qualität des Handelns, die sie aus der Verknüpfung unseres Führungsbeitrages mit unseren inneren Werten ergibt. Menschen engagieren sich für Zukunft, wenn sie sehen, dass ihr Einsatz zählt – wenn er möglichst direkt nützt. Auf der Suche nach Führung mit Sinn stellen wir genau diese Frage nach der Qualität unseres Handelns, wir fragen, was wirklich zählt, was uns wirklich wichtig ist. Ist also einmal der Wall gebrochen, der uns von unserer tiefen Intention trennt, unseren Zukunftsbeitrag zu Welt zu leisten, können wir Dringlichkeit besser ordnen in das, was wichtig ist, weil es zu Zukunft beiträgt, und das, was unwichtig ist. Wir sind also mit unseren Bausteinen für die Suche nach Sinn und die Re-definition unseres Führungsbeitrages gut gerüstet für das, was ohnehin typische Herausforderungen in einer globalisierten Welt sind.

6.6   Führung neu definieren

Die Rolle der eigenen Entwicklung als Führungskraft hin zu einem bewussteren, der Welt nützenden Beitrag ist daher unbedingt wichtig. Aber in einer Welt, die unseren Einsatz braucht, um zukunftsfähiger zu werden, wird sie ergänzt von unserer wachsenden Fähigkeit, in einem Netzwerk von Akteuren zu handeln und mit diesem System von Akteuren wirksam zu werden. Genau dies geschah in der erwähnten Initiative für nachhaltige Kaffeeproduktion. Kaum einer der Akteure stand in einer typisch hierarchischen Beziehung zueinander – im Gegenteil. Hier waren Führungskräfte aus den unterschiedlichsten Organisationen zusammengekommen, die keine gegenseitige Weisungsbefugnis hatten. Natürlich gab es enorme Unterschiede in Macht und Einfluss, in den wirtschaftlichen Verhältnissen und politischen Territorien. Aber im Endeffekt zählte die Fähigkeit zum gegenseitigen Respekt und das wenngleich fragile Vertrauen, das jeder an seiner Stelle schließlich das tun würde, was das gesamte Vorhaben sinnvoll voranbringen würde. Wenn wir also unseren Führungsbeitrag neu definieren wollen, kommen wir nicht umhin, auch unsere Vorstellung von Führung zu verändern. Im Kontext unseres Engagements für die Zukunft können wir folgende Tendenz beobachten:

Während wir zuvor in der Regel Führungsstärke als ein hohes Maß an Selbstwirksamkeit definiert haben, merken wir nun, dass sich Veränderung in einem Netzwerk von Akteuren als kollektive Wirksamkeit ergibt. Erfolg ist dann nicht mehr nur uns als einzelner Person zuzuschreiben, sondern dem Zusammenspiel einer Gruppe von Akteuren, mit denen wir gemeinsam wirken, ohne sie hierarchisch zu führen. Wir treiben Veränderung voran in einem kooperativen Kontext, in dem Hierarchie keine oder nur eine unbedeutende Rolle spielt. Oft findet dies in einem gemeinsamen Zielkorridor statt, der im ständigen Dialog verhandelt und geschärft wird, aber nie ein für alle Mal festgelegt ist. Dennoch entsteht ein Gefühl von gemeinsamer Verantwortung – die delikate Mischung zwischen Verpflichtung und Gestaltungsfreiheit. Wenn Verantwortung für die Zukunftsfähigkeit unserer Welt in den Vordergrund rückt, geht es nicht mehr nur um das *Wie* von Führung, sondern das *Was* und *Wofür* rückt ins Zentrum. Wir mögen uns irgendwann sogar fragen, warum eine derart große Anzahl von Literatur zu Führung genau diesen Punkt auslässt – dass nämlich Führung ohne klaren Bezug zu der Verantwortung für Zukunftsfähigkeit unserer Welt nicht wirklich Sinn macht. Selbst die besten und erfolgreichsten Führungskräfte, diejenigen, die in Wirtschaftsmagazinen gerne als CEOs des Jahres gelistet werden, müssen sich irgendwann fragen, ob sie ihr Potenzial wirklich sinnvoll eingesetzt haben. Ist ein Erfolg, der den Sinn für die Welt nicht wirklich nachweisen kann, wirklich ein Erfolg?

Die Suche nach Sinn zeigt nach und nach, dass die Verantwortung für die Zukunftsfähigkeit unserer Welt die Angelegenheit eines jeden Einzelnen ist. Unsere Fähigkeit, in Systemen und Netzwerken unterschiedlichster Akteure zu agieren, ist dafür ebenso wichtig, wie Veränderung gezielt und reflektiert in gemeinsamer Verantwortung voranzubringen. Wie wir gemeinsam erfolgreich werden, ist daher eine wichtigere Frage als der individuelle Erfolg. Sich verantwortlich zu engagieren für eine Welt, die man guten Gewissens an jüngere Generationen weitergeben kann, ist dann der zentrale Treiber für Sinn.

Die oben benannten Herausforderungen, die besonders deutlich werden im strategischen Korridor des Begriffes Nachhaltigkeit, brauchen kollektive Führung, guten Dialog und effiziente Kooperation. Dazu gehört ein Verständnis dafür, wie komplexe Dynamiken – menschliche ebenso wie institutionelle oder gesellschaftliche – aus einem Netzwerk interdependenter Akteure entstehen. Man kann diese Dynamiken nicht kontrollieren, aber beeinflussen. Man kann sie nicht steuern im klassischen Sinne, aber man kann sie in einem Kooperationsnetz auffangen und lenken. Man kann Rahmenbedingungen dafür schaffen, dass die Mischung zwischen Selbstorganisation, Koordination und Steuerung, die so wichtig ist für ein wirksames Agieren in einer komplexen und interdependenten Welt, zu sinnvollen Ergebnissen führt.

Wenn wir – gemeinsam mit anderen – Zukunft gestalten wollen, lohnt sich eine Auseinandersetzung mit dem Ansatz der *kollektiven Führung*. Hier geht es nämlich um mehr als darum, dass man als Führungskraft andere davon überzeugt, gemeinsam Ziele zu verfolgen. Führung in einem kooperativen Kontext, insbesondere, wenn es keine hierarchischen Beziehungsgefüge gibt, bedeutet, dass wir mit hoher Aufmerksamkeit und Flexibilität unterschiedliche Rollen einnehmen können, um eine Sache effektiv voranzutreiben. Unser spezifischer Beitrag zählt ebenso wie unsere besondere Kompetenz, aber wir nehmen eben sehr bewusst auch die Komplementarität – nicht Konkurrenz – mit anderen wahr. Wir beginnen, Führung als bestmöglichen Beitrag im Kontext eines Engagements für die Zukunft zu sehen. Damit wird es leichter, uns auf das hin zu orientieren, was eigentlich selbstverständlich sein sollte: das Gemeinwohl. Der Ansatz der kollektiven Führung negiert nicht die Bedeutung der Beiträge und Einflüsse von Einzelnen, aber er setzt sie anders in Beziehung zueinander. Zukunftsgestaltung lebt von Unterschiedlichkeit und produktiver Auseinandersetzung, nicht von der trügerischen Harmonie Gleichgesinnter oder Gleichgeschalteter. Der Ansatz weist daher einen Weg von Konkurrenz zu *Komplementarität*, von Diskurs zu *Dialog*, von Eroberung zu *Einbeziehung*, von Kampf zu *Kooperation* und von Isolation zu *gemeinsamer Innovation*.

6.7 Ein Kompass für kollektive Führung

Genau dort setzt der ***Kompass für kollektive Führung*** an (Künkel 2016). Er wurde entwickelt auf der Basis von erfolgreichen Kooperationsprozessen und funktioniert nicht nur als Leitstruktur für das Management komplexer Veränderungsprozesse, sondern unterstützt auch die eigene Selbstwirksamkeit. Er bietet einen Handlungsrahmen für die Re-definition unseres Führungsbeitrags in einer konstruktiven Mischung aus Reflexion, Planung und Persönlichkeitsentwicklung. Denn die Art, wie wir mit uns und anderen in Dialog und Kooperation sind, wird zum entscheidenden Erfolgsfaktor für unser Wirken in der Welt. Damit wird der Kompass in einer Realität, die von Komplexität, Interdependenz und Dringlichkeit geprägt ist, zu einem nützlichen Navigationsinstrument. Konsequent genutzt, steigert er unsere eigene Resilienz und Vitalität und ebenso die von Akteurssystemen, die sich für Zukunftsfähigkeit einsetzen.

Lassen Sie uns zunächst den Kompass etwas näher betrachten (**siehe** Abb. 6.1): Er besteht aus sechs Dimensionen, die die Aufmerksamkeit auf bestimmte Kompetenzen lenken und diese verstärken. Durch das Zusammenspiel dieser sechs Dimensionen entsteht ein *Kompetenzmuster,* das zum einen die eigene Selbstwirksamkeit erhöht und zum anderen die Kooperationsfähigkeit in einer Gruppe von Akteuren steigert. Dieses Muster setzt sich aus menschlichen Kompetenzen in den Dimensionen *Zukünftige Möglichkeiten, Einbeziehung, Innovation, Menschlichkeit, Kollektive Intelligenz* und *Ganzheitlichkeit* zusammen. Der Kompass wirkt, indem er die harten und weichen Aspekte, in diesem Sinn auch die rationalen und weniger rationalen Aspekte des eigenen (und des gemeinsamen) Veränderungsmanagements, explizit integriert und sie damit positiv verstärkt.

Hinter jeder der sechs Dimensionen stehen drei Aspekte, die ausreichend Aufmerksamkeit brauchen, damit die jeweilige Dimension optimal wirksam wird. Diese Aspekte sind sozusagen der Zugang zur Umsetzung von Selbstwirksamkeit in einem komplexen Umfeld. Wie diese Aspekte konkret gelebt werden, hängt von der spezifischen Herausforderung ab. Zunächst also die sechs Dimensionen:

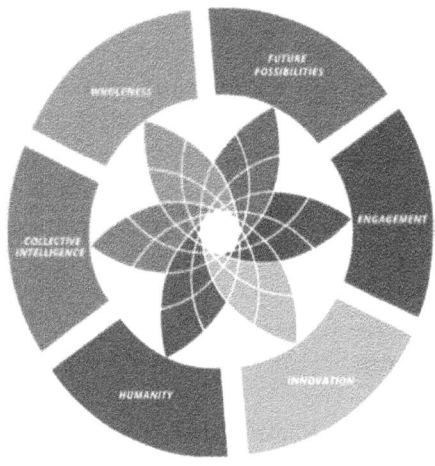

- Ein **Handlungsrahmen** für komplexe Veränderungsprozesse in Kooperation mit unterschiedlichen Akteuren

- Eine **Leitstruktur** für die Balance zwischen Koordination, Steuerung und Selbstorganisation

- Ein **Muster**, das als Fraktal einer guten Kooperationsinteraktion wirksam wird

- Ein **Führungsmodell**, dass wertschätzend mit vorhandenen Kompetenzen arbeitet und diese positiv verstärkt.

Abb. 6.1 Der Kompass für kollektives Führen

6.8   In Möglichkeiten denken

Die zentrale Kompetenz, die auf die erste Dimension des Kompasses – *Zukünftige Möglichkeiten* – aufbaut, ist das menschliche Bedürfnis, Wirklichkeit aktiv zu gestalten. Sie spricht damit die von dem österreichischen Schriftsteller Robert Musil so prägnant herausgehobene menschliche Fähigkeit an, in Möglichkeiten zu denken, und kultiviert genau diese Kompetenz. Ein typisches Instrument aus dem Veränderungsmanagement dafür ist die Visionsarbeit. Im Ansatz der kollektiven Führung gehen wir davon aus, dass Zukunftsvorstellungen Einzelner enorm bedeutsam sind, jedoch nie nur aus einer Person heraus entstehen oder einer Person gehören. Das, was wir bewirken wollen, ist immer etwas, das über Erfahrungen und Begegnungen gereift ist, sozusagen inspiriert von vielen anderen. Auch wenn die Vision klar ist, entwickelt sie sich immer im Dialog weiter, ohne dass sie rigide verteidigt werden muss. Es ist diese Mischung zwischen Konsequenz in der Umsetzung und Offenheit für Anpassungen, die für diese Dimension des Kompasses so wichtig ist. Denn es geht darum, genuin eine innere Haltung zu entwickeln, die uns in Möglichkeiten denken lässt. Ist bei unseren drei generativen Energien die Begeisterung gut ausgeprägt, fällt uns dies leicht: Wir können nicht nur uns selbst und andere für etwas begeistern, wir sehen auch in Schwierigkeiten Chancen, in Krisen Lernmöglichkeiten und fokussieren auf Lösungen eher als auf Probleme. Dabei bleiben wir aber nicht stehen, sondern inspirieren andere, ähnlich zu denken, und sorgen dafür, dass notwendige Maßnahmen konsequent gemeinsam umgesetzt werden. Damit diese Dimension als konsequente Zukunftsgestaltung in uns wirksam wird, braucht sie die Aspekte *Zukunftsorientierung* als Bereitschaft, Zukunft zu gestalten, *„Empowerment"* als Befähigung von uns selbst und anderen sowie *Entschiedenheit* als Fokus und Durchsetzungsstärke in der Umsetzung. Die folgenden Leitfragen helfen uns dabei, diese Dimension in uns zu mobilisieren:

- Wofür kann ich mich (und andere) begeistern?
- Was will ich bewirken?
- Was macht mich stark in der Umsetzung von dem, was ich mir vorgenommen habe?

6.9   Andere Akteure systematisch einbinden

Die zentrale Kompetenz, auf die die zweite Dimension des Kompasses – *Systematische Einbeziehung* – baut, bedeutet bei unseren Veränderungsvorhaben, systematisch andere Menschen einzubeziehen und so Resonanz zu erzeugen für das, was Sinn macht. Wir haben auf der Suche nach Führung mit Sinn schon bezüglich unserer eigenen Erfahrungen festgestellt, dass unser Weg in der Retrospektive Sinn ergab, daher bleibt das Konzept von Interdependenz für uns nicht mehr theoretisch. Wir haben angefangen, bewusster wahrzunehmen, wie sehr unser Lebensweg von Begegnungen geprägt wurde und dass wir oft dem

gefolgt sind, was in uns selbst Resonanz erzeugte. Genau diese Erkenntnis bewusster einzusetzen, ist ein wichtiger Baustein dafür, mit unserem neu definierten Führungsbeitrag
Wirkung zu erzielen. Wir müssen nämlich, um Einfluss zu haben, bei anderen Akteuren
Resonanz aufbauen. Dies geschieht dann am ehesten, wenn wir in anderen Ideen anregen,
das Denken in Möglichkeiten freisetzen oder einfach den Geschichten zuhören, die erzählt
werden müssen, bevor man eine Veränderung beginnen kann. Denn es ist unsere Fähigkeit,
Kooperations- und Unterstützungsstrukturen aufzubauen, damit wir durch ein Netzwerk
von Akteuren Wirkung erzielen. Gelingt es uns, Resonanz für eine Veränderung nicht nur
in uns selbst, sondern auch in anderen zu erzeugen, kommen wir dem näher, was Margaret
Mead als die Gruppe von entschiedenen Menschen bezeichnet, die die Welt verändern
können. Diese Dimension des Kompasses schließt unsere Fähigkeit ein, vertrauensvolle
Beziehungen aufzubauen, die von gegenseitigem Respekt geprägt sind. Wirkliches Com-
mitment entsteht auch bei anderen nur, wenn das Herz involviert ist. Das haben wir erreicht, wenn wir die Möglichkeit zur Zukunftsgestaltung geweckt haben. Dazu gehört
auch unsere Fähigkeit, einen Rahmen dafür zu schaffen, der stark genug ist, für gemeinsame Veränderungsvorhaben eine Leitplanke zu bieten, und der dennoch die Eigenverant-
wortung der Einzelnen belässt und stärkt. Damit diese Dimension des Kompasses in unserer Interaktion mit anderen optimal zur Wirkung kommt, braucht sie die Aspekte
Beziehungs- und *Prozessgestaltung* als Wissen darüber, wie man Inhaltsfokus und Beziehungsaufbau optimal zusammenbringt, gezielte *Vernetzung* als Resonanzboden für Wirkung und einen Rahmen für Ergebnisorientierung in *kollektivem Handeln*.

Die folgenden Leitfragen helfen uns dabei, diese Dimension in uns zu mobilisieren:

• Wie baue ich bei anderen Menschen Resonanz für meine Ideen oder Veränderungsvor-
  haben auf?
• Wie baue und nutze ich Netzwerke?
• Welchen Rahmen schaffe/brauche ich für wirksame gemeinsame Umsetzung?

6.10 Das Neue in die Welt bringen

Die zentrale Kompetenz, auf die die dritte Dimension des Kompasses – *Innovation* – baut,
ist die menschliche Fähigkeit zu kreativen Problemlösungen und die Bereitschaft, etwas
Neues zu wagen. Dabei ist Innovation ja nicht etwas, das in genialer Abgeschiedenheit
stattfindet, sondern aus dem Zusammenspiel und Austausch von Ideen unterschiedlichster
Akteure entsteht. Der Zukunftsforscher Mathias Horx fasst das brillant zusammen, wenn
er sagt: „Innovation wird ein kommunikativer Prozess. Sie findet nicht dort statt, wo man
die kühnsten Thesen aufstellt, sondern wo die klügsten Fragen gestellt werden (Horx
2011, S. 195)." Denn Fragen sind Pfadfinder in die Zukunft. Diese Dimension ist also
auch Katalysator für unsere eigene Weiterentwicklung. Wenn wir unser Augenmerk darauf
legen, dass wir uns Freiräume für Kreativität schaffen, ist dies ein wichtiger Baustein dafür, dass unsere Begeisterungsfähigkeit nicht nachlässt. Wir alle ernähren uns von Erfolg –

nicht unbedingt im Sinne von materiellem Erfolg, sondern im Sinne von Wirksamkeit. Das heißt, es geht immer auch darum, kreative Ideen (gemeinsam mit anderen) umzusetzen, sonst verpufft unsere Energie. Ebenso spricht diese Dimension aber unseren inneren Drang an, eine Sache nicht nur irgendwie hinzubekommen, sondern eine hohe Qualität zu bieten. Mittelmäßigkeit bringt uns nicht in Wirkung und wirkliche Zufriedenheit entsteht, wenn wir sicher sind, dass wir das Beste gegeben haben. Wenn wir zugleich nicht an Perfektion hängen, sondern bereit sind, unsere Strategien anzupassen und schnell dazuzulernen, dann haben wir die Mischung zusammen, aus der die Welt der Innovation gemacht ist. Um in uns wirksam zu werden, braucht diese Dimension Raum für *Kreativität,* damit wir an unsere Begeisterung herankommen, sowie unsere Bereitschaft, das Beste zu geben, in den Dingen, die uns wichtig sind, *Exzellenz* anzustreben, und den Ausbau unserer eigenen *Agilität,* hier verstanden als unsere Fähigkeit, auf Veränderungen schnell zu reagieren und Schwierigkeiten in Chancen zu verwandeln.

Die folgenden Leitfragen helfen uns dabei, diese Dimension in uns zu mobilisieren:

- Was macht mich kreativ?
- Wann und wie gebe ich mein Bestes?
- Wie manage ich Risiken/Unsicherheiten und wie überwinde ich Krisen?

6.11 Menschlichkeit zulassen

Die zentrale Kompetenz, auf die die vierte Dimension des Kompasses – *Menschlichkeit* – baut, ist die Fähigkeit, mit uns selbst und zu anderen vertrauensvoll Beziehung zu gestalten, mit allen Potenzialen, Hürden und Konflikten, die dies bedeutet. Sie bahnt den Zugang zu dem, was wir zwar wissen, aber oft in den Hintergrund drängen – dass es jenseits aller Unterschiede zwischen Menschen, die in Ansätzen, Meinungen, Hautfarben, kulturellen Prägungen, persönlichen Fertigkeiten oder materiellem Reichtum existieren, etwas Gemeinsames gibt, das uns alle verbindet. Dazu gehört die Sehnsucht nach Resonanz und Wirksamkeit ebenso wie die nach Vertrauen und Begegnung. Menschen sind stolz und zufrieden, wenn sie etwas gemeinsam erreichen. Damit ist diese Dimension der Zugang zu den tieferen Werten, die uns Menschen kulturübergreifend verbinden. In unserem professionellen Umfeld – auch dem der Veränderung der Welt für eine gute Sache – ist Menschlichkeit manchmal ein vernachlässigtes Element. Dabei ist es oft genau diese Dimension – bewusst gestaltet –, die den Nährboden bildet für eine erfolgreiche Zusammenarbeit. Auch uns selbst gegenüber vernachlässigen wir gelegentlich genau diese Dimension. Wir treiben die Dinge voran, unbarmherzig gegenüber dem Bedürfnis unserer eigenen Seele nach Verlangsamung, Auftanken und Reflexion. Und nicht zuletzt vernachlässigen wir diejenigen Menschen, die uns eigentlich am nächsten stehen, als wären ihr Kümmern und ihre Zuneigung selbstverständlich. Der Zugang zu unserer eigenen Menschlichkeit ist immer auch der Zugang zum Verständnis von anderen und unserer Teilhabe an einer Welt, die im Innersten viel mehr zusammengehört, als uns manchmal bewusst ist. Wenn wir die Interdependenz in der Welt nicht mehr als bedrohlich erleben, sondern sie als Hinweis auf eine andere Weltsicht nehmen, wird uns klar, dass mehr Zugang zu unserer eigenen Menschlichkeit auch immer bedeutet, dass es uns leichter fällt, die Menschlichkeit in anderen zu sehen. Damit diese Dimension in uns wirksam wird, braucht sie die Aspekte *Achtsamkeit* als Aufmerksamkeit gegenüber sich selbst und im Umgang mit anderen, die *Balance* von Gegensätzen oder scheinbaren Unvereinbarkeiten in unserem Leben sowie die *Empathie* als unsere Fähigkeit, uns in andere hineinzuversetzen oder aus der Sicht von anderen zu sehen.

Die folgenden Leitfragen helfen uns dabei, diese Dimension in uns zu mobilisieren:

- Wie ritualisiere ich Reflexion und Beobachtung?
- Wie bringe ich meine Energien optimal in Balance?
- Wann entsteht bei mir Demut, und wie kultiviere ich mein Verständnis für andere?

6.12 Kollektive Intelligenz nutzen

Die zentrale Kompetenz, auf die die fünfte Dimension des Kompasses – *Kollektive Intelligenz* – aufbaut, ist die menschliche Fähigkeit zu gutem Dialog und konstruktivem Austausch. Denn Zukunft entsteht im Dialog. Die Form, Qualität und Kontinuität, in denen dies stattfindet, sind oft entscheidend für unsere Selbstwirksamkeit. Nicht jedes sprachliche Zusammentreffen von Menschen ist zugleich ein Beitrag zu kollektiver Intelligenz. Daher ist es wichtig, der Art und Weise Aufmerksamkeit zu schenken, wie wir kommunizieren, wie wir zum Gespräch einladen und wie wir zuhören. Dann erst beginnen wir verschärft zu beobachten, in welchen Mustern Kommunikation stattfindet. Wir werden feststellen, dass es produktive und unproduktive Kommunikationsformen gibt, solche, die zu schnellen und brauchbaren Ergebnissen führen und von denen alle Beteiligten sich bereichert fühlen, und andere Formen, die entweder zu nichts führen oder sogar viel Energie kosten. Das Geheimnis eines guten Gespräches ist noch immer nicht gänzlich gelüftet, obwohl es reichlich Literatur zu besserer Kommunikation in Sitzungen, in der Teamarbeit oder in der Partnerschaft gibt. Dabei sind die Grundlagen eigentlich einfach: Wenn ich einer anderen Person rückhaltlosen Respekt entgegenbringe, wird diese anders sprechen, aber es wird auch mein Zuhören verändern und die Schnelligkeit, mit der ich bewerte und verwerfe. Wenn ich meine Meinung prägnant zum Ausdruck bringe, aber sie als Möglichkeit in den Raum stelle und nicht als Gewissheit, werden andere diese Möglichkeit aufnehmen, verfeinern oder ergänzen. Wenn ich in etwas, das ich als unsinnig empfinde, die Kohärenz suche und daher meinem Gegenüber anders zuhöre, mögen sich Aspekte ergeben, die ich nicht bedacht hatte. Sowohl das Gehörtwerden als auch die Möglichkeit, sich mitzuteilen, d. h. seine Sicht der Dinge einzubringen, sind eine Grundvoraussetzung dafür, dass wir wirksam werden. Kollektive Intelligenz entsteht, wenn vier verschiedene Arten, kommunikativ in Beziehung zu gehen, einigermaßen in Balance sind, das heißt:

- Wenn unsere eigene Stimme von Herzen kommt und wir sagen, warum uns etwas wichtig ist.
- Wenn wir genuin zuhören und das Gesagte auf uns wirken lassen, bevor wir es beurteilen, verurteilen oder etwas entgegnen.
- Wenn wir mit Respekt für die Integrität einer anderen Person kommunizieren und versuchen zu verstehen, was für eine andere Person Sinn macht, auch wenn wir anderer Auffassung sind.
- Wenn wir unseren Standpunkt vertreten, ohne uns gänzlich über unsere Meinung zu identifizieren und diese dann rigide zu verteidigen.

Die Suche nach kollektiver Intelligenz in einem kommunikativen Raum ist so alt wie die Menschheit. Unterschiedlichkeit wirkt immer bedrohlich und ist doch immer genau das, was kollektive Intelligenz möglich macht. Damit die Dimension der Kollektiven Intelligenz wirksam wird, braucht sie als Zugang die Aspekte *Dialog* im Sinne der Struktur und Qualität des Austausches und der Reflexion, *Unterschiedlichkeit* in dem Sinne, dass verschiedene Sichtweisen genutzt werden, auch dann, wenn sie unbequem erscheinen mögen, und *iteratives Lernen* als Resultat systematischer individueller oder gemeinsamer Reflexion.

Die folgenden Leitfragen helfen uns dabei, diese Dimension in uns zu mobilisieren:

- Wie kultiviere ich meine Fähigkeit zuzuhören ebenso wie meine Fähigkeit, mit Respekt zu sagen, was mir wichtig ist?
- Wie fördere ich und nutze bewusst unterschiedliche Perspektiven?
- Wie sorge ich dafür, dass ich kontinuierlich (gemeinsam mit anderen) ständig dazulerne?

6.13   Ganzheitlich denken

Die zentrale Kompetenz, auf die die sechste Dimension des Kompasses – *Ganzheitlichkeit* – baut, ist die menschliche Fähigkeit, sich zu einem größeren Ganzen in Beziehung zu setzen und danach zu handeln. Dies schließt unsere Fähigkeit ein, die eigenen Vorhaben und Anliegen in einem größeren Kontext wahrzunehmen und diesen auch systematisch zu explorieren, was für die Führungsherausforderungen des 21. Jahrhunderts besonders wichtig ist. Während wir am Anfang unserer Suche nach Sinn viel uns selbst zuhören mussten, um unsere eigene Geschichte zu verstehen, bedeutet Ganzheitlichkeit, dass wir bereit sind, der Welt zuzuhören, ohne uns dabei von den täglichen Schreckensnachrichten einseitig leiten zu lassen. Dem größeren Ganzen zuzuhören, hört sich zunächst sehr abstrakt an, aber je mehr wir unsere eigenen Lebensmuster verstehen, desto eher gelingt es uns auch, die größeren Muster zu erkennen. Dazu gehört aber ebenso, dass wir uns mit unserem spezifischen re-definierten Führungsbeitrag als Teil eines Netzwerks von Akteuren wahrnehmen, die sich gegenseitig unterstützen.

Dies geht dann einher damit, dass das, was wir bewirken wollen, einen Bezug zu etwas Größerem hat. Denn nur das ist es, was Akteure als Personen und als Netzwerk auch emotional auf ein Ziel ausrichtet und ihnen die Kraft zum Handeln gibt. In komplexen Veränderungsprozessen ist dies ein oft nicht bewusst geplanter Erfolgsfaktor, obwohl es genau dieses Gefühl von „beitragen können" ist, der in einem nicht unbedingt gesteuerten, aber sich gegenseitig unterstützenden Netzwerk von Akteuren zu Wirkungen führt. Sinn speist sich aus der Wahrnehmung, dass der eigene Beitrag zählt, ohne dass er notwendiger Weise wichtiger ist als die Beiträge andere Menschen. Deutlich wird dieser Aspekt sehr stark in sozialen Bewegungen, in denen das größere Ziel, die Suche nach Sinn und die gegenseitige Unterstützung sich gegenseitig verstärken. Ein Gefühl von Ganzheitlichkeit entsteht, wenn wir unseren roten Faden auf der Suche nach Führung mit Sinn immer wiederfinden, denn er führt uns dahin, das in die Welt zu bringen, was wir ganz spezifisch beitragen können. Um wirksam zu werden, braucht diese Dimension daher *Kontextbezogenheit*, d. h. den Blick auf ein größeres Ganzes, *gegenseitige Unterstützung* im vernetzten Handeln und die Klarheit des eigenen oder kollektiven *Beitrags* zu einer Veränderung, für den man einsteht.

Die folgenden Leitfragen helfen uns dabei, diese Dimension in uns zu mobilisieren:

- Wie behalte ich den größeren Kontext im Blick?
- Wie gebe ich Unterstützung und wie organisiere ich sie für mich selbst?
- Was ist mein Beitrag zur Zukunft der Welt und wie bringe ich ihn voran?

Die Tab. 6.1 gibt einen Überblick über die sechs Dimensionen und ihre jeweiligen Aspekte (Rechte bei Autor).

6.14 Mit dem Kompass navigieren

Wie funktioniert nun der Kompass als Navigation in einer Kombination von persönlicher und strategischer Veränderung? Ein Beispiel soll dies verdeutlichen: Martina ist Mitarbeiterin in der Nachhaltigkeitsabteilung eines großen deutschen Energiekonzerns,[1] die aus der ehemaligen Umweltabteilung entstanden ist. Ihr Aufgabenbereich war immer die Kommunikation, aber sie wurde zunehmend unzufrieden mit der Rolle, da der Ruf des Konzerns sich in den letzten Jahren verschlechtert hatte und dies ihrer Meinung nach nicht mit einer veränderten Kommunikationsstrategie, sondern nur mit einer Änderung der Gesamtstrategie zu verändern war. Darauf jedoch hatte sie aus ihrer Position heraus keinen Einfluss. Dennoch reizte sie die Idee, einen Weg dafür zu finden, wie die strategischen Diskussionen, die in der Nachhaltigkeitsabteilung geführt wurden, bei der Konzernleitung Widerhall finden könnten. Sie war davon überzeugt, dass die Gespräche zu diesen Themen nicht nur in ihrer Abteilung, sondern auch unter vielen der Manager des Konzerns stattfanden, wenngleich nicht offen und nicht so, dass es der Konzernleitung zu Ohren kam.

---

[1] Name und Branche geändert.

Tab. 6.1 Die Aspekte der sechs Dimensionen kollektiven Führens

Die Dimension	... gründet sich auf ...	... wird wirksam durch ...	... zeigt sich zum Beispiel in ...	Leitfragen
ZUKÜNFTIGE MÖGLICHKEITEN	Die Fähigkeit, Zukunftsgestaltung in Richtung Nachhaltigkeit aktiv voranzutreiben	Zukunftsorientierung	Chancenintelligenz, Lösungsorientierung, Visionsentwicklung, Drang zu kontinuierlicher Verbesserung, Bereitschaft, zu führen und Verantwortung zu übernehmen, Offenheit für Veränderung	Was will ich bewirken?
		Empowerment	Inspiration, Leidenschaft für die Sache, Begeisterung, Kompetenzaufbau, Eigenverantwortung	Wofür kann ich mich und andere begeistern?
		Entschiedenheit	Durchhaltewillen, Management, Ergebnisorientierung, Fokus, Disziplin, Ergebnismessung, Verlässlichkeit, Entscheidungsfreudigkeit, Standfestigkeit, Geduld, Ausdauer	Was macht mich stark in der Umsetzung von dem, was ich mir vorgenommen habe?

(Fortsetzung)

Tab. 6.1 (Fortsetzung)

Die Dimension	... gründet sich auf ...	... wird wirksam durch ...	... zeigt sich zum Beispiel in ...	Leitfragen
SYSTEMATISCHE EINBEZIEHUNG	Die Fähigkeit, unterschiedliche Akteure systematisch in Veränderungsprozesse zu integrieren und funktionierende Kooperationsstrukturen aufzubauen	Prozessqualität	Gutes Prozessdesign, systematische Einbeziehung von Akteuren, Klarheit und Verlässlichkeit von Prozessen, Transparenz, Kümmererfunktion, Beziehungsaufbau, Governance-Mechanismen, adäquate Prozessstrukturen, Rollenklarheit, gemeinsame Planung	Wie baue ich bei anderen Resonanz für meine Ideen oder Veränderungsvorhaben auf?
		Vernetzung	Netzwerkbildung, Beziehungsaufbau, Community Building, Möglichkeiten für Identifizierung, interaktive Kommunikation, Nutzung von Social Media	Wie baue und nutze ich Netzwerke?
		Kollektives Handeln	Klarheit von Umsetzungszielen, klare Verteilung von Rollen und Verantwortung, gemeinsame Ergebnisorientierung, Vereinbarungen, gemeinsame Verantwortung, gemeinsames Feiern von Erfolgen, Umsetzungsstrukturen	Welchen Rahmen schaffe/brauche ich für wirksame gemeinsame Umsetzung?

INNOVATION			
Die Fähigkeit zu kreativer Problemlösung und die Bereitschaft, Neues zu wagen	Kreativität	Raum für Kreativität, Leidenschaft, Offenheit für neue Ideen, Erfindergeist, kreative Problemlösung, Zulassen von Träumen, Spaß, informelle Räume, Zeit und Raum für Nichts-Tun	Was macht mich kreativ?
	Exzellenz	Ambition für Qualität, systematische Verbesserung, Wissenserweiterung, Einbeziehen von Expertise, Benchmarking, Dienstleistungsorientierung, Fokus auf Detail, Einholen von Rat	Wann und wie gebe ich mein Bestes?
	Agilität	Krisen als Chancen sehen, Flexibilität, Anpassungsfähigkeit, Risikobereitschaft, Investitionsbereitschaft, Entdeckungslust, Aushalten von Unsicherheit und etwas nicht einschätzen zu können, Grenzen überschreiten, Neues wagen	Wie manage ich Risiken/Unsicherheiten und überwinde Krisen?

INNOVATION

KREATIVITÄT

EXZELLENZ

AGILITÄT

SYSTEMATISCHE ENTWICKLUNG

(Fortsetzung)

Tab. 6.1 (Fortsetzung)

Die Dimension	... gründet sich auf ...	... wird wirksam durch ...	... zeigt sich zum Beispiel in ...	Leitfragen
MENSCHLICHKEIT	Die Fähigkeit, konstruktiv Beziehungen zu sich selbst und anderen zu gestalten	Achtsamkeit	Selbstreflexion und kollektive Reflexion, Versöhnung, Meditation, Beobachtung, Nicht-Urteilen, innere Reise, Erkenntnisoffenheit, Auswerten von Erfahrungen, Bedürfnis nach Sinn, Self-Mastery. Aufmerksamkeit auf Dynamiken	Wie ritualisiere ich Reflexion und Beobachtung?
		Balance	Überwinden von Unvereinbarkeiten, Work-Life-Balance, Aufmerksamkeit auf Prozess und Struktur, Beziehung und Inhalt, Integration von Beruf und Privatleben, Rückzugszeiten	Wie bringe ich meine Energien optimal in Balance?
		Empathie	Versöhnung, Konfliktlösung, Geschichten erzählen, Verständnis für Andersartigkeit und Unterschiedlichkeit	Wann entsteht bei mir Demut und wie kultiviere ich ein tieferes Verständnis für andere?

KOLLEKTIVE INTELLIGENZ			
Fähigkeit zu gutem Dialog und konstruktivem Austausch	Qualität des Dialogs	Qualität von Kommunikation und Gesprächen, Effizienz in Meetings, Einbeziehen kontroverser Standpunkte, Zuhören, gute Gesprächsatmosphäre, Strukturen für Dialog, interaktive Kommunikation, hoher Grad an Interaktion, vertrauensvolle Gesprächsatmosphäre, informelle Gespräche	Wie kultiviere ich meine Fähigkeit zuzuhören ebenso wie meine Fähigkeit, mit Respekt zu sagen, was mir wichtig ist?
	Diversität	Respekt gegenüber Unterschieden, kontroverse Perspektiven, unterschiedliche Weltsichten, unterschiedliche Erfahrungen, institutionelle Unterschiede, Kulturunterschiede, divergierende Handlungslogiken, Opposition als Korrektur	Wie fördere ich bewusst unterschiedliche Perspektiven?
	Iteratives Lernen	Gemeinsame Reflexion, regelmäßige Fortschrittsbetrachtung, Strategieanpassung, Planungsänderung, Fehlerfreudigkeit, Lernatmosphäre, Feedback-Mechanismen, Evaluierung, Lernstrukturen	Wie sorge ich dafür, dass ich kontinuierlich (gemeinsam mit anderen) ständig dazulerne?

(Fortsetzung)

Tab. 6.1 (Fortsetzung)

Die Dimension	… gründet sich auf …	… wird wirksam durch …	… zeigt sich zum Beispiel in …	Leitfragen
GANZHEITLICHKEIT	Fähigkeit, sich zu einem größeren Ganzen in Beziehung zu setzen und danach zu handeln	Kontextbezogenheit	Kontextbetrachtung, Einbezug von guten Praktiken, systemische Betrachtungsweise, Beobachtung von Trends, Gesamtblick, Perspektive, Abstand, Bezug zu ähnlichen Aktivitäten, Wissen, was gebraucht wird, von Konkurrenz zu Kooperation, Verbindungen sehen	Wie behalte ich den größeren Kontext im Blick?
		Gegenseitige Unterstützung	Gegenseitige Anerkennung, Mentoring, Peergroup Unterstützung, Stärken sehen, Netzwerke mobilisieren, Stärken fördern	Wie gebe ich Unterstützung und wie organisiere ich sie für mich?
		Beitrag	Wirkungsorientierung, Sinnsuche, Erfolg und Bedeutung zusammenbringen, gesellschaftliche Verantwortung leben, Orientierung an einem größeren Ziel, das Gemeinwohl in den Vordergrund rücken	Was ist mein Beitrag zur Zukunft der Welt und wie bringe ich ihn voran?

Einen Konzern dieser Größenordnung zu einer Richtungsanpassung zu bringen, wurde von den meisten für geradezu unmöglich gehalten. Im Sinne ihrer strategischen Zukunftsideen nutzte Martina den **Kompass für kollektive Führung,** um ihre eigene Führungskompetenz besser zu nutzen. Sie wollte sich ihrer Stärken bewusst sein, sie gezielter einsetzen und wissen, in welchen Bereichen sie ihre Kompetenz erweitern wollte – oder mit anderen so bewusst kooperieren konnte, dass ihre Schwächen ausgeglichen wurden. Sie ordnete die Dimensionen des Kompasses daher in eine Rangfolge, die der subjektiven Einschätzung ihrer Kompetenzen entsprach. Sie notierte sich dazu jeweils Stichpunkte. Ihre Selbsteinschätzung nach dem Kompass für kollektives Führen sah zunächst so aus, wie es Tab. 6.2 verdeutlicht.

Nach dieser Einschätzung stellte sie sich die Frage, wie sie ihre Kernkompetenz – Dialog- und Kooperationsfähigkeit und einen guten Umgang mit Menschen – verbinden konnte mit dem, was sie sich schon lange wünschte – eine stärkere und gezieltere Einflussnahme auf die Strategie des Konzerns. Sie entschied sich, auf ihre Stärke zu bauen, und suchte ein erstes Gespräch mit ihrer Vorgesetzten, in dem sie die Idee einbrachte, dass die Nachhaltigkeitsabteilung einmal herausfinden sollte, wie die ersten zwei Führungsebenen des Konzerns über die Zukunft dachten. Ihre Vorgesetzte fing Feuer, weil auch sie sich schon seit Jahren über die untergeordnete Rolle der Nachhaltigkeitsabteilung ärgerte. Beiden war klar, dass Strategieanpassungen nur dann stattfinden würden, wenn Nachhaltigkeitsziele in klare und messbare Ergebnisse umgesetzt werden konnten, die dem Konzern im Kerngeschäft nutzten. In den darauf folgenden Wochen wurde aus der Idee ein Plan. Sie entschieden, statt des Themas Nachhaltigkeit ein ganz anderes Thema auf die Agenda zu bringen – die Zukunft des Energiegeschäftes. Keiner der Manager würde Interesse daran haben, über Nachhaltigkeit zu sprechen, aber alle wollten Zukunft. Sie holten sich die Zustimmung ihres Vorgesetzten und planten ein ambitioniertes Projekt, das sie mit der Konzernleitung abstimmen ließen. In den Folgemonaten führten sie 60 Einzelgespräche mit Managern, in denen sie im Grunde nur zwei Fragen stellten: 1) Welche Trends sind für Ihr Geschäft derzeit die relevantesten? 2) Um gut im Geschäft zu bleiben, was müssen wir im Konzern verbessern oder anders machen? Mit diesen beiden Fragen holten sie die Manager genau bei deren Interessen ab. Zudem sprachen sie damit wichtige Kompetenzen an:

- Sie respektierten die jeweiligen Verantwortungsbereiche und holten die Manager nicht nur bei ihrer Expertise und Kreativität ab (**Innovation** – *Exzellenz, Kreativität*), sondern ließen die Manager selbst in **zukünftigen Möglichkeiten** *(Zukunftsorientierung)* denken und mit der Diskussion zu Trends den Geschäftskontext (**Ganzheitlichkeit** – *Kontextbezogenheit*) erläutern.
- Durch die Einzelgespräche bauten sie auf der vorhandenen Kultur eines internen Wettbewerbs und einer Umsetzungsorientierung auf (**Innovation** – *Exzellenz*). Durch die Art des Zuhörens auch bezüglich der Sorgen und Ärgernisse der Manager brachten sie **Menschlichkeit** *(Empathie)* ein. Zugleich gaben sie Raum für Gestaltung (**Zukünftige Möglichkeiten** – *Empowerment, Entschiedenheit*) und neue Ideen (**Innovation** – *Kreativität*).

Tab. 6.2 Stärkung der individuellen Führungskompetenz mithilfe des Kompasses (siehe auch: www.compass-tool.net) an einem Beispiel

Die Dimension	Einschätzung
KOLLEKTIVE INTELLIGENZ 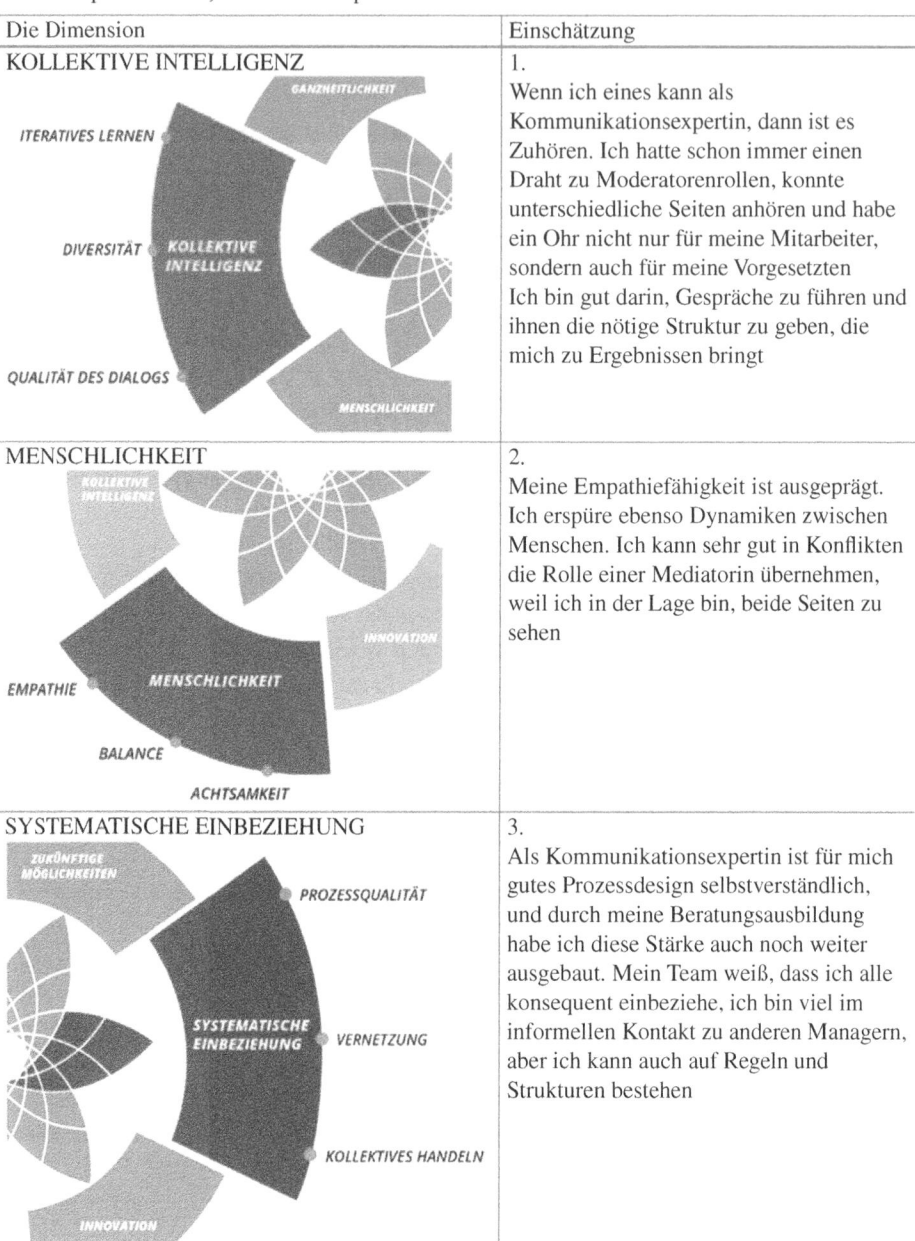	1. Wenn ich eines kann als Kommunikationsexpertin, dann ist es Zuhören. Ich hatte schon immer einen Draht zu Moderatorenrollen, konnte unterschiedliche Seiten anhören und habe ein Ohr nicht nur für meine Mitarbeiter, sondern auch für meine Vorgesetzten Ich bin gut darin, Gespräche zu führen und ihnen die nötige Struktur zu geben, die mich zu Ergebnissen bringt
MENSCHLICHKEIT	2. Meine Empathiefähigkeit ist ausgeprägt. Ich erspüre ebenso Dynamiken zwischen Menschen. Ich kann sehr gut in Konflikten die Rolle einer Mediatorin übernehmen, weil ich in der Lage bin, beide Seiten zu sehen
SYSTEMATISCHE EINBEZIEHUNG	3. Als Kommunikationsexpertin ist für mich gutes Prozessdesign selbstverständlich, und durch meine Beratungsausbildung habe ich diese Stärke auch noch weiter ausgebaut. Mein Team weiß, dass ich alle konsequent einbeziehe, ich bin viel im informellen Kontakt zu anderen Managern, aber ich kann auch auf Regeln und Strukturen bestehen

(Fortsetzung)

Tab. 6.2 (Fortsetzung)

Die Dimension	Einschätzung
ZUKÜNFTIGE MÖGLICHKEITEN 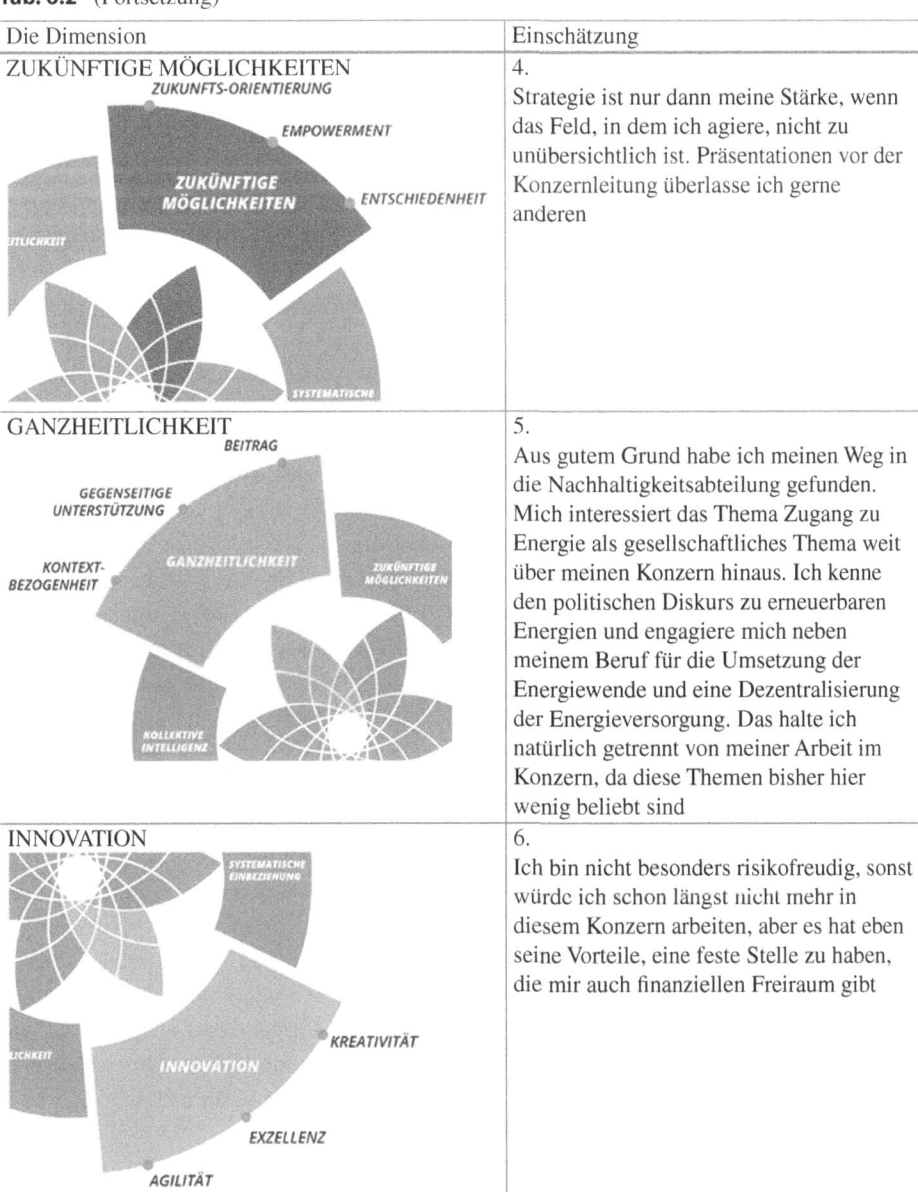	4. Strategie ist nur dann meine Stärke, wenn das Feld, in dem ich agiere, nicht zu unübersichtlich ist. Präsentationen vor der Konzernleitung überlasse ich gerne anderen
GANZHEITLICHKEIT	5. Aus gutem Grund habe ich meinen Weg in die Nachhaltigkeitsabteilung gefunden. Mich interessiert das Thema Zugang zu Energie als gesellschaftliches Thema weit über meinen Konzern hinaus. Ich kenne den politischen Diskurs zu erneuerbaren Energien und engagiere mich neben meinem Beruf für die Umsetzung der Energiewende und eine Dezentralisierung der Energieversorgung. Das halte ich natürlich getrennt von meiner Arbeit im Konzern, da diese Themen bisher hier wenig beliebt sind
INNOVATION	6. Ich bin nicht besonders risikofreudig, sonst würde ich schon längst nicht mehr in diesem Konzern arbeiten, aber es hat eben seine Vorteile, eine feste Stelle zu haben, die mir auch finanziellen Freiraum gibt

Die Gespräche kamen bei den Managern gut an. Da der Interviewprozess mit der Konzernleitung abgesprochen war, wurde deren Interesse an den Ergebnissen verlässlich sichtbar. Zudem brachte Martina ihre Prozesskompetenz ein – alle Manager waren im Vorhinein über Sinn und Zweck, Zeitplanung und Verfahren der Ergebniskonsolidierung informiert (***Strukturierte Einbindung** – Prozessqualität*) sowie über die Tatsache, dass die

Konzernleitung Empfehlungen aus dem Prozess erwartete. Obwohl fast alle Manager anfangs darauf hingewiesen hatten, sie hätten nur ganz knapp Zeit, dauerten die Gespräche länger als geplant. Viele meldeten zurück, sie seien lange nicht mehr so ausführlich um ihre Meinung gebeten worden. Sie fühlten sich als Mensch und als Wissensträger anerkannt *(Menschlichkeit – Achtsamkeit)*. In der Folge veranstalteten sie drei halbtägige Workshops, an denen jeweils ein Drittel der befragten Manager teilnahm. In diesen Workshops wurden die Ergebnisse der Interviews diskutiert und in gemeinsame Empfehlungen konsolidiert *(systematische Einbeziehung – kollektives Handeln sowie kollektive Intelligenz – Dialogqualität und Unterschiedlichkeit)*. Im Vorfeld hatte Martina die Ergebnisse der Interviews strukturiert aufbereitet und in Bezug zu den strategischen Zielen des Konzerns gesetzt, ebenso aber die Lücken, die sich aus den Ergebnissen in der vorhandenen Strategie zeigten, sichtbar gemacht. Obwohl nicht danach gefragt, sprachen fast alle Manager Themen rund um Nachhaltigkeit an: zum Beispiel den Trend zu dezentraler Energieversorgung und erneuerbaren Energieformen, die Anzeichen für Rückkäufe von Stadtwerken, das Interesse der Bürger an dezentraler Energieversorgung, die politischen Herausforderungen zentraler Energieversorgung, die Notwendigkeit von länderübergreifenden Kooperationen, der Wunsch, mit Energiekonsumenten stärker ins Gespräch zu gehen, die Empfehlung, selbst als Energie- und Ressourcensparer voranzugehen, die Problematik der Kernenergie sowie die zunehmende Ablehnung fossiler Energieträger. Ein Jahr später war ein kleines Umschwenken des großen Konzerns erreicht. Auf der Basis der Empfehlungen der Manager wurde die Strategie der nächsten Jahre ergänzt durch acht strategische Handlungsfelder für Zukunftsfähigkeit, die mit einem Katalog von Indikatoren zur Fortschrittsmessung hinterlegt wurden. Dieser Katalog war aus den Workshops heraus erarbeitet worden. Es wurde zur Aufgabe der Nachhaltigkeitsabteilung, hierfür im halbjährlichen Abstand die Umsetzungsindikatoren einzuholen und der Konzernleitung vorzulegen. Auch wenn der Konzern noch lange nicht dort war, wo sie ihn hinhaben wollte – ausgehend von ihren eigenen Kompetenzen hatte sie gemeinsam mit ihrer Vorgesetzten einen Prozess in Gang gesetzt, der nicht nur die Konzernkultur positiv beeinflusste, sondern weit über den ursprünglichen Anstoß hinaus eine Eigendynamik erzeugte und eine Strategieanpassung des Konzerns voranbrachte. Vor allem aber machte ihr ihre Arbeit mehr Spaß – sie sah erheblich mehr Sinn in ihrer Aufgabe und war stolz auf die Wirkung, die sie gemeinsam mit anderen erzielt hatte: nur wenige Jahre später deklarierte der Konzern schließlich ein klares Ziel – Klimaneutralität bis zum Jahre 2040.

6.15　Vitalität und Resilienz für Zukunftsfähigkeit erzeugen

Es ist wichtig, sich zu vergegenwärtigen, dass die sechs Dimensionen des Kompasses nicht so sehr additiv wirken, sondern miteinander auf eine Weise vernetzt sind, dass sie sich gegenseitig verstärken. Auf diesem Prinzip beruht die Arbeit mit dem Kompass für kollektives Führen. Man kann ihn anwenden in der eigenen Planung, als Qualitätscheck für Veränderungsprozesse, in der Evaluation oder in der Selbstreflexion – alleine, als

Gruppe von Akteuren oder in einem größeren Netzwerk von Akteuren. Ebenso kann man komplexe Veränderungsvorhaben daraufhin einschätzen, wie sie die Dimensionen des Kompasses ansprechen. Das Prinzip bleibt immer gleich und folgt der Idee der Selbstähnlichkeit. Es geht immer darum, in jeder Dimension möglichst breit Kompetenzen zu mobilisieren und weiter auszubauen. Das ist kein Selbstoptimierungsprozess, sondern ein Wiederbeleben von dem, was wir eigentlich können oder wissen. Es wird nun nur bewusster hervorgeholt und der Kompass funktioniert damit auch als eine Art Erinnerungsgeländer. Da alle Dimensionen wichtig sind und am wirksamsten im Zusammenspiel, kommen wir auch schneller auf die Idee zu überlegen, wie wir andere Personen mit komplementären Kompetenzen dazu holen könnten. Selbstwirksamkeit entsteht in der gegenseitigen Verstärkung der Dimensionen. Wirksamkeit in einer Gruppe von Akteuren folgt dem gleichen Prinzip. Wenn die Dimensionen als ein Interaktionsmuster zusammenwirken, entsteht ein kollektives und komplementäres Kompetenzmuster, das sich dann auch auf das größere System überträgt.

Damit wird ein wichtiges Grundprinzip klar: Sinn und Vitalität – die eigene, die von Gruppen von Menschen oder die von Organisationen – hängen ebenso zusammen wir Sinn und Resilienz. Um beides voranzubringen, ist der Kompass für kollektive Führung ein Handlungsrahmen, der uns selbst und eine Gruppe von Akteuren, mit denen wir etwas voranbringen, vitaler und zunehmend resilient macht – und damit wirksamer. Natürlich werden Konflikte auftreten, Schwierigkeiten entstehen sowie Enttäuschungen und Frustrationen auftauchen. Aber der Kompass als handlungsleitende Struktur erinnert uns immer wieder daran, was wir tun können, um unser eigenes Denk- und Handlungsmuster zukunftsfähig zu machen und um ein Muster von Interaktion in einem Netzwerk von Akteuren zu erzeugen, das Zukunftsfähigkeit voranbringt. Im Zusammenspiel der Dimensionen entstehen Vitalität und Resilienz. Dabei bleibt das Gemeinwohl durch die Dimension *Ganzheitlichkeit* immer präsent ebenso wie der Blick auf die Menschen mit all ihren Unzulänglichkeiten durch die Dimension *Menschlichkeit* und wird nicht – wie so häufig in unserem professionellen Umfeld – in den Hintergrund geschoben.

Es geht hierbei um bewusstere Ko-Kreation in einem Kontext, in dem bereitwillig Verantwortung für eine Zukunft übernommen wird, in der es sich für alle Menschen eher lohnt zu leben. Je mehr wir auf der Suche nach einem wirksameren und für die Welt sinnvolleren Führungsbeitrag unsere eigenen Muster von Vitalität und Resilienz verstehen und fördern, desto besser können wir dies auch im Zusammenspiel mit anderen tun. Je besser wir unsere sich ständig weiter entwickelnde Identität verstehen, ohne starr an einer bestimmten Form festhalten zu wollen, desto schärfer wird unsere auch Beobachtungsgabe für Veränderungsmuster in der Welt, die uns umgibt. Während wir zuvor vielleicht der Welt unseren Willen aufzwingen wollten, sehen wir nun genauer, was gebraucht wird. Wenn wir nicht mehr so sehr darauf fixiert sind, unsere eigene Identität zu verteidigen – oder unser Ego zu nähren –, sehen wir mehr die Menschen hinter den handelnden Personen. Das verändert nicht nur, *was* wir beitragen, sondern auch *wie* wir unseren Beitrag voranbringen. Wir testen Resonanz, integrieren Feedback, bringen durchaus hartnäckig unsere Expertise ein und bauen Wirkungsnetzwerke auf. Damit mobilisieren wir etwas zutiefst Menschliches: das Bedürfnis von Menschen, Zukunft gemeinsam zu gestalten. Wer sich als Teil einer inspirierenden Sache fühlt, treibt genau diese Sache auch voran. So entsteht eine Kultur von kollektiver Führung.

Warum ist eine solche Kultur so wichtig? Wenn wir auf dem Weg zu Führung mit Sinn die kleinen und großen Schritte gegangen sind, unsere Sehnsucht nach Sinn mit der Zukunftsfähigkeit der Welt zu verbinden, merken wir, dass wir alleine nicht wirklich weiterkommen. Auch die idealste individuelle Sinnerfüllung wird irgendwann schal, wenn wir merken, dass die Welt um uns herum auseinanderfällt und Menschen leiden. Dann können wir den Zustand der Welt beklagen oder den Versuch starten mit anderen gemeinsam Veränderung zu bewirken. Die Zukunft braucht weniger die heroischen Führungspersönlichkeiten, die in Geschichtsbüchern auftauchen, als vielmehr die vielen begeisterten und hartnäckigen Individuen, die sich in losen Netzwerken zusammentun und graduell Geschichte schreiben. Die Fähigkeit, verantwortlich Zukunft zu gestalten, schlummert in uns allen. Führung mit Sinn bringt diese Fähigkeit ans Licht.

6.16   Ein Blick in die Praxis: Alfred Theodor Ritter, Vorsitzender des Beirats der Alfred Ritter GmbH & Co. KG

Alfred Theodor Ritter ist seit 2015 im Beirat des Süßwarenherstellers Alfred Ritter GmbH & Co. KG, den er von seinem Vater und Großvater erbte. Er ist außerdem Mitbegründer, Beiratsvorsitzender und Gesellschafter der Ritter Gruppe, die ökologische Heizsysteme herstellt. Alfred Theodor Ritter studierte Psychologie, gab seine Praxis jedoch auf, um sich unternehmerisch für erneuerbare Energien einzusetzen, und wurde mehrfach für sein Engagement im Bereich erneuerbare Energien ausgezeichnet. 2005 übernahm er nach einer Schieflage beim Süßwarenhersteller den Vorsitz der Geschäftsführung, die er bis Ende 2014 innehatte. Er modernisierte die Firma, führte Bio-Sorten ein, stellte alle Rezepturen auf den Prüfstand und gründete Vertriebs-Niederlassungen in mehreren Ländern. Damit stieg der Umsatz auf 470 Mio. EUR in 2015. In Nicaragua betreibt die Firma auf Betreiben Alfred Theodor Ritters hin seit 2012 eine eigene Plantage, auf der nach nachhaltigen Prinzipien Kakao angebaut wird und die langfristig 30 % des Firmenbedarfs an Kakaomasse decken soll.

Wenn Sie zurückblicken auf Ihren Weg als Mensch und als Führungskraft, welchen roten Faden erkennen Sie? Was hat Sie geleitet?

In der Schulzeit habe ich häufig mit einem Freund darüber diskutiert, dass man sozusagen eine Hilfe für das Glück gründen sollte. Wir haben endlos herumgesponnen, wie man eigentlich einen Staat oder eine Gesellschaft aufbauen muss, damit es konfliktfrei, also freudig abläuft. Später habe ich dann als Berufswunsch angegeben: Revolutionär gegen Luther und Calvin. Im Grunde bin ich eigentlich bei diesen Grundgedanken geblieben. Es ging mir immer wieder um eine zentrale Frage: Wie kann menschliches Miteinander, menschliches Zusammenleben allen Freude bereiten? Das hat nämlich ganz viele Randbedingungen: z. B. einen guten Arbeitsplatz, intakte Natur, gesellschaftlichen Frieden. Dieser Gedanke hat mein Leben immer bestimmt – wie kommt man da weiter, als Mensch, als Unternehmen, als Gesellschaft?

Wie haben Sie das, was Sie geleitet hat, dann auf Ihrem professionellen Weg umgesetzt?

Die Grundideen, die ich damals entwickelt habe, waren für mich schließlich auch handlungsleitend für meine Unternehmen. Ich habe sie zwar im Laufe der Zeit erweitert und ergänzt, aber im Grundsatz haben sie sich nicht geändert. Immer sind sie der Frage gefolgt, wie kann man Situationen herstellen, in denen es Menschen gut geht – in der Gesellschaft ebenso wie im Geschäft. In der Schule und nachher im Studium und im Beruf lernt man immer eine ganze Menge darüber, *wie* etwas geht, aber nie *worum* es geht. Und eigentlich muss man diese Frage vorausstellen: Denn wenn man mit hoher Intelligenz etwas Dummes macht, bleibt es dennoch dumm. Und eines ist mir recht früh aufgefallen, denn ich bin da eher egoistisch veranlagt: Ich will, dass es mir gut geht. Und wenn es mir gut gehen soll, dann geht das eigentlich immer nur dann, wenn es auch anderen gut geht. Das heißt, wenn um mich herum eine zufriedene Atmosphäre ist. Und damit kommt man ganz schnell zur Friedfertigkeit, denn es macht gar keine Freude, von Menschen umgeben zu sein, die einen hassen. Das Gleiche passiert mit der Natur: Wenn man sie zerstört, hat man keine Freude mehr an ihr, also muss man sich darum kümmern, dass es ihr gut geht. Und das Gleiche gilt im Unternehmen – wenn die Verhältnisse der Mitarbeiter untereinander so sind, dass es sehr viel Streit und Missstimmung gibt, was man von vielen Firmen kennt, dann ist das Ganze für jeden unerfreulich. Also muss man zusehen, dass man das anders macht. Und diese Sache habe ich versucht, auch in meinen Unternehmen umzusetzen.

Können Sie dafür ein Beispiel nennen?

Im Detail wird es natürlich komplizierter, aber nicht allzu sehr, wenn man der Grundidee folgt. Hier ein Beispiel: Ich bin ja sehr spät, erst 2004, in eine geschäftsführende Rolle gegangen, als ich gemerkt habe, dass der Geschäftsführer, den ich engagiert hatte, den Laden so schlecht behandelt hat, dass das Unternehmen wirklich in Schwierigkeiten war. Dann habe ich gesagt, ich gehe jetzt kein Risiko mehr ein, ich mache das selber. Ich habe dann festgestellt – wie in vielen anderen Unternehmen auch –, dass es intern viele Vorbehalte zwischen Abteilungen gab – da redete der Verkauf von den Idioten in der Buchhaltung usw. Und das ist es dann, was das Leben schwierig macht. Genau diese Friktionen machen ein Unternehmen schwach. Es ist ständig mit sich selber beschäftigt, was natürlich nicht zu guten Ergebnissen führt. Ich vergleiche das mit einem Sportler, der nicht erfolgreich sein kann, wenn immer die Muskeln auf der anderen Seite dagegen ziehen, sie müssen entspannt sein, sonst macht man keinen guten Hochsprung. Und deshalb habe ich dann in der Firma eine, wie wir sie genannt haben, Hochleistungsgruppe etabliert, die sich darum gekümmert hat, wie wir Konflikte zwischen den Abteilungen abbauen. Das hatte enorm positive Effekte. Interessant war, dass ein wichtiges Mitglied in der Gruppe ein Mathematiker war. Das erstaunt zunächst, aber er hat sich vor allem um interne Systeme gekümmert, die die Beziehungen besser regeln konnten. Das klingt verblüffend. Da kam aber zum Beispiel heraus, dass es sinnvoll ist, dass Mitarbeiter in der Firma keine Kaminkarriere machen, sodass sie in einer Abteilung aufsteigen, sondern sie kreuz und quer zu versetzen, weil sie so einen guten Überblick über das Ganze bekommen. Damit hörte die üble Nachrede übereinander auf, weil sie eine Situation aus unterschiedlichen Blickwinkeln heraus besser verstehen konnten. Mehr aus Ansporn haben wir dann den TOP-JOB-Test von der Universität St. Gallen mitgemacht mit dem Ziel, innerhalb der nächsten fünf Jahre unter den 100 besten Arbeitgebern zu sein. Aber wir kamen auf Anhieb auf Platz 2.

Und welche Rolle spielte dabei die Verantwortung für Umwelt und Gesellschaft?

Ich bin überzeugter Ökofreak. Wenn wir nicht in einer Natur leben, die gut beieinander ist, haben wir ein Problem. In einem Unternehmen wie unserem ist man natürlich in der ökologischen Wertschöpfungskette tief drin. Gerade bei Schokolade verarbeitet man ja landwirtschaftliche Produkte, und damit hängt man schon ganz tief drin in der Landwirtschaft und damit in der Verantwortung. Wenn man Landwirtschaft so betreibt, dass die Böden kaputtgehen, sägt man sich ja den Ast ab, auf dem man sitzt. Zudem hat das Ganze auch mit Qualität zu tun. Wenn man Spaß an der Arbeit haben will, dann muss man etwas besonders Gutes machen. Deshalb haben wir von vornherein gesagt, Ritter Sport ist die Benchmark für Schokolade, wir machen immer das Beste, das es gibt. Das motiviert ungeheuer, das macht den Leuten wirklich Spaß. Und schon kommt man wieder zu den Rohstoffen, weil man dann auch nur wirklich Gutes verarbeiten darf. Und so verwebt sich das alles ineinander. Freude an der Arbeit, Freude an einem guten Produkt heißt dann auch wieder guter Umgang miteinander und guter Umgang mit der Natur. Es geht nicht anders.

Wie weit haben Sie dann genau diese Verantwortung in Wertschöpfungsketten umgesetzt?

Wenn man das, was ich gesagt habe, konsequent weiterverfolgt, dann will man da tiefer hineingehen – und schließlich landet man bei der eigenen Kakaoplantage. Dort kann man den Umgang mit der Natur so umsetzen, wie man ihn für richtig hält. Wir haben angefangen mit einer Plantage in Nicaragua, wo wir ehemaliges Weideland gekauft haben und nun eine Mischbepflanzung haben zwischen Kakaopflanzen und Bäumen, die in 2016/2017 zum ersten Mal erntefähig war. Es ist inzwischen die mutmaßlich größte Kakaoplantage der Welt. Zusätzlich haben wir vor 25 Jahren angefangen, direkte Beziehungen zu Bauern in Nicaragua aufzubauen, haben immer wieder viel trainiert und unterstützt. Unser Bezug an Kakao aus Nicaragua hat sich nicht nur verzwanzigfacht, wir haben auch ganz entscheidend dazu beigetragen, dass Nicaragua, wo der Kakaoanbau lange am Boden lag, nunmehr zum Edelkakaoland erklärt wird. Damit bekommen die Bauern höhere Preise und der Anbau lohnt sich umso mehr.

Auf dem Weg in ein mehr verantwortliches Wirtschaften, welche Hürden mussten Sie überwinden?

Als ich die Geschäftsführung übernahm, war die größte Hürde, gegen das Ego von vielen Vorgesetzten anzugehen. Es gab Hierarchiestufen, wo Leute sehr hart Mitarbeiter geführt haben, das ist ein echtes Problem in der Firma gewesen, das zu verändern. Viel hat dann über die Entwicklung eines internen Leitbildes funktioniert, auf das Mitarbeiter sich beziehen können und nach dem Führungskräfte trainiert werden. Das ist nicht etwas Nettes zum Ablegen, sondern wirklich ernst gemeint. Und da steht eben auch drin, dass der Vorgesetzte Mitarbeiter fördern muss. Natürlich steht auch einiges über Schokolade drin, aber eben auch viel über den Umgang miteinander in der Firma.

Wenn Sie in die Zukunft blicken, was ist Ihnen wichtig beizutragen?

Ich bin heute im Beirat von beiden Unternehmen, der Ritter KG und der Ritter Energie- und Umwelttechnik. Damit mache ich viel strategische Beratung, in die meine Grundideen natürlich einfließen. Ich habe einen neuen Bericht des Club of Rome[2] unterstützt („Wir sind dran: Club of Rome. Der große Bericht". Weizsäcker und Wijkman 2017), schon, weil ich selbst lesen will, was uns in die Zukunft führt. Ich hatte das große Glück, zu meiner Schulzeit Ernst Bloch zu lesen, von dem mir ein Spruch in Erinnerung geblieben ist: Man muss die Zukunft in die Gegenwart setzen. Und so versuche ich, einfach Inseln zu schaffen, wo es ein bisschen besser läuft im Sinne meiner Grundidee. Immer wenn man zu große Dinge anpackt, gerät man leicht zum Missionierer und das kann nicht gut gehen. Deswegen ist es besser, wenn man seinen eigenen Wirkungskreis hat und da etwas anders macht, dann ist es für alle bekömmlicher.

Was würden Sie Führungskräften raten, die am Anfang einer Veränderung stehen zu einem Engagement für mehr gesellschaftliche Verantwortung?

Da bin ich vorsichtig. Andere fassen ihren Lebensweg so an, wie sie es für richtig halten. Ich bin nicht so klug, dass ich unbedingt weiß, wie man es besser macht. Aber vielleicht eines: Man muss sich nicht nur die Frage stellen, *wie* es geht, sondern vor allem *worum* es geht, wozu es dienen soll. Daraus ergibt sich viel. Oder wie Einstein einmal gesagt hat: Ein neuer Gedanke braucht nicht viel Intelligenz, aber viel Mut.

6.17 Ein Blick in die Theorie: Muster der Vitalität

Christopher Alexander ist ein amerikanischer Architekt und Systemtheoretiker österreichischer Herkunft, 1936 geboren, der Zeit seiner beruflichen Laufbahn gegen den Strom geschwommen ist mit seinen Ideen und erst in späten Jahren zunehmend Interesse und Anerkennung gefunden hat.

In seinem umfangreichen Werk entwickelt er eine allgemeine Systemtheorie von Lebendigkeit, Ganzheit und lebensbereichernder Transformation. Dahinter steckt geradezu ein neues gedankliches Universum, das er dem eher mechanistischen Paradigma der traditionellen Naturwissenschaft entgegensetzt. Er hat sich intensiv damit beschäftigt, was es ist, das einem Raum die Eigenschaft verleiht, in Menschen Harmonie zu erzeugen, innere Ruhe einkehren zu lassen, sodass wir uns im Einklang mit uns selbst fühlen und gleichzeitig verbunden sind mit etwas, das man als größeres verbindendes Ganzes bezeichnen kann. Er hat schließlich eine ganze Theorie und Architekturlehre entwickelt, die Hinweise darauf gibt, wie man bauen muss, damit Menschen in den umbauten Räumen in ihrem

---

[2] Der Club of Rome ist eine Vereinigung von weltweit etwas über 100 einflussreichen Persönlichkeiten aus Wissenschaft, Kultur, Wirtschaft und Politik aus allen Regionen unserer Erde. Er wurde 1968 in Rom ins Leben gerufen, mit dem Ziel, sich für eine lebenswerte und nachhaltige Zukunft der Menschheit einzusetzen. Die Weltöffentlichkeit kennt den CLUB OF ROME seit 1972 durch den viel diskutierten Bericht „Die Grenzen des Wachstums".

positiven Lebensgefühl gestärkt werden. Wer in die Gedächtniskirche Berlin geht, in die Kathedrale von Chartre oder durch die Gärten von Sanssouci wandert, würde seine Lehre wahrscheinlich problemlos rekonstruieren können. Dabei ist die Essenz seiner Lehre entscheidend – Raumgestaltung kreiert eine Ordnung, die lebensbereichernd ist oder eben nicht.

Um seine Studenten schon früh an diese Gedankengänge heranzuführen, zeigte er ihnen in der ersten Vorlesung immer zwei Bilder und fragte sie: Wo ist mehr Leben drin? 80 bis 90 % der Studenten waren in der Regel derselben Meinung – eine der Fotografien hatte ihrer Meinung intuitiv mehr „Leben". Dies unterstützte seine These, dass Menschen intuitiv erkennen, wann ein „Raum", ein Bild, eine Stadt, oder ein Haus (oder ein Unternehmen?) „lebensfördernd" ist, d. h. den Effekt von Lebendigkeit bewirkt, also mit der Vitalität von Menschen in Resonanz tritt und damit ihre Lebendigkeit fördert. Er konstatierte, dass aber dennoch viele Menschen glaubten, die Wahrnehmung, ob etwas „Leben" enthält, sei reine Geschmackssache. Christopher Alexander wollte jedoch nachweisen, dass es sich hier nicht einfach um einen persönlichen Geschmack handelte, sondern dass es Gesetzmäßigkeiten gab, die man als Architekt beim Bau von Häusern oder bei der Anlage von Städten selbst anwenden konnte, um den Effekt der Lebendigkeit zu erzeugen.

Er entwickelte daher das, was er die „Sprache der Muster" nannte. Eine wichtige These dieser Mustersprache ist, dass Räume dann Lebendigkeit erzeugen, wenn sie aus vielen Zentren der Aufmerksamkeit bestehen: Diese ergänzen und unterstützen sich dann so, dass das Zusammenspiel der Elemente eine harmonische Wirkung auf den Menschen hat. Eine Idee, die nicht nur für physische Struktur gilt, sondern auch für zwischenmenschliche: Ein Raum, der Harmonie erzeugt und lebensfördernd ist, wäre dann ein Raum, in dem Menschen sich gegenseitig unterstützen, und weil sie dies tun, insgesamt mehr entsteht als die Wirkung der direkten Unterstützung. Es entsteht ein Feld von Lebendigkeit, von Mut machen, von Perspektiven sehen, von Kraft schöpfen, von Auftanken, von Bereicherung, von Möglichkeiten gestalten. „Das Ganze", sagt Christopher Alexander, „erhält seine Kraft aus dem Zusammenspiel kohärenter Zentren, aus dem es besteht (…) das Ganze und sein offensichtliches und sein verstecktes System von Zentren, ergibt eine Struktur, die einen enormen Einfluss auf die Welt hat. Wir werden nicht verstehen, wie die Welt funktioniert, wenn wir unsere Aufmerksamkeit nicht darauf richten, wie die Struktur des Ganzen entsteht (…) Denn in dieser Struktur liegt der Schlüssel dafür, wie viel Leben (oder Lebendigkeit) im Ganzen ist (Alexander 2002, S. 134, Übersetzung durch die Autorin)." Je mehr diese Zentren sich gegenseitig und wechselseitig unterstützen, desto mehr Leben ist in einer Struktur, desto mehr Lebendigkeit erzeugt sie. Aus seiner Sicht erhalten damit alle Systeme (auch also Menschen, Organisationen, Gesellschaften, Kooperationsprojekte etc.) ihre Vitalität aus der Kooperation und Interaktion von ebensolchen lebendigen einzelnen Zentren, die sich gegenseitig anregen.

Diese Beschreibung, wie in unserer Wirklichkeit Vitalität entsteht – aus Interaktion und gegenseitiger Unterstützung –, ist wohl die treffendste Analogie zu Erklärung der Wirksamkeit des ***Kompasses für kollektive Führung***. Wenn man die sechs Dimensionen – *Zukünftige Möglichkeiten, Systematische Einbeziehung, Innovation, Menschlichkeit, Kollek-*

tive Intelligenz und Ganzheitlichkeit – als Zentren von Aufmerksamkeit managt, unterstützen sie sich gegenseitig in ihrer Wirkung, und – je nachdem, wie stark sie sind – erzeugen sie das Gefühl von Lebendigkeit bei einer einzelnen Person oder bei eine Gruppe von Akteuren. Diese Vitalität wiederum ist die Grundlage für Resilienz, Selbstwirksamkeit und Gestaltungskraft.

Wenn die Kompetenzen in den verschiedenen Dimensionen also als ein Interaktionsmuster zusammenwirken, entsteht ein Kompetenzmuster, das sich dann auch auf das größere System überträgt. Dies geschieht nicht automatisch, aber mit bewusster Nutzung des Kompasses werden die Dimensionen im eigenen oder komplexen Veränderungsprozess zunehmend wirksam. Diese Wirksamkeit entsteht durch die Vernetzung der Dimensionen in konkreten Umsetzungsschritten, die natürlich spezifisch für die jeweilige Situation sind. Kommt ein solches Kompetenzmuster nicht nur bei einzelnen Führungskräften, sondern auch in komplexen Kooperationsprozessen als Kompetenzmuster zwischen vielen Menschen zum Tragen, werden die Akteure konstruktiver, ergebnisbezogener und schneller lernfähig. Es geht keineswegs darum, dass keine Konflikte mehr entstehen, keine Richtungskämpfe oder andere Meinungsverschiedenheiten. Aber die Akteure werden schneller wieder konstruktiv, bleiben im Kooperationsfeld mit dem nötigen Respekt, während sie zugleich Unterschiede anerkennen. Die Bereitschaft, sich einzusetzen und beizutragen, steigt.

6.18 Momente der Reflexion: Stärken nutzen

Wie das Beispiel von Martina in dem deutschen Energiekonzern gezeigt hat, ist es manchmal sinnvoller, seine Stärken auszubauen, als seine Schwächen zu überwinden. Nur müssen wir unsere Stärken dafür auch bewusster wahrnehmen – und gezielter einsetzen.

Die folgende Reflexion benötigt ca. 20 bis 30 min Zeit und einen ungestörten Ort (Sollten Sie problemlos auf Englisch arbeiten, können Sie auch ein frei zugängliches Online-Tool verwenden – www.compass-tool.net). Wenn Sie allerdings die Chance haben, diese Reflexion mit einer anderen Person gemeinsam durchzuführen, dann nutzen Sie ca. 15 min individuell und weitere 15 min, um sich über die Ergebnisse auszutauschen. Menschen wohnen im Haus der Sprache, ein guter Dialog hilft immer beiden Seiten weiter.

Schritt 1
Nehmen Sie eine Darstellung des Kompasses für kollektive Führung zur Hand (Abb. 6.1 und Tab. 6.2, alternativ können Sie auch das Online-Tool in Englischer Sprache verwenden: www.compass-tool.net). Lesen Sie die Beschreibungen der sechs Dimensionen und Aspekte für jede Dimension noch einmal durch. Überlegen Sie dann, in welcher Dimension (nicht in welchem Aspekt) Sie Ihre größte Stärke haben, dann in welcher Ihre zweitgrößte Stärke und dann in welcher Ihre drittgrößte Stärke.

Ordnen Sie die Dimensionen in die Reihenfolge an, die dieser Einschätzung entspricht (entweder die ersten drei Dimensionen oder alle sechs Dimensionen) – gerne auf kleinen Karten oder auf einem Blatt Papier.

Schritt 2

Notieren Sie für die stärksten drei Dimensionen ein paar Stichworte, weshalb Sie diese so stark einschätzen bzw. wie sich diese Dimensionen bei Ihnen als Kompetenz zeigen.

Identifizieren Sie für jede Dimension die Aspekte, die aus Ihrer Sicht bei Ihnen am meisten ausgeprägt sind. Wie zeigt sich dies?

Schritt 3 (optional)

Lesen Sie die Beschreibung der Aspekte der drei bei Ihnen am wenigsten ausgeprägten Dimensionen. Überlegen Sie, ob Sie auch in diesen Dimensionen nicht etwa einen oder zwei Aspekte identifizieren können, in denen Sie eigentlich stark sind. Notieren Sie diese und wie sich dies zeigt.

Schritt 4

Überlegen Sie, wie sich auf Ihrer bisherigen Suche nach Sinn und Ihren Aktivitäten zur Re-definition Ihres Führungsbeitrags Ihre stärkste Dimension oder die drei von Ihnen als stärkste Dimensionen identifizierten zeigen.

- *Wie könnten Sie diese in Zukunft stärker nutzen?*

Machen Sie sich zu Ihren Erkenntnissen Notizen und wiederholen Sie diese Übung nach ein paar Wochen noch einmal bzw. lesen Sie Ihre Einschätzung nach und fragen Sie wiederholt, wie Sie Ihre Stärken in der Zukunftsgestaltung noch mehr nutzen können.

Ihre Stärken sind sozusagen Ihr ganz persönlicher Zugang dazu, den Kompass für kollektives Führen zum Leben zu erwecken und ihn sich für die eigene Vitalität und die gemeinsamen Vorhaben mit anderen nutzbar zu machen.

6.19   Wirkungsnetzwerke knüpfen

Die Welt verändert sich in Wirkungsnetzwerken. Auf unserem Weg, unseren neu definierten Führungsbeitrag umzusetzen, müssen wir wissen, wie wir uns an dem Prozess des Netzwerkens beteiligen und wie wir dies nutzen. Dabei sind drei Dinge besonders wichtig, über die Sie nachdenken sollten, wenn Sie Ihre neue Wirksamkeit erhöhen wollen.

1. **Was Ihnen zum Thema Netzwerken am ehesten liegt**
   Es gibt Menschen, die Konferenzen nicht mögen, sondern lieber in kleineren Gruppen agieren, andere blühen genau dann auf, wenn es um Menschen geht, die sie nicht kennen. Überlegen Sie, was Ihnen liegt, und handeln Sie danach. Bereichern Sie dies durch Tipps zum Netzwerken *(siehe weiterführende Literatur)*.

2. **Welche Netzwerke Sie nutzen wollen**

Den eigenen Führungsbeitrag zu re-definieren bedeutet eine Entdeckungsreise, die nicht ohne Recherche auskommt. Nehmen Sie sich Zeit dafür, Schritt für Schritt herauszufinden, was Gruppen, Netzwerke, Organisationen und Plattformen sind, die für Ihre Reise nützlich sind.

3. **Wann ein Netzwerk Chancen, hat Wirkung zu entfalten**

Wenn Sie selbst ein Netzwerk aufbauen wollen, fangen Sie klein an. Am Anfang zählen immer die direkten Beziehungen und die Attraktivität von sinnstiftendem Handeln. Netzwerke werden wirksam durch Menschen, die sich einerseits zugehörig fühlen, andererseits gemeinsam an einer Sache interessiert sind. Sie sind die Multiplikation dessen, was in dem Margeret Mead zugeschriebenen Zitat die kleine Gruppe von entschiedenen Menschen ist, die die Welt verändern kann. Menschen, die Sie zusammenholen, brauchen, um mit Ihnen gemeinsam etwas voranzubringen, menschliche Begegnung *(Menschlichkeit)*, ein größeres Ziel *(Ganzheitlichkeit)*, die Aussicht darauf, gemeinsam etwas zu erreichen *(Zukünftige Möglichkeiten)*, Flexibilität statt starre Regeln *(Innovation)*, guten Dialog *(Kollektive Intelligenz)* und transparente gemeinsame Planung *(Einbeziehung)*. Stellen Sie beim Aufbau sicher, dass alle Dimensionen des *Kompasses für kollektives Führen* Beachtung finden.

6.20 Kommunikationsmuster verbessern

Angenommen, es gäbe eine Software, die es ermöglichen würde, bei jeder Sitzung oder bei jedem Gespräch das Muster der Kommunikation aufzuzeichnen und transparent auf einem Monitor oder dem Tablet darzustellen, und angenommen, die Software würde dann auch noch zeigen, wann diese Kommunikation ergebnisorientiert, lösungsorientiert und insgesamt für alle Seiten hilfreich ist – dann würden wir viel eher darauf achten, wie wir genau so kommunizieren, dass *Kollektive Intelligenz* wirksam werden kann.

Damit kollektive Intelligenz also wirksam werden kann, können vier dialogische Praktiken eingesetzt werden. Sie sind keine voneinander separierten Fähigkeiten, die wir als Führungskraft einzeln entwickeln könnten, sondern sozusagen alle vier miteinander verheiratet.

Diese Praktiken gehen zurück auf eine langjährige Forschung zu Mustern in zwischenmenschlicher Kommunikation (Kantor 2012). Dabei hat sich gezeigt, dass Kommunikation am effektivsten ist, wenn alle vier Praktiken gelebt werden und sich in einem dynamischen Gleichgewicht befinden. Verstärken wir eine der Praktiken, nützen wir auch den anderen. Isolieren wir aber eine von den anderen, gerät die Kommunikation außer Balance und wird unproduktiv, zeitraubend, angespannt und im schlimmsten Fall ergebnislos. Wir kennen dies von unzähligen Sitzungen in unserem beruflichen Umfeld, ebenso in der Kommunikation innerhalb der Familie.

Wenn wir aber die Zukunft der Welt sinnvoller gestalten wollen, brauchen wir mehr *Kollektive Intelligenz* und einen schnelleren Zugang dazu. Solange es also die erwähnte Software noch nicht gibt, hilft die in Abb. 6.2 dargestellte Reflexion. Sie schult Sie darin, Ihren Teil dazu beizutragen, dass Kommunikation nützlicher wird (hierzu siehe auch Künkel et al. 2016).

Schritt 1
Betrachten Sie die Abb. 6.2 der dialogischen Praktiken und überlegen Sie, was Ihre Stärke ist.

- *Wie zeigt sich dies?*

   Überlegen Sie dann, welche Praxis Sie noch weiter entwickeln könnten?

- *Wie und wann könnten Sie dies tun?*

   Nehmen Sie für Ihre eigene Reflexion die folgenden Fragen mit:

Abb. 6.2 Dialogische Praktiken

Zur Sprache bringen
- *Wie wird mir eigentlich zugehört, wenn ich etwas sage?*
- *Wie sage ich etwas, wenn ich merke, dass mir zugehört wird?*
- *Verleihe ich anderen eine Stimme?*

Zuhören
- *Wie höre ich zu?*
- *Habe ich die Antwort oder das Gegenargument fertig, bevor die andere Person zu Ende gesprochen hat?*
- *Regt mich das, was ich höre, zu neuen Ideen an?*
- *Nehme ich teil an dem, was ein anderer sagt?*

Respektieren
- *Wie viel Legitimität gebe ich der anderen Person und ihrer Meinung?*
- *Verstehe ich, warum sie sagt, was sie sagt?*
- *Wie sehr achte ich darauf, wie das, was gesagt wird, zusammenpasst?*

Innehalten
- *Wie bedrohlich ist Dissens für mich?*
- *Wie sehr hänge ich an meiner Sicht der Dinge?*
- *Wie viele Möglichkeiten kann ich ertragen?*
- *Wie beobachte ich, warum das Gespräch so verläuft, wie es verläuft?*

Schritt 2
Versuchen Sie, sich die Abb. 6.2 zu merken, kopieren Sie sie als Erinnerung in Ihr Gedächtnis. Beobachten Sie bewusst in Ihren nächsten fünf Gesprächsbegegnungen (bilateral oder in Gruppen), wie stark oder schwach die dialogischen Praktiken jeweils ausgeprägt sind. Bemühen Sie sich, das einzubringen, was fehlt.

Das Grundprinzip jedes guten Dialogs ist, eine Atmosphäre des „gemeinsamen (Nach) Denkens" zu erzeugen: Erst das setzt die Energie frei für die Bereitschaft, eine für alle existierende Herausforderung auch gemeinsam anzugehen.

6.21   Zukunftsmöglichkeiten navigieren

Der Kompass für kollektives Führen stärkt die Selbstwirksamkeit und die Wirksamkeit von gemeinsamen Vorhaben. Ihre Stärken sind immer der Zugang zur Nutzung des Kompasses. Dennoch ist es hilfreich, sich bei den Planungen der eigenen Vorhaben von allen Dimensionen leiten zu lassen. So können Sie mit dem Kompass Ihre Zukunft (und damit die Zukunft der Welt) voranbringen. Sofern Sie gerne auf Englisch arbeiten, können Sie auch (das Online-Tool nutzen: www.compas-tool.net)

Nehmen Sie sich ca. 45 bis 60 min Zeit in einer ungestörten Umgebung.

Schritt 1

Betrachten Sie Ihre Ergebnisse der Übung „Den großen Wurf wagen" (Seite 139). Entwickeln Sie daraus das, was Sie in einem bestimmten Zeitraum erreicht und erlebt haben wollen (dies kann ein Jahr sein oder auch drei Monate).

Formulieren Sie dies in einem Satz und schreiben Sie es auf. Kreieren Sie eine Tabelle mit den sechs Dimensionen des Kompasses (alternativ auch mit den sechs Dimensionen und allen Aspekten, die zu den Dimensionen gehören).

Schreiben Sie das, was Sie erreicht haben wollen, als Satz über die Tabelle und versehen Sie diesen Punkt mit einem Datum oder Zeitpunkt, wann er erreicht sein soll.

Schritt 2

Lassen Sie sich noch einmal inspirieren von der Beschreibung aller Dimensionen des Kompasses für kollektives Führen (Abb. 6.1 und Tab. 6.2). Gehen Sie nun durch die Tabelle der Dimensionen (und ggf. Aspekte) durch und überlegen Sie, was Sie mit Aufmerksamkeit auf die jeweilige Dimension, die Sie betrachten (bzw. auch jeden Aspekt dazu) tun werden, um das gesetzte Ziel voranzubringen. Füllen Sie die Tab. 6.3 entsprechend aus.

Schritt 3

Nutzen Sie Sie dann in dem jeweiligen Umsetzungszeitraum diese ausgefüllte Tabelle als Erinnerung (gehen Sie sie z. B. jeden Sonntag durch, wenn Sie Ihre Woche reflektieren und die nächste Woche planen – *siehe die Reflexion „Die goldene Regel der Fünf"*). Natürlich können Sie jederzeit Dinge ergänzen oder verändern.

6.22   Eine kleine Retrospektive

Zudem haben Sie, wenn Sie sich mit allen Reflexionen beschäftigt haben, alle Dimensionen des ***Kompasses für kollektives Führen*** angeregt und damit Ihre Kompetenz in der jeweiligen Dimension einen Schritt weiter ausgebaut. Die Tab. 6.4 zeigt Ihnen, welche Reflexionen zu welchen Dimensionen gehören.

Tab. 6.3 Tabelle der Dimensionen und Aspekte

Die Dimension	… gründet sich auf …	… wird wirksam durch …	… was ich tun werde …
ZUKÜNFTIGE MÖGLICHKEITEN	Die Fähigkeit, Zukunftsgestaltung in Richtung Nachhaltigkeit aktiv voranzutreiben	Zukunftsorientierung	
		Empowerment	
		Entschiedenheit	
SYSTEMATISCHE EINBEZIEHUNG	Die Fähigkeit, unterschiedliche Akteure systematisch in Veränderungsprozesse zu integrieren und funktionierende Kooperationsstrukturen aufzubauen	Prozessqualität	
		Vernetzung	
		Kollektives Handeln	
INNOVATION	Die Fähigkeit zu kreativer Problemlösung und die Bereitschaft, Neues zu wagen	Kreativität	
		Exzellenz	
		Agilität	

(Fortsetzung)

Tab. 6.3 (Fortsetzung)

Die Dimension	… gründet sich auf …	… wird wirksam durch …	… was ich tun werde …
MENSCHLICHKEIT	Die Fähigkeit, konstruktiv Beziehungen zu sich selbst und anderen zu gestalten	Achtsamkeit Balance Empathie	
KOLLEKTIVE INTELLIGENZ	Fähigkeit zu gutem Dialog und konstruktivem Austausch	Qualität des Dialogs Diversität Interaktives Lernen	
GANZHEITLICHKEIT	Fähigkeit, sich zu einem größeren Ganzen in Beziehung zu setzen und danach zu handeln	Kontextbezogenheit Gegenseitige Unterstützung Beitrag	

Diagramm-Beschriftungen:

MENSCHLICHKEIT-Grafik: INNOVATION, MENSCHLICHKEIT, EMPATHIE, BALANCE, ACHTSAMKEIT

KOLLEKTIVE INTELLIGENZ-Grafik: ITERATIVES LERNEN, DIVERSITÄT, KOLLEKTIVE INTELLIGENZ, QUALITÄT DES DIALOGS

GANZHEITLICHKEIT-Grafik: BEITRAG, GEGENSEITIGE UNTERSTÜTZUNG, KONTEXT-BEZOGENHEIT, GANZHEITLICHKEIT, ZUKÜNFTIGE MÖGLICHKEITEN, KOLLEKTIVE INTELLIGENZ

Tab. 6.4 Momente der Reflexion bezogen auf die Dimensionen des Kompasses

Die Dimension	… wird wirksam durch …	Reflexionsübungen
ZUKÜNFTIGE MÖGLICHKEITEN	Zukunftsorientierung	Kap. 5: Den großen Wurf wagen
	Empowerment	Kap. 6: Stärken nutzen
	Entschiedenheit	Kap. 5: Die goldene Regel der Fünf
SYSTEMATISCHE EINBEZIEHUNG	Prozessqualität	Kap. 3: Die vier Felder der Transformation
	Vernetzung	Kap. 6: Wirkungsnetzwerke knüpfen
	Kollektives Handeln	Kap. 2: Wie wäre eine Führungskraft, der ich gerne folgen würde?
INNOVATION	Kreativität	Kap. 2: Die eigene Vitalität beobachten
	Exzellenz	Kap. 2: Die Geschichte der eigenen Stimme rekonstruieren
	Agilität	Kap. 1: Krisen als Ratgeber nutzen
MENSCHLICHKEIT	Achtsamkeit	Kap. 4: Reflexion ritualisieren
	Balance	Kap. 4: Generative Energien in Balance halten
	Empathie	Kap. 4: Die inneren Drachen zähmen
KOLLEKTIVE INTELLIGENZ	Qualität des Dialogs	Kap. 6: Kommunikationsmuster verbessern
	Diversität	Kap. 5: Stakeholder Interviews
	Iteratives Lernen	Kap. 3: Zwischen Ohnmacht, Macht und Selbstwirksamkeit
GENZHEITLICHKEIT	Kontextbezogenheit	Kap. 4: Gemeinsam weiterdenken
	Gegenseitige Unterstützung	Kap. 6: Zukunftsmöglichkeiten navigieren
	Beitrag	Kap. 1: Die Anfänge unserer Selbstwirksamkeit

Literatur

Alexander, C. (2002). *The nature of order – Book one, the phenomenon of life*. Berkeley: Centre for Environmental Studies.

Horx, M. (2011). *Das Megatrend Prinzip – wie die Welt von Morgen entsteht*. München: Deutsche Verlagsanstalt.

Kantor, D. (2012). *Reading the room – Group dynamics for coaches and leaders*. San Francisco: Jossey Bass.

Künkel, P. (2016). *The art of leading collectively – Co-creating a sustainable socially just future*. Whiteriver: Chelsea Green.

Künkel, P., Gerlach, S., & Frieg, V. (2016). *Stakeholder-Dialoge erfolgreich gestalten – Kernkompetenzen für erfolgreiche Konsultations- und Kooperationsprozesse*. Heidelberg: Gabler.

Weizsäcker, E. U., & Wijkman, A. (2017). Wie sind dran. Club of Rome. Der große Bericht. Gütersloh: Gütersloher Verlagshaus.

Weiterführende Literatur

Felber, C. (2013). *Gemeinwohl-Ökonomie*. Wien: Deuticke.

Giacomo, C. (2014). *Bessere Welt – Hat der Kapitalismus ausgedient? Eine Reise durch alternative Wirtschaftssysteme*. Wien: Goldegg.

Haas, M. (2014). *Crashkurs Networking: In 7 Schritten zu starken Netzwerken*. München: Beck.

Kuenkel, P. (2019). *Stewarding sustainability transformations – An emerging theory and practice of SDG implementation*. Report to the Club of Rome. Cham: Springer.

Kuenkel, P., & Waddock, S. (2019). Stewarding aliveness in a troubled earth system. *Cadmus Journal, 4*(1). http://cadmusjournal.org/article/volume-4/issue-1/stewarding-aliveness-troubled-earth-system. Zugriff am 15.8.2020.

Leitner, H. (2007). *Mustertheorie: Einführung und Perspektiven auf den Spuren von Christopher Alexander*. Graz: Nausner & Nausner.

Robertson, B. (2016). *Holacracy – Ein revolutionäres Management-System für eine volatile Welt*. München: Verlag.

Scharmer, O., & Käufer, K. (2014). *Von der Zukunft her führen: Von der Egosystem- zur Ökosystem-Wirtschaft. Theorie U in der Praxis*. Heidelberg: Carl Auer.

Epilog: Die Zukunft beginnt heute

Viele Unternehmen stehen intern unter dem Druck, auf die komplexen Anforderungen von Nachhaltigkeit schnelle und sichtbare Antworten zu finden. Daraus ergeben sich in Zukunft erheblich mehr Möglichkeiten für Manager, auch im Rahmen der Führungstätigkeit in einem Unternehmen, ihr Bedürfnis nach mehr Sinn mit einem Engagement für die Zukunft unserer Welt – und des Unternehmens – zu verbinden. Die Veränderungsprozesse, die dafür notwendig sind, rütteln allerdings zum Teil an zentralen Grundfesten von typischen Unternehmensstrukturen, wie zum Beispiel den Anreizsystemen für Gehälter, Karrierewegen, dem Fokus auf Quartalsberichte oder dem Interesse von Shareholdern an kurzfristiger Gewinnoptimierung. Der Weg zu einer an Sinn orientierten Wirtschaft oder sogar Gemeinwohl-Ökonomie, die jenseits des eigenen Überlebens und Wachsens die Zukunft der Welt im Blick hat, ist sicherlich noch lang. Aber die ersten Schritte sind getan, denn inzwischen sind Paul Polman und Jochen Zeitz nur zwei Pioniere unter vielen. Je mehr sich diese Pioniere vernetzen auf allen Ebenen, desto größer wird die Chance, dass immer mehr Führungskräfte in Unternehmen auf den Zug aufspringen und sich für die Zukunftsfähigkeit unserer Welt engagieren. Das braucht die Fähigkeit, in einem komplexen Umfeld, in dem viele Akteure zunächst nicht unbedingt offen für Veränderung sind, trotzdem Zukunftsvisionen voranzutreiben. Dafür muss man ein kooperatives Feld aufbauen. Denn nur die Lust, dabei zu sein und mitzumachen, hat den gewünschten Schneeballeffekt. Durchhaltewillen, eine durchaus traditionelle Eigenschaft von Führungskräften, wird damit zum Erfolgsfaktor. Je mehr Veränderer sich dabei gegenseitig unterstützen, desto stärker ihre Wirkung. Gelingt es, die Vitalität des jeweiligen Systems von Akteuren anzusprechen und auszubauen, entstehen Resilienz und Zukunftsfähigkeit. Der *Kompass für kollektives Führen* dient dabei neben der Stärkung der einzelnen Führungskraft auf ihrem Weg auch als Struktur für Planung und Evaluierung von Umsetzungsprozessen sowie als Leitplanke dafür, auf den Kompetenzen der einzelnen Akteure aufzubauen und diese miteinander in Beziehung zu setzen. Dadurch entsteht eine Atmosphäre, in der sich

© Springer Fachmedien Wiesbaden GmbH, ein Teil von Springer Nature 2020
P. Künkel, *Führung mit Sinn*, https://doi.org/10.1007/978-3-658-30846-9

eine Kultur kollektiver Führung entwickelt. Die Akteure beginnen, sich als zusammenhängendes Netzwerk von Agenten eines Wandels zu sehen – sozusagen als Knotenpunkte in einem pulsierenden Netzwerk. Sie werden als Gruppe – oder als System von Akteuren – wirksam. Ein solches System von Akteuren entwickelt eine kollektive Kompetenz – Unterschiede werden nicht nivelliert, sondern als produktiv wahrgenommen, da auch eine noch so unangenehme Gegenmeinung Ansätze für Verbesserungspotenziale enthält. Umsetzungsstrategien werden in einem strukturierten und produktiven Dialog erarbeitet, der die Expertise und die Eigenarten der Akteure respektiert und ihnen im Rahmen der größeren gemeinsamen Ziele Handlungsfreiheiten zugesteht. Vertrauen entwickelt sich aus dem gegenseitigen Respekt ebenso wie aus der handfesten Erfahrung, dass Erfolge gemeinsam erreicht werden.

Der einzelne ebenso wie der gemeinsame Beitrag für eine zukunftsfähige Welt folgt einem größeren als gemeinsam angesehenen Zielkorridor, der immer auch die Wertedimension im Menschen anspricht. Der Weg zu einem zukunftsfähigen Wirtschaften ist damit jenseits aller objektiven und subjektiven Herausforderungen ein kollektives Großprojekt mit unendlich vielen kleinen Baustellen, für die keiner bereits alle Lösungsstrategien und Herangehensweisen definieren kann, aber jeder im Rahmen seiner Expertise beitragen kann. Für die Suche nach Führung mit Sinn ergeben sich hieraus unendlich viele spannende Möglichkeiten, anders aktiv zu werden.

Wer sich also auf die Suche nach Führung mit Sinn macht und schließlich den eigenen Führungsbeitrag re-definiert, wird Teil dieser Bewegung und möchte sich engagieren und das Bestmögliche einbringen. Dafür ist der Kompass ein Wegweiser, ein Geländer und eine Unterstützungsstruktur, die – ganz im Sinne des Architekten Christopher Alexander – ein Muster von Vitalität und Resilienz erzeugt, das den komplexen Herausforderungen unserer heutigen und zukünftigen Welt gewachsen ist.

The manufacturer's authorised representative in the EU is Springer
Nature Customer Service Centre GmbH, Europaplatz 3, 69115 Heidelberg,
Germany. If you have any concerns regarding our products, please
contact ProductSafety@springernature.com

Printed and bound by CPI Group (UK) Ltd, Croydon, CR0 4YY
24/04/2026
02096341-0011